POPULATION REPORT 2025

2025 인구보고서
대한민국 인구 대전환이 온다

계봉오
김나영
김대환
김민섭
김아름
김유나
김철중
박철성
변수정
송효진
유혜정
이은아
이주영
정재훈
진경선
차인순
최서리
홍사흠
홍석철
홍준현

한반도미래인구연구원
Korean Peninsula Population Institute for Future

2025 인구보고서
대한민국 인구 대전환이 온다

1판 1쇄 발행 | 2025년 7월 7일

지　은　이 | 계봉오 외
발　행　처 | 한반도미래인구연구원
발　행　인 | 정운찬
편　집　인 | 이인실
책 임 편 집 | 유혜정

등 록 번 호 | 제2023-000227호
주　　　소 | 06193 서울특별시 강남구 선릉로90길 40, 3층 (대치동, 예감빌딩)
전　　　화 | 02-501-2281
홈 페 이 지 | www.kppif.org
E - m a i l | kppif@kppif.org
I　S　B　N | 979-11-984232-4-5　93330
정　　　가 | 18,000원

◈ 낙장 및 파본 도서는 바꿔 드립니다.
◈ 이 책 내용의 전부 또는 일부를 재사용하려면 반드시 한반도미래인구연구원의 동의를 받아야 합니다.
◈ 이 책의 내용은 저자의 개인적 견해이며 한반도미래인구연구원의 공식 입장이 아님을 밝힙니다.

*제작대행: 와이에치미디어

2025년에 보는 대한민국 **미래인구 100년**

2025 오늘이 인구 수의 정점, 향후 100년 간 인구증가는 없다

2034 인구의 30%인 베이비붐 세대 모두 노동시장에서 퇴장

2039 3명 중 1명이 노인, 전국이 거대한 실버타운

2040 직장 동료 12명 중 1명이 외국인

2042 가구 수 감소 시작, 집만 남고 집주인이 사라진다

2056 환갑이 한국 사회의 보통 나이

2060 하루에 300명도 태어나지 않는다

2066 노인 1명을 부양하려면 성인 1명으로도 부족하다

2071 국민연금 적립금 고갈, 노후는 각자도생

2075 전국 고3 수험생, 수도권 대학 입학 정원보다 적어

2100 인구 1,500만 시대, 대한민국이 3분의 1로 축소된다

| 발간사 |

　2025년, 대한민국은 중대한 인구 전환점에 서 있다. 초고령사회에 진입했고, 합계출산율은 소폭 반등했으나 여전히 세계 최저 수준이다. 어린이보호구역은 줄어드는 반면 노인보호구역이 늘고, 원생이 줄어든 어린이집과 유치원이 노인 돌봄 시설로 전환하는 사례도 늘고 있다. 이제 더 이상 인구 문제는 미래의 과제가 아니라 바로 지금, 우리가 마주한 현실이다.

　충격적인 것은 2100년 대한민국의 모습이다. 추계에 따르면 2100년 대한민국의 총인구는 지금의 절반 이하인 1,500만 명 수준까지 감소할 것으로 예상된다. 이는 현재 서울과 경기도 인구를 합친 것과 비슷한 규모다.

　인구구조의 변화는 더욱 심각하다. 2100년에는 일하는 사람 100명이 노인 140명을 부양해야 하는 상황이 올 수 있다. 부양하는 사람보다 부양받는 사람이 더 많은, 인류 역사상 경험해 보지 못한 사회가 펼쳐지는 것이다.

인구 위기의 근본 원인은 복합적이다. 지방에는 기회가 부족해 청년들이 떠나고, 수도권에는 높은 주거비용으로 가정을 꾸릴 여건이 마련되지 않는 악순환이 반복되고 있다. 젊은 세대들은 '나를 돌볼 시간조차 없다'며 하소연한다.

육아휴직 후 불안정한 복직 환경, 아이를 반기지 않는 사회 분위기, 미디어가 그려내는 결혼과 출산의 부정적 이미지 등이 복합적으로 작용하며 젊은 세대들이 미래를 설계하기 어렵게 만들고 있다. 동시에 비혼과 만혼의 확산, 남성 전업주부의 등장 등 가족의 의미와 형태도 빠르게 변하는 중이다.

『2025 인구보고서』는 이런 현실을 직시하고자 기획되었다. 지난해에 이어 두 번째로 인구보고서를 펴내며 단편적인 통계 분석을 넘어 인구 변화가 우리 일상에 미치는 실질적 영향을 생생하게 담는 데 중점을 두었다. 출산과 육아 당사자들의 목소리에 보다 귀 기울이고, SNS와 온라인 커뮤니티 등에서 터져 나오는 솔직한 고민도 담았다.

동시에 노인 개념의 재정의, 기업의 일·가정 양립 문화 조성, 이민 정책의 새로운 패러다임, 그리고 비혼 출산에 대한 사회적 수용성 확대 등 기존 틀을 벗어난 다양한 접근도 제시한다. 이러한 종합적 분석이 가능했던 것은 각 분야 전문가들이 흔쾌히 집필에 참여해 주었기 때문이다. 귀중한 시간을 내어 깊이 있는 통찰을 나누어주신 모든 필진께 감사드린다.

새 정부와 함께 맞이하는 이 시점에서 인구 정책의 새로운 접근이 절실히 요구된다. 현재 인구 문제를 전담하는 독립된 컨트롤타워나 부처가 없는 상황에서, 기존의 단편적이고 분산된 접근을 넘어 종합적이고 장기적인 비전 아래 인구 문제에 대응할 수 있는 체계적 기반 마련이 시급하다.

인구 변화는 느리지만 확실하게 진행된다. 지금 우리가 내리는 선택 하나하나가 100년 후 대한민국의 모습을 결정하게 될 것이다. 인구 문제는 정부만의 과제가 아니라 사회 전체가 함께 풀어야 할 과제다. 개인의 선택을 존중하면서도 그 선택이 가능한 환경을 만드는 것은 우리 모두의 책임이다. 이러한 변화의 길목에서 이 책이 그 전환점을 향한 대한민국의 긴 여정에서 올바른 방향을 찾아가는 나침반 역할을 할 수 있기를 희망한다.

2025년 7월
한반도미래인구연구원 원장 **이 인 실**

| 목 차 |

프롤로그
대한민국 인구의 100년 후를 묻다 012
익명의 데이터가 말하는 2040세대의 인구 인식 025

Part 1 거대한 전환점에 서다
계봉오

- **세계 인구는 증가, 우리나라 인구는 감소** 038
  팽창하는 세계 vs. 축소하는 대한민국 | 빠르게 늙어가는 한국사회 | 출산율과 기대 수명의 변화 | 우리가 마주한 현실

- **대한민국 인구 변화 추이**
  : 요람은 비어가고 무덤은 부족하다 044
  비어가는 요람 | 부족해지는 무덤 | 노인이 절반인 나라?

- **인구구조 변화의 파도와 대응** 050
  일할 사람이 줄어든다 | 노후소득 보장체계의 위기 | 인구 변화가 흔드는 국가 재정 | 세대 간 갈등의 심화 | 정책적 대응 통해 위기를 기회로 만들어야

Part 2 초고령화 사회의 민낯
정재훈·박철성·김철중

- **2025년 대한민국 중위연령 45세** 060
  고령화는 재앙인가, 축복인가? | 노인의 기준은 무엇인가? | 고령화 위기를 기회로

- **젊은 노인의 폭증, 그리고 노동시장의 대응** 070
  젊은 노인 인구가 폭증하고 있다 | 우리나라 고령자는 은퇴 준비가 얼마나 잘 되어 있는가? | 일본식 계속고용 제도의 시사점과 제언

- **초고령사회 선배, 일본으로부터 배우는 고령자 의료와 케어** 081
  일본은 미리 경험하는 우리의 미래다 | 일본에는 있고, 우리나라엔 없는 것들 | 의료 복지 인프라를 바꿔나가야 할 때다

| Part 3 | 이런 세상에서 아이를 낳으라고요? | 이은아·김민섭·김아름 |

- 육아휴직 후 사라지는 책상　　　　　　　　　　　　　098
  내 자리가 사라졌다 | 복직 후 달라진 대우, 사라진 기회 | 아이가 아플 때 돌봐줄
  사람이 없어요 | 남성·중소기업 육아휴직의 그늘

- 나를 돌볼 시간조차 없다　　　　　　　　　　　　　　113
  워킹맘의 하루, 24시간이 모자라 | 일과 가정, 둘 다 지킬 수 있는 사회 만들기 |
  시간 빈곤에 내몰린 맞벌이 부모 | 청년들이 다시 가족을 꿈꾸게 하려면

- 아이를 반기지 않는 세상: 노키즈존의 범람　　　　　　128
  아이들이 출입할 수 없는 공간이 늘고 있다 | 노키즈존이 드러내는 우리 사회의
  본심 | 배려와 이해, 공존의 해법을 찾아서 | '아이 키우기 좋은 나라'로 가는 길

| Part 4 | 지방에는 먹이가 없고 서울에는 둥지가 없다 | 홍사흠·홍준현 |

- 서울공화국살이의 현주소　　　　　　　　　　　　　　146
  대한민국=수도권? | 주거–일자리 미스매치, 그리고 저출산 | 과연 해결방안은
  무엇인가?

- 지방소멸, 제로섬 게임의 악순환　　　　　　　　　　　161
  텅 비어가는 지방, 무슨 일이 벌어지고 있나? | 10조 원 투입해도 인구감소 못
  막는 이유 | 지역발전의 새 틀을 짜야 한다

Part 5   비혼·비출산의 진실
변수정·진경선·김유나

- **결혼 문화의 대전환, 무엇이 달라졌나?**   182
  결혼이란 무엇인가? | '해야 하는 결혼'에서 '하고 싶은 결혼'으로 | 만혼과 비혼: 결혼이 점점 어려워지고 있다 | 정책과 현실 사이의 괴리를 간과하지 말라

- **출산하지 않기로 결심하다**   196
  청년세대들은 왜 출산하지 않으려 할까? | 출산 및 육아가 여성의 경력에 미치는 위협 | 부모와의 애착과 무자녀 선택 | 모성 신화와 후속 출산 포기

- **미디어가 불러온 결혼·출산 지옥**   209
  미디어가 그려낸 결혼·출산 포비아 | 언론이 저출산 문제를 다루는 방법

Part 6   가족 가치관의 진화
차인순·김나영

- **벗어나고픈 가족, 만들고픈 가족**   222
  움직이는 가족의 범위 | 가족 딜레마 | 친밀성과 돌봄 나눔을 찾아

- **증가하는 전업주부(主夫)**   235
  가구 내 남성의 역할이 변화하고 있다 | 해외 남성 전업주부 현황 들여다보기 | 아빠의 역할을 가로막는 사회적 장벽 | 남성 전업주부 시대, 무엇이 필요한가?

Part 7　**인구소멸의 속도를 늦춰라**　　　　　　　　　최서리·홍석철·송효진

- **이민 확대는 인구위기 탈출구가 될 수 있을까?**　　　248
  20년 이후 대한민국의 인구 구성 | 지난 20년간 외국인의 국내 유입 추이 | 사회구성원 확보와 이민계획의 중요성을 생각하다 | 이민자와 함께 꿈꾸는 대한민국의 미래

- **가족과 함께하는 시간이 기업 성장의 자양분이 되는 사회**　　　264
  저출생 문제의 숨겨진 진실 | 사회적 수요 대비 부족했던 일·가정 양립 정책 돌아보기 | 기업의 적극적 동참이 필요하다

- **비혼 출산 가족: 선택권을 존중하고 차별을 해소하라**　　　278
  가족을 만드는 방식은 하나가 아니다 | 비혼 출산 가족이 마주하는 제도적 차별 | 가족의 형태는 달라도 똑같이 대우받을 권리가 있다

주　　　290

참고자료　　　302

부록
미래인구연표　　　306
주요 인구지표　　　310

| 프롤로그 |

대한민국 인구의 100년 후를 묻다

계봉오

　우리는 지금 역사상 경험해 보지 못한 인구 대전환의 시대를 살고 있다. 100년 후 대한민국에는 지금 서울에 사는 사람만큼만 남아있을 것이라고 하면 믿어질까? 이것은 공상과학 소설의 한 장면이 아니다. 현재 추세가 지속될 경우 2125년 대한민국 인구는 최악의 시나리오에서 753만 명까지 줄어든다. 지금 5,168만 명의 15%에 불과한 수준이다.

　한국은 지금 세계에서 가장 빠른 속도로 늙어가는 나라 중 하나다. 1970년대만 해도 한 가정에 4~5명의 자녀가 있는 것이 흔했지만, 지금은 세계 최저 출산율 0.75명을 기록하며 아이를 한 명도 낳지 않는 부부가 늘고 있다. 동시에 의학의 발달로 100세 시대가 현실이 되었다.

이런 변화가 우리 삶에 미칠 영향은 상상을 초월한다. 일할 사람은 급감하는데 부양해야 할 어르신은 폭증한다. 젊은 세대와 노년 세대가 원하는 정책이 달라지면서 갈등이 심화하고, 국민연금은 과연 지속 가능할까 하는 의문이 현실의 문제가 되었다. 우리 아이들이 살아갈 미래 한국은 어떤 모습일까?

하지만 절망만이 답은 아니다. 이 글을 통해 우리는 인구 변화가 단순히 숫자의 문제가 아니라 우리 모두의 삶과 직결된 이야기임을 알게 될 것이다. 그리고 지금 우리가 어떤 선택을 하느냐에 따라 우리 자녀와 미래 세대가 살아갈 한국의 모습이 완전히 달라질 수 있다는 사실도 깨닫게 될 것이다.

미래 100년의 인구를 어떻게 예측할까?

미래를 예측한다는 것은 쉬운 일이 아니다. 특히 100년 후의 모습을 그려본다는 것은 더욱 그렇다. 하지만 인구 변화는 다른 사회 현상과 달리 비교적 예측이 가능한 편이다. 오늘 태어난 아이가 100년 후에도 살아있을 가능성이 있고, 지금의 청년들이 노인이 되는 시기를 계산할 수 있기 때문이다.

우리는 통계청의 공식 인구 전망 자료를 바탕으로 2025년부터

2125년까지 100년간의 인구 변화를 추정해 보았다. 통계청은 보통 50년 후까지의 예측에 집중하는데, 이를 100년으로 확장해 살펴본 것이다. 왜 굳이 100년일까? 50년으로는 인구 변화의 진짜 모습을 보기 어렵기 때문이다.

미래 인구를 예측하는 방법은 생각보다 단순하다. 현재 인구에서 태어날 사람을 더하고, 죽을 사람을 빼면 된다. 물론 실제로는 연령대별로 정교한 계산이 필요하다. 연령대별로 몇 명이 태어나고 죽을지, 해외로 나가거나 들어올 사람은 얼마나 될지 모두 고려해야 한다. 이런 방식을 인구학에서는 '코호트(Cohort) 요인법'이라고 부른다.

미래 인구를 예측하기 위해서는 출산율, 사망률, 국제인구 이동률을 예측하는 것이 필요하다. 우리는 세 가지 시나리오를 설정했다. 출산율은 2072년까지는 통계청의 예측과 같이 변화하며 이후에는 0.82명(저위), 1.08명(중위), 1.34명(고위)로 고정되는 것으로 가정했다. 평균 수명은 통계청의 예측과 같이 2072년까지 늘어나다가 그 이후에는 같은 수준을 유지한다고 보았다. 국제 이동은 정책 변수에 의해 영향을 많이 받으므로 들어오고 나가는 사람의 수가 같다고 가정했다. 이렇게 하면 순수하게 출산과 사망만으로 인한 인구 변화를 살펴볼 수 있다.

100년 후를 정확히 예측할 수는 없지만, 인구 변화만큼은 상당 부분 예측 가능하다. 지금 태어나는 아이들이 미래의 노동력이 되고, 지금의 청년들이 미래의 노인이 되기 때문이다. 이런 장기 예측을 통해 우리는 천천히 다가오는 거대한 변화를 미리 보고 대비할 수 있다.

대한민국 미래인구 시나리오

[그림 1]은 앞서 소개한 방법으로 계산한 미래 한국의 인구를 보여준다. 우선, 2070년을 보자. 중위 시나리오 기준으로 한국 인구는 약 3,360만 명이 된다. 지금의 3분의 2 수준인데, 이는 서울(933만), 부산(326만), 대구(236만), 그리고 인천(303만)의 인구를 합친 것만큼 인구가 줄어든다는 뜻이다. 출산율이 회복되는 경우와 그렇지 않은 경우의 차이도 뚜렷한데 시간이 지날수록 차이가 크게 벌어진다.

그런데 진짜 충격은 그 이후에 온다. 인구 감소의 속도가 가팔라지기 때문이다. 2100년이 되면 한국 인구는 지금의 절반 이하로 줄어든다. 저위 시나리오에서는 1,466만 명, 중위 시나리오에서도 1,787만 명, 고위 시나리오에서는 2,165만 명으로 추계된다. 가장 낙관적인 고위 시나리오의 결과도 2100년에 한국의 총인구가 현재 서울(933만)과 경기도(1,370만)를 합친 것과 비슷한 수준으로 떨어지는 것으로 나타나고 있다.

인구 감소가 가속화되기 때문에 2125년의 상황은 더욱 극적이다. 저위 753만 명, 중위 1,115만 명, 고위 1,573만 명으로 나타난다. 저위는 현재 서울 인구보다 적고, 중위는 경기도 인구보다 적으며, 고위도 현재 서울과 경기도의 인구를 합친 것보다 적다. 대한민국 전체에 서울시민만 살고 있다고 상상하기는 쉽지 않지만, 출산율이 극적으로 상승하거나 이민자를 대규모로 받아들이지 않는 이상 이것이 100년 후 우리의 모습이 될 수밖에 없을 것이다.

여기서 주목할 점이 있다. 중위 시나리오를 기준으로 처음 50년 동안은 인구가 30% 정도 줄어든다. 이는 어느 정도 감당할 수 있는 수준이라고 할 수 있는데, 실제로 수도권 과밀 문제가 해소되는 등 긍정적인 효과도 기대할 수 있을 것이다. 그런데 문제는 인구 감소에 가속도가 붙는다는 것이다. 2075년부터 2125년까지 인구

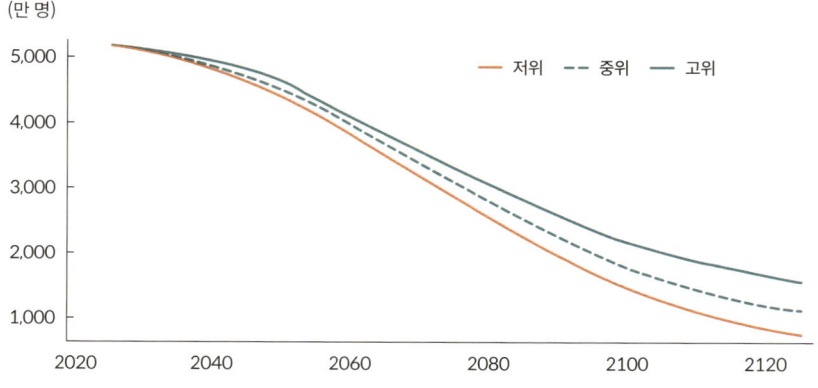

그림 1 총인구 추계 결과(2025~2125)

자료: 통계청의 『장래인구추계』를 활용하여 직접 추정.

가 다시 절반 이상 줄어든다.

왜 이런 일이 생길까? 아이를 적게 낳으면, 다음 세대에 아이를 낳을 사람 자체가 줄어든다. 그러면 그다음 세대는 더 줄어든다. 이런 과정이 계속되면서 인구 감소에 가속도가 붙는다. 전문가들은 이를 '인구 모멘텀'이라고 부른다. 이런 급격한 인구 감소는 우리가 지금까지 경험해 보지 못한 수준이며, 다양한 사회적·경제적·문화적 문제를 초래할 것이다.

일하는 사람보다 노인이 많아지는 미래가 온다

인구고령화가 진행됨에 따라 우리 사회가 직면할 가장 큰 문제 중 하나는 고령인구 부양이다. 쉽게 말해, 일할 수 있는 사람들이 얼마나 많은 노인을 부양해야 하는지를 보여주는 것이 '고령인구부양비'다. 2025년 현재는 일하는 연령대(15~64세) 100명이 노인(65세 이상) 30명 정도를 부양하고 있다. 그런데 미래에는 어떻게 될까?

[그림 2]는 고령인구부양비가 2080~2090년까지 증가하다 이후에 감소하는 것을 나타내고 있다. 그런데 그 수치가 충격적이다. 저위 시나리오(합계출산율 0.82명)에서는 2085년에 일하는 사람 100명이 노인 165명을 부양해야 한다. 지금보다 5배 이상 부담이 늘어나는 셈이다. 중위 시나리오(합계출산율 1.08명)에서는 2080년에 일하는 사람 100명이 노인 133명을 부양해야 하며, 고위 시

그림 2 고령인구 부양비 추계 결과(2025~2125)

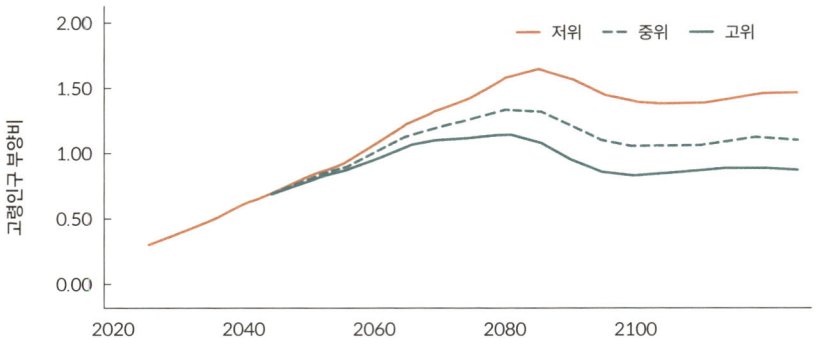

자료: 통계청의 『장래인구추계』를 활용하여 직접 추정.

나리오(출산율 1.34명)에서도 100명이 108명을 부양해야 한다. 가장 낙관적인 고위 시나리오에서도 고령인구부양 부담이 지금보다 3배 이상 늘어나는 것이다.

이 시점 이후에는 고령인구 부양비가 조금씩 안정화된다. 단, 추세는 안정화되지만 부양비는 여전히 매우 높은 수준이다. 일하는 사람 100명이 최소 노인 80~90명, 최대 130~140명을 부양해야 한다. 지금 우리가 월급에서 노인 1명을 위해 10만 원을 내고 있다면, 100년 후에는 30만~50만 원을 내야 한다는 뜻이다. 공적 연금, 건강보험료, 세금 인상이 불가피하다.

인구추계 결과가 주는 메시지는 분명하다. 지금의 초저출산 수준(합계출산율 0.7~0.8명)이 계속되면 우리 사회는 감당할 수 없는 부양 부담에 직면한다. 설령 출산율이 기적적으로 1.3명까지 회복되더라도, 고령화로 인한 부담은 피할 수 없다. 결국 우리에게 남은 선택지는 많지 않다. 출산율을 높이는 것도 중요하지만, 동시에 노인들이 더 오래 건강하게 일할 수 있는 사회, 젊은 세대의 생산성을 높이는 사회를 만들어야 한다. 그렇지 않으면 우리가 당면한 미래의 모습은 어두울 수밖에 없을 것이다.

무너지는 피라미드, 뒤바뀌는 한국 사회

인구 피라미드는 한 나라의 인구를 나이와 성별로 나누어 그린 그래프다. 마치 나무의 나이테처럼, 인구 피라미드의 변화를 살펴보면 그 사회의 과거와 현재, 그리고 미래를 읽을 수 있다. [그림 3]은 2025년의 인구 피라미드를 보여주고 있는데 모양상 더 이상 '피라미드'가 아니다. 아래가 좁고 위가 넓은 역삼각형에 가깝다. 50~60대 인구가 가장 많고, 아이들과 청년층은 훨씬 적다. 마치 머리는 크고 다리는 가는 불안정한 모양새다.

이제 25년 단위로 미래를 들여다보자. 세 가지 시나리오—저위, 중위, 고위—에 따라 우리의 미래는 어떻게 달라질까? [그림 4]는 각각의 시나리오에 따라 인구 피라미드가 25년 단위(2050, 2075, 2100, 2125년)로 어떻게 변화하는지 보여준다.

25년 후인 2050년, 인구 피라미드는 더욱 기형적으로 변한다.

그림 3 2025년 인구 피라미드

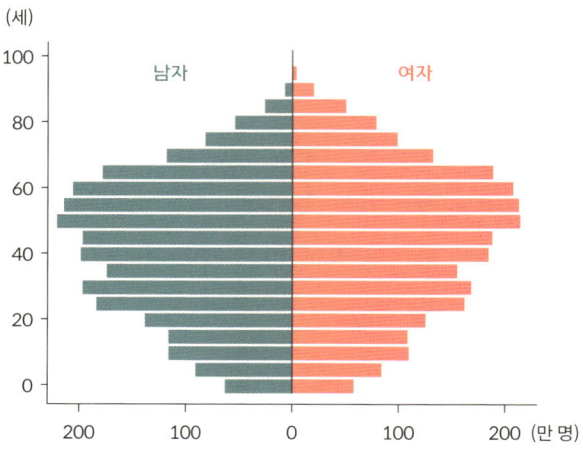

자료: 통계청, 『장래인구추계』.

70~80대가 가장 두터운 층을 이루고, 20대 이하는 급격히 줄어든다. 특히 출산율이 계속 낮으면(저위 시나리오), 아이들과 청년의 모습을 찾아보기 힘들어진다. 전체 인구도 줄어들지만, 아직은 그 변화가 눈에 확 띄는 정도는 아니다.

50년 후인 2075년이 되면 상황은 극적으로 변한다. 모든 시나리오에서 인구가 급격히 줄어든 것이 한눈에 보인다. 특히 60세 미만 인구가 확연히 줄어든다. 저위 시나리오에서는 40대 이하 인구가 극소수가 된다. 현재의 출산율 수준이 장기간 유지되면 총인구 감소와 고령인구 비중 증가가 매우 빠르게 진행될 것임을 보여준다.

75년 후인 2100년이 되면 흥미롭게도 인구 구조가 어느 정도 안정화(Stabilization)된다. 즉, 출산율과 사망률이 장기적으로 같은 수준에서 유지되면서 연령구성이 거의 변화하지 않는 상태로 진입하게 된다. 고령층 인구도 줄어들기 시작해서, 오히려 고령인구 부양 부담은 이전보다 조금 줄어든다. 물론 '안정'이라는 말이 무색할 정도로 인구는 빠른 속도로 줄어들게 된다. 따라서 빠른 인구 감소로 인한 사회경제적 부담은 계속될 것으로 예상된다. 또한 시나리오에 따라 고령인구 비중과 인구 규모의 차이 또한 매우 크다.

마지막으로 2125년에는 2100년까지 관찰된 패턴이 지속적으로 관찰되는데, 인구 규모가 이전보다 큰 폭으로 줄어든다. 2125년 총인구는 저위 753만 명, 중위 1,115만 명, 고위 1,573만 명으로 2025년 인구(5,168만 명)의 15~30% 수준이다.

물론 이러한 추계는 출산율과 사망률이 장기간 일정하게 유지된다는 가정 아래 얻은 가상적인 결과이고, 한국의 인구구조가 이와 다른 방향으로 진화할 가능성 또한 존재한다. 그러나 초저출산 현상이 20년 넘게 진행되었고, 합계출산율이 2018년부터 1.0 미만으로 떨어진 현실을 고려하면, 이 숫자들이 아주 비현실적이지만은 않다. 중요한 것은 이런 변화가 하루아침에 일어나는 것이 아니며, 우리가 어떻게 대비하느냐에 달려 있다는 점이다.

그림 4 인구추계 시나리오별 인구 피라미드(2050, 2075, 2100, 2125년)

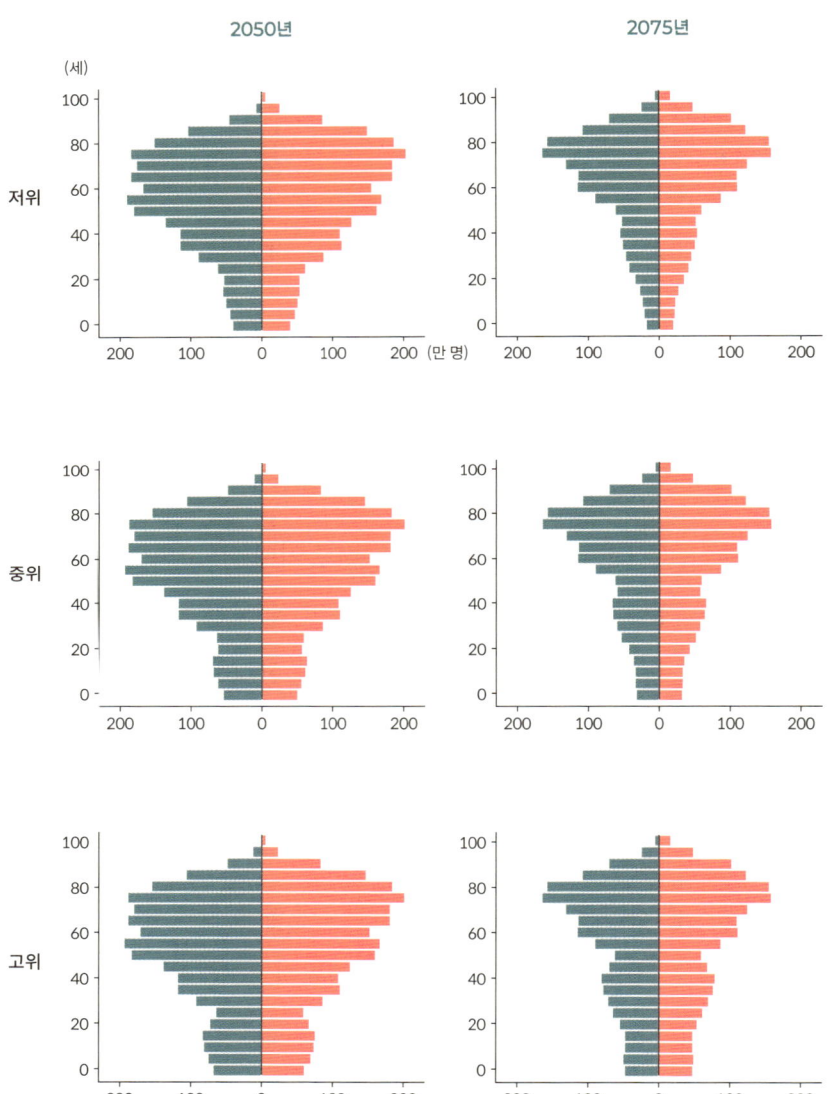

2025 인구보고서

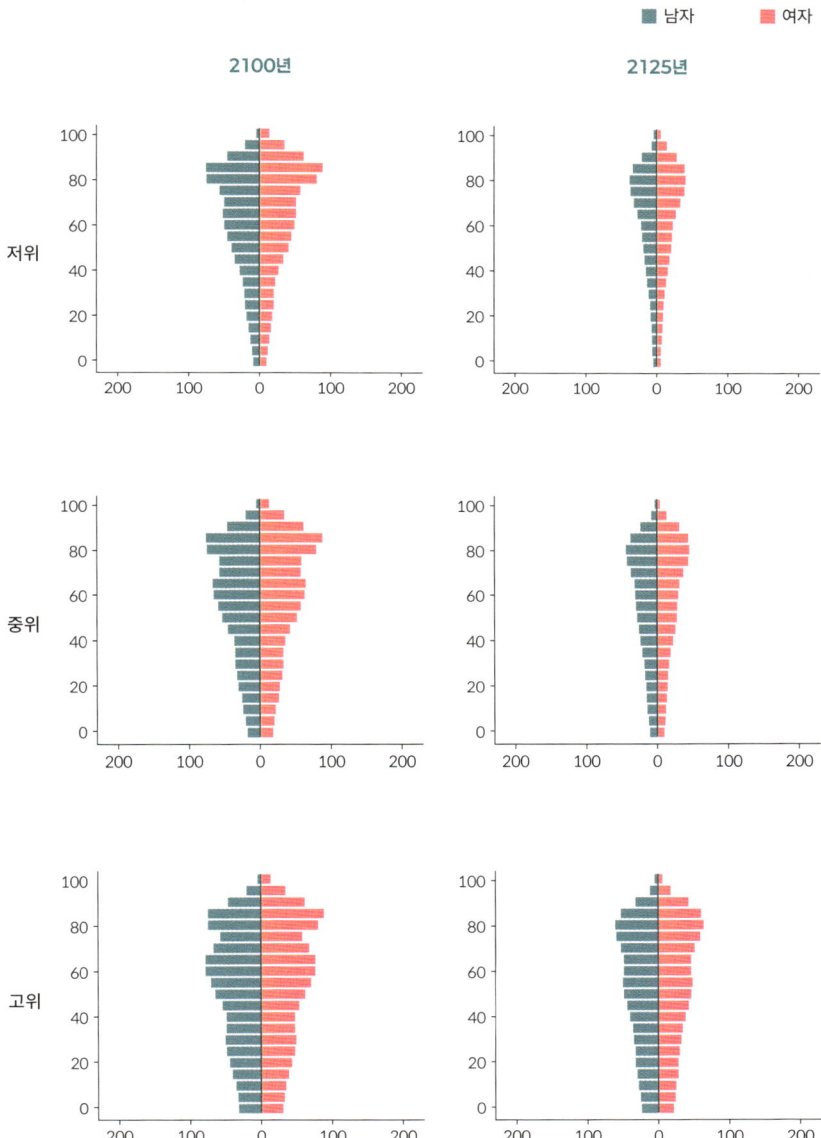

자료: 통계청, 『장래인구추계』.

선택의 기로에 선 대한민국

100년 후 대한민국의 인구는 최악의 경우 753만 명까지 줄어들 수 있다. 서울시 인구 정도의 사람들이 대한민국 전체에 흩어져 사는 셈이다. 20년 넘게 지속된 초저출산과 2018년 이후 출산율 1.0 미만이라는 현실을 고려하면 완전히 비현실적인 전망은 아니다.

이 숫자들은 우리에게 묵직한 질문을 던진다. 텅 빈 학교들, 사라지는 지방 도시들, 감당하기 어려운 부양 부담―이것이 우리가 물려줄 미래인가?

그러나 미래는 아직 정해지지 않았다. 지금 우리가 어떤 선택을 하느냐에 따라 우리 자녀와 손주들이 살아갈 한국의 모습이 달라질 수 있다. 인구 변화라는 거대한 파도 앞에서, 우리는 무력하게 휩쓸릴 것인가, 아니면 지혜롭게 헤쳐 나갈 것인가? 그 선택의 시간이 바로 지금이다.

익명의 데이터가 말하는
2040세대의 인구 인식

김대환·유혜정·이주영

무엇이 그들을 망설이게 하는가?

인구 문제를 이야기할 때 우리는 흔히 수치를 먼저 떠올린다. 합계출산율, 혼인율, 평균 초혼 연령, 육아휴직 사용률. 그러나 수치는 말이 없다. 누구에게도 털어놓지 못한 채 결혼을 미루고, 아이 낳기를 포기한 사람들의 속내는 통계 바깥에 존재한다. 지금 한국 사회가 직면한 인구 문제는 개인의 자유로운 선택이 아니라, 선택할 수 없는 사회적 조건에서 비롯되고 있다.

한반도미래인구연구원은 이러한 조건을 면밀히 들여다보기 위해 직장인 커뮤니티 '블라인드(Blind)'에 자발적으로 작성된 약 6만 건의 게시글을 분석했다.[1] 철저한 익명성을 기반으로 한 이 공간에서, 2040세대 직장인들은 조직 내에서는 쉽게 털어놓기 어려운 경험과 감정을 솔직하게 드러내고 있다.

'결혼', '출산', '육아', '육아휴직' 등 생애주기 전반의 키워드를 중심으로 살펴본 결과, 이들은 '왜 하지 않는가'가 아니라 '왜 할 수 없는가'에 대한 목소리를 내고 있었다. 수치로는 포착되지 않는 인식의 내면을, 익명의 서사 속에서 읽어보고 직장인들의 고민과 감정을 통해 오늘날 인구 문제의 구조적 원인을 살펴보자.

결혼과 출산, 선택이 아닌 조건의 문제

결혼과 출산은 흔히 개인의 선택으로 여겨진다. 그러나 2040세대 직장인들이 처한 현실은 그보다 훨씬 복잡하다. 겉으로는 개인의 자유로운 결정처럼 보이지만, 실제로는 수많은 조건과 제약이 선택의 여지를 압도하고 있다.

'결혼'을 다룬 블라인드 게시글에서 가장 자주 언급된 키워드는 '돈'과 '집'이었다. '마음'이나 '사랑'과 같은 감정적 단어들보다 훨씬 높은 빈도를 보이며, 결혼이 감정에서 벗어난 문제로 인식되고 있음을 보여준다. 실제로 최근에는 결혼식 평균 비용이 3,000만 원을 훌쩍 넘고, 신혼집 마련을 위한 전세보증금은 억 단위가 기본이 되었다. 이처럼 결혼 초기에 필요한 자금의 규모는 감정보다 조건을 먼저 따지게 만들고 있다.

출산에 대한 인식도 크게 다르지 않다. '아이' 다음으로 가장 많이 언급된 단어가 '돈'인 점은, 자녀를 갖는 문제 역시 경제적 부담과 직결되어 있음을 시사한다. 출산 과정에서 산후조리원 비용이 수백만 원에 달하고, 어린이집 대기와 사교육 부담이 현실화된 상황에서, 출산은 선택이 아니라 계산의 문제로 인식되기 쉽다. 또한 출산 게시글에서 결혼이 가장 먼저 언급된다는 사실은, 이 두 사건이 독립된 라이프 이벤트가 아니라 연속된 과제로 받아들여지고 있다는 점을 시사한다.

이러한 경향은 토픽 분석[2] 결과에서 더욱 뚜렷해진다. '결혼' 관련 게시글 중 57.9%는 '결혼 준비와 조건'에 대한 내용을 담고 있다. 연애, 적절한 결혼 시기, 부모 설득, 주거 마련 등과 같은 주제가 반복적으로 등장하며, 결혼이 두 사람의 관계에 기반한 선택이라기보다 여러 요건을 충족해야 가능한 과제로 인식되고 있음을 보여준다. '가정과 육아'(23.7%), '결혼식 준비'(18.4%)가 뒤를 잇고 있는데, 이 역시 생활 전반에 걸친 부담 요소와 절차의 복잡성을 드러내는 주제다.

출산에 대한 논의는 다양한 층위에서 이루어지고 있다. 전체 게시글 중 36.8%는 '출산율 저하와 사회·경제적 구조'를 다룬 내용이었으며, 24.5%는 '출산 과정과 산후 관리', 19.9%는 '출산과 경제적 지원', 18.8%는 '직장과 출산의 병행 문제'를 다루고 있다. 이는 출산이 고용 안정성, 산후 회복, 육아 환경, 제도적 신뢰도까지 복합적으로 작용하는 문제라는 인식이 자리 잡고 있음을 보여준다.

표 1 **결혼 및 출산 게시글의 키워드 빈도**

순위 (상위 20위)	결혼(6,630건)		출산(7,251건)	
	키워드	키워드별 빈도(건)	키워드	키워드별 빈도(건)
1	**돈**	**1,914**	결혼	2,132
2	부모님	1,771	애	2,054
3	여자	1,766	출산율	1,454
4	남자	1,747	아이	1,272
5	**집**	**1,498**	**돈**	**963**
6	연애	1,383	남편	892
7	남친	1,170	아기	880
8	나이	1,136	여자	849
9	준비	899	선물	849
10	여자친구	871	육아	848
11	친구	857	임신	836
12	마음	852	**집**	**830**
13	여친	832	남자	789
14	서로	810	애기	758
15	사랑	755	문제	720
16	남편	715	회사	613
17	남자친구	706	사회	610
18	고민	645	일	593
19	일	621	하나	513
20	혼자	614	와이프	512

이와 같은 구조적 부담은 결혼·출산에 대한 감정에도 영향을 미치고 있다. '결혼' 관련 게시글에서는 슬픔(32.3%)과 공포(24.6%)가 가장 높은 비중을 차지했으며, 출산 부문에서도 혐오(23.8%), 공포(21.3%), 슬픔(15.3%) 등의 부정적 감정의 비중이 높게 나타났다. 기대나 기쁨과 같은 행복한 감정보다는 불안, 두려움, 피로가 결혼

그림 1 결혼 및 출산 게시글의 토픽(주제) 비율

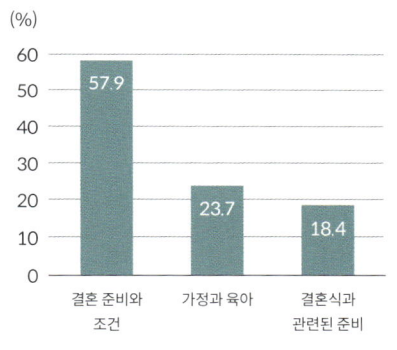
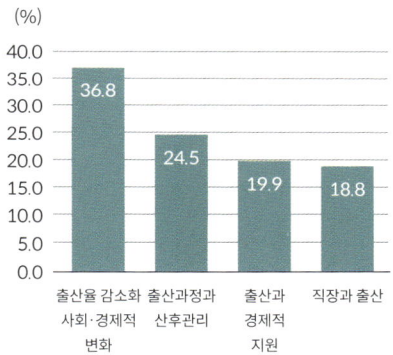

그림 2 결혼 및 출산 게시글의 감정분석 결과 (단위: %)

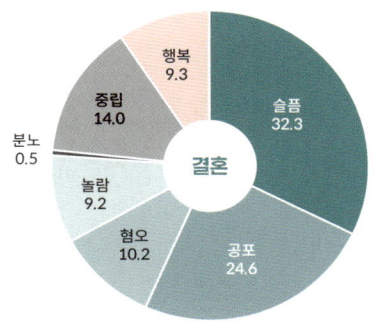
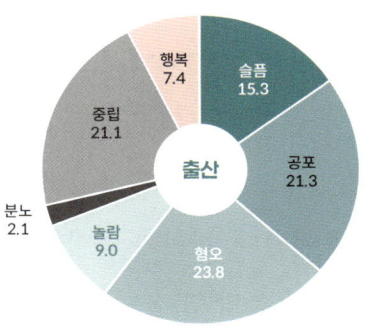

프롤로그 029

과 출산을 설명하는 주요 감정이라는 점은 시사하는 바가 크다.

결혼과 출산에 대한 직장인들의 인식은 더 이상 자발적인 선택의 결과로 설명되지 않는다. 계산과 현실이 먼저 작동하는 구조 속에서 결혼과 출산은 선택지로 주어지지만, 실질적으로는 선택할 수 없는 '신포도'와 같은 존재가 되어 가고 있다.

개인이 감당하기 어려운 육아의 무게

'남편', '와이프', '시간', '회사', '복직', '일', '휴직'…. 육아와 육아휴직 관련 게시글에서 자주 등장하는 주요 키워드이다. 이 키워드들은 육아가 단순한 개인의 문제가 아니라, 가정 내 역할 분담과 직장 내 제도, 그리고 커리어 환경 전반과 깊이 얽혀 있음을 보여준다. 특히 '복직', '휴직', '업무'와 같은 단어가 함께 언급된다는 점에서, 육아는 커리어의 흐름 전체에 영향을 미치는 중요한 요소임을 알 수 있다.

토픽 분석 결과에서도 이러한 구조적 연관성이 두드러진다. 육아 관련 게시글의 약 70%는 '가정 내 역할 분담'에 내용이 집중되어 있었고, 나머지 30%는 '직장 내 제도와 커리어 관리'와 관련된 내용이었다. 나아가 육아휴직에 관한 게시글에서는 육아와 '가정 내 역할 분담'(37.8%)이 가장 큰 비중을 차지했으며, 이어 '직장과 육아의 병행'(24.4%), '육아휴직의 제도적·사회적 현실'(19.6%), 그리고 '주거와 경제적 안정성'(18.2%)이 주요 주제로 등장했다. 이

표 2 육아 및 육아휴직 게시글의 키워드 빈도

순위 (상위 20위)	육아(7,250건)		육아휴직(6,797건)	
	키워드	키워드별 빈도(건)	키워드	키워드별 빈도(건)
1	육아휴직	2,535	**남편**	**3,602**
2	**남편**	**2,495**	**회사**	**3,283**
3	아기	2,474	육아	3,040
4	아이	2,254	일	2,767
5	애	2,210	애	2,453
6	**와이프**	**1,667**	**와이프**	**2,450**
7	애기	1,602	아이	2,402
8	일	1,395	아기	2,382
9	**회사**	**1,374**	**휴직**	**2,076**
10	집	1,354	집	1,969
11	시간	1,334	결혼	1,861
12	엄마	1,089	돈	1,726
13	출산	893	애기	1,640
14	결혼	829	시간	1,547
15	아빠	821	출산	1,519
16	육	798	**복직**	**1,467**
17	남자	796	남자	1,272
18	퇴근	792	여자	1,214
19	아내	783	업무	1,184
20	혼자	746	상황	1,164

그림 3 **육아 및 육아휴직 토픽분석 결과**

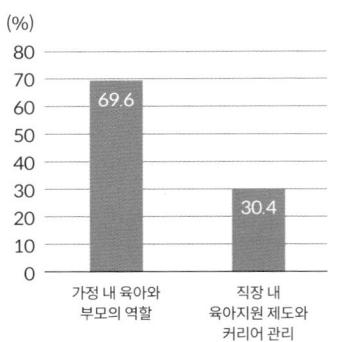
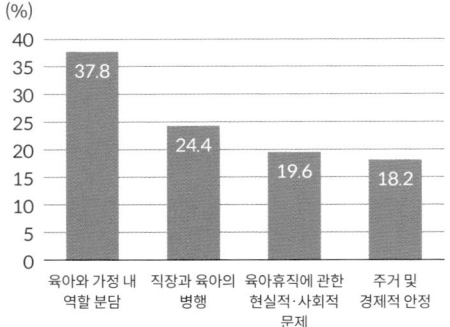

는 육아와 관련된 부담이 여전히 여성에게 집중되어 있으며, 육아휴직 제도가 존재하는 것 자체보다 실제로 이를 사용할 수 있는 직장 환경과 사용 이후의 경력 변화 가능성이 더 큰 문제로 인식되고 있음을 의미한다. 돌봄은 단절된 사안이 아니라, 직장과 연속된 하나의 흐름 안에 놓여 있는 셈이다.

이러한 흐름은 정서적 반응에서도 드러난다. 감정 분석 결과, 육아 관련 게시글에서는 슬픔(32.0%)과 공포(23.2%)가 지배적으로 나타났다. 육아휴직에 대한 게시글 역시 슬픔(34.7%), 공포(29.7%), 혐오(14.9%) 순으로 부정적인 감정이 높게 나타났다. 결혼 및 출산과 마찬가지로 '슬픔'이 가장 높은 감정으로 기록되었다는 점은 기존 통계 수치에서 찾아볼 수 없는 청년들의 속내라는 측면에서 매우 의미심장하다. 이는 육아가 기쁨이나 보람으로 이야기되기보다,

그림 4 육아 및 육아휴직 감정분석 결과 (단위: %)

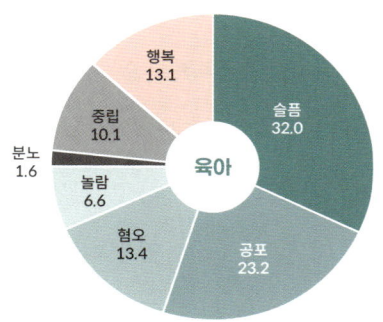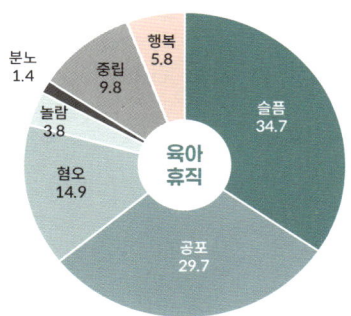

감당해야 할 짐이 되어버린 현실을 반영한다.

시간과 체력, 소득과 고용 안정성, 직장 문화와 제도의 실효성까지—직장인들에게 육아는 이 모든 요소가 맞물려야 비로소 가능한 일이다. 누구나 해야 할 일이 누구도 쉽게 할 수 없는 일이 되어버린 지금, 돌봄은 여전히 '개인의 몫'으로 남아 있다. 제도 유무와 상관없이 실질적으로 작동하지 않는 시스템, 동료의 눈치를 보며 떠나는 육아휴직, 그리고 복직 이후의 경력 리스크는 결국 돌봄을 개인이 감당해야 할 문제로 떠밀고 있다. 그 결과, 돌봄의 무게는 슬픔과 공포의 감정과 응축되어 출산을 포기하는 현실로 이어지는 것이다.

수치가 아닌 현실을 바꿔야 할 시점

출산율과 혼인율의 수치는 2025년 들어 다소 회복의 조짐[3]을 보이고 있지만, 현실 속 청년들은 여전히 결혼과 출산을 망설이고 있다. 익명 커뮤니티에 남겨진 수만 건의 글 속에는 '하고 싶지 않다'보다 '할 수 없다'는 절박한 감정이 더 많이 담겨 있었다. 결혼도, 출산도, 육아도 이제는 하고 싶은 마음만으로는 결정할 수 없는 일이 되었다.

데이터는 말한다. 청년들이 삶의 전환점을 주저하는 이유는 단순한 세대 특성이나 개인의 취향 때문이 아니다. 집값, 양육비, 경력 단절, 조직 문화 등 현실은 너무 복잡하고 버겁다. 결혼을 떠올리면 '사랑'보다 '돈'과 '집'이 먼저 생각나고, 출산을 고민하면 '기대'보다 '복직'과 '경제력'이 앞선다. 직장인들에게 선택지는 점점 줄어들고, 그 선택의 부담은 오롯이 개인의 몫으로 전가된다. 그렇게 결혼과 출산은, 하고 싶지만 할 수 없는 일이 되어간다.

물론 온라인 커뮤니티의 특성상 일부 편향된 의견이나 과장된 표현이 존재할 수 있다. 그러나 중요한 것은 그 속에서 반복적으로 등장하는 공통된 감정과 구조적 문제다. 결혼과 출산, 육아는 인생의 가장 기쁘고 소중한 시간이 되어야 한다. 하지만 슬픔과 공포, 심지어 혐오의 감정으로 가득 차 있다는 사실은, 우리 사회가 청년 세대에게 얼마나 가혹한 조건을 강요하고 있는지를 보여준다. 행복해야 할 과정이 비참하게 다가온다는 것, 그것이야말로 우리가 주목해야 할 진실이다.

　수치의 부침은 언제든 반복될 수 있다. 그러나 청년들이 처한 현실이 바뀌지 않는다면, 결국 일시적 반등에 그칠 것이다. 문제의 해결은 청년 세대의 안정적인 주거, 유연한 근무시간, 손쉬운 육아휴직과 같은 기본적인 환경을 보장하는 것에서부터 시작해야 한다. 두려움 없이 인생의 다음 장을 열 수 있는 구조, 주저하지 않아도 되는 사회를 만드는 것. 인구 문제의 해답은 그 지점에서 실마리가 있을지 모른다.

Part 1

거대한 전환점에 서다

- 세계 인구는 증가, 우리나라 인구는 감소
- 대한민국 인구 변화 추이: 요람은 비어가고 무덤은 부족하다
- 인구구조 변화의 파도와 대응

우리나라의 인구 변화는 세계적으로도 유례를 찾기 어려울 정도로 빠르다. 출산율이 가파르게 떨어지고 평균수명은 늘어나면서, 초고령 사회로 빠르게 진입하고 있다. 이런 변화는 단순히 숫자의 문제가 아니다. 일하는 방식, 소비 패턴, 정치적 선택, 심지어 문화적 취향까지 우리 삶의 모든 영역에 영향을 미친다. 마치 과거 산업화 시대에 도시화와 교육 확대가 사회 전체를 바꾸었듯이, 지금의 인구 변화는 또 다른 거대한 전환점이 되고 있다. 우리나라의 인구 변화 추이를 국제적 시각에서 조명한 후 그 파급효과와 대응방향에 대해서 살펴본다.

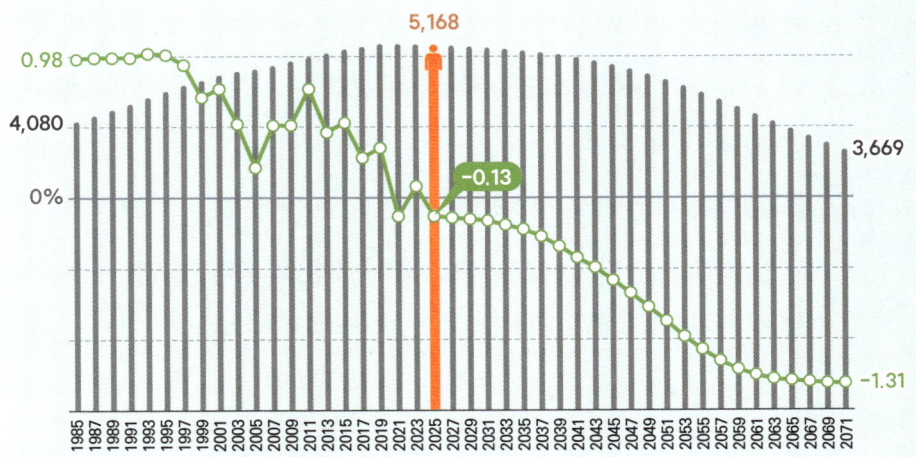

세계 인구는 증가, 우리나라 인구는 감소

팽창하는 세계 vs. 축소하는 대한민국

유엔의 『세계 인구 전망(World Population Prospect)』에 따르면 전 세계 인구는 1970년 이후 꾸준히 늘고 있으며 2070년대에는 100억 명에 이를 전망이다(그림 1-1). 특히 아프리카의 성장세가 눈에 띄는데 현재 13억 명 수준인 아프리카 인구는 2070년에는 30억 명을 넘어설 것으로 예상된다. 아시아와 남아메리카도 2040~2050년까지는 인구가 늘어날 것으로 보인다. 하지만 모든 지역이 그런 것은 아니다. 유럽은 2020년대 초반을 정점으로 인구가 감소하기 시작해서 2070년에는 1970년 수준으로 돌아갈 것으로 예측된다.

그런데 우리나라의 상황은 유럽보다 더 극적이다. 한국과 유럽 모두 2020년대에 인구 정점을 찍었지만, 변화의 속도가 다르다. 1970년부터 2020년까지 50년간 유럽 인구는 6.5억 명에서 7.5억 명으로 15% 증가했다. 같은 기간 우리나라는 3,200만 명에서 5,100만 명으로 50% 이상 늘었다. 향후 50년간 두 지역 모두 1970년대 수준으로 감소할 것으로 예상되는데, 이는 우리나라의 인구 변화 속도가 유럽보다 훨씬 빠르다는 의미다.

그림 1-1 **한국과 세계 인구 변화 추이(1970~2072)**

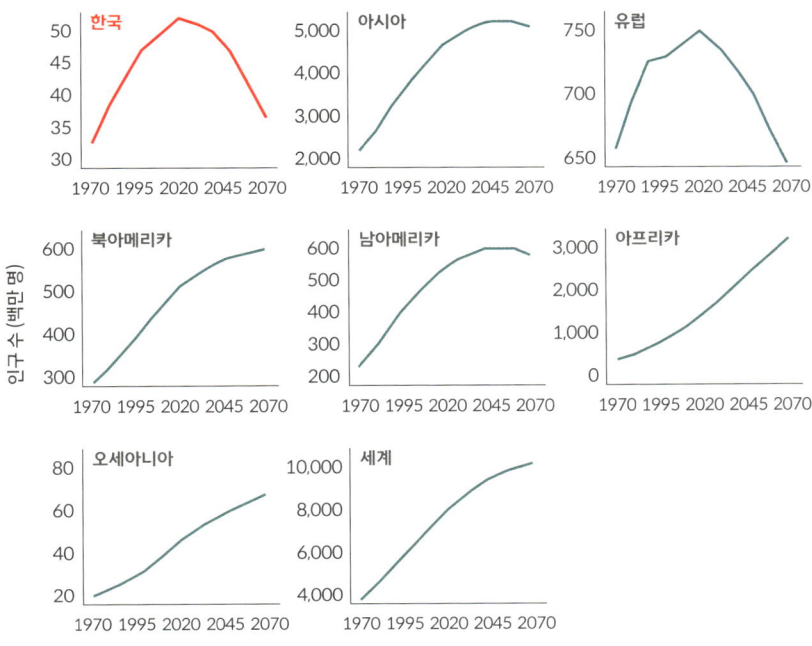

자료: UN, 『World Population Prospects 2024』.

빠르게 늙어가는 한국사회

인구 고령화 속도도 마찬가지다. 전 세계적으로 65세 이상 인구 비율은 증가하고 있다. 2070년에는 세계 인구의 15%가 65세 이상일 것으로 예상된다. 인구가 빠르게 늘어나는 아프리카는 고령화가 느리게 진행되는 반면, 인구가 줄어드는 유럽은 고령인구 비율이 매우 높다.

그림 1-2 65세 이상 인구 비율 변화 추이(1970~2072)

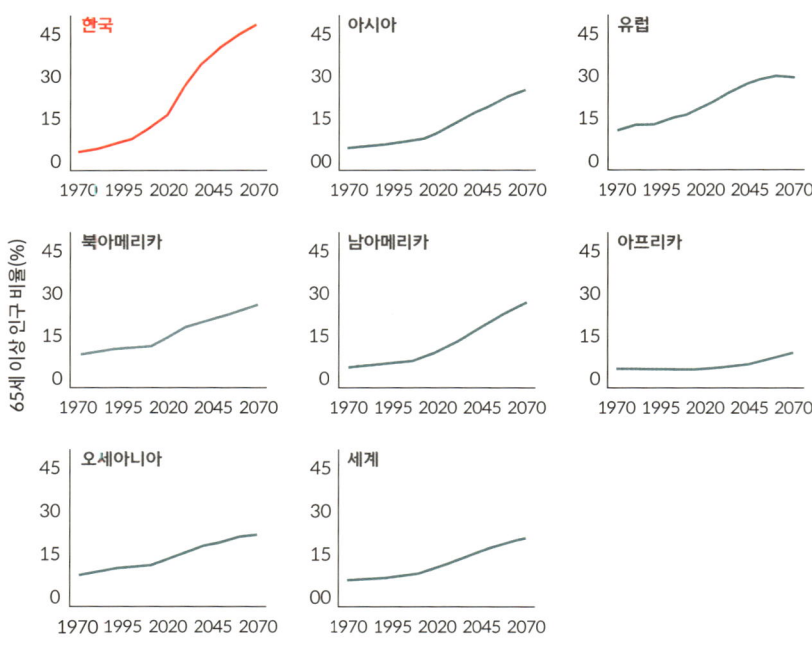

자료: UN, 『World Population Prospects 2024』.

이에 비해 우리나라의 고령화 속도는 압도적으로 빠르다. 2020년 한국의 65세 이상 인구 비율은 유럽보다 낮았다. 하지만 2050년경에는 유럽을 추월하고, 2070년대 초반에는 유럽보다 20%p나 높아질 전망이다. 이는 세계에서 가장 빠른 고령화 속도다.

출산율과 기대수명의 변화

이런 급격한 변화의 원인은 무엇일까? 답은 출산율과 기대수명에 있다. 전 세계적으로 출산율은 떨어지고 수명은 늘어나는 추세다. 하지만 그 정도가 지역마다 다르다. [그림 1-3]은 각 지역의 합계출산율과 기대수명의 변화를 보여준다. 유엔의 『세계 인구 전망』은 대륙별 합계출산율과 기대수명을 제시하기 않으므로, 각 대륙의 수치는 대륙 내 국가들의 평균치를 제시한다.

인구가 줄어드는 유럽은 기대수명이 높고 출산율이 낮다. 반대로 아프리카는 출산율은 높지만 기대수명이 낮다. 물론 아프리카의 출산율도 빠르게 떨어지고 있지만, 여전히 다른 지역보다는 높은 수준이다.

우리나라는 어떨까? 우리나라의 합계출산율은 세계 최저 수준이다. 심지어 유럽보다도 낮다. 반면 기대수명은 빠르게 늘어나 2020년대 초반부터는 유럽이나 북미보다도 높아졌다. 출산율은 세계에서 가장 낮고, 수명은 가장 긴 나라 중 하나가 된 것이다. 이

그림 1-3 합계출산율과 기대수명 변화 추이(1970~2072)

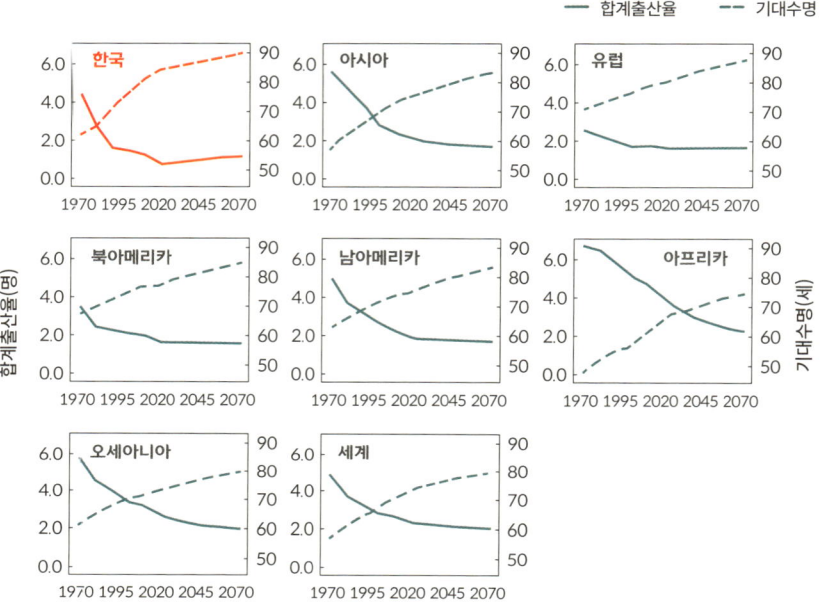

자료: UN, 『World Population Prospects 2024』.

것이 우리나라의 초고속 인구 고령화를 만들어낸 배경이다.

우리가 마주한 현실

세계 인구가 늘어나는 가운데 우리나라 인구는 줄어들고 있다. 더 중요한 것은 그 속도다. 유럽이 100년에 걸쳐 경험할 변화를 우리는 50년 만에 겪고 있다. 이는 단순히 인구 숫자의 문제가 아니다. 노동력 부족, 연금 고갈, 의료비 증가, 세대 갈등 등 앞서 살펴본 모든 문제가 압축적으로 나타날 것이다. 다른 나라들이 천천히 적응할 시간이 있었다면, 우리에게는 그런 여유가 없다. 하지만 역설적으로 이는 우리가 더 과감하고 혁신적인 해법을 찾아야 한다는 의미이기도 하다. 세계에서 가장 빠른 변화는 세계에서 가장 창의적인 대응을 요구한다.

대한민국 인구 변화 추이
: 요람은 비어가고 무덤은 부족하다

비어가는 요람

이제 2000년 이후 우리나라의 인구 변화를 좀 더 자세히 들여다보자. [그림 1-4]는 2000년 이후 출생아 수와 합계출산율의 변화를 보여주고 있는데 크게 세 시기로 나눌 수 있다. 첫 번째는 2000년부터 2005년까지로, 출생아 수와 출산율이 함께 떨어진 시기다. 두 번째는 2005년부터 2015년까지인데, 이때는 오르락내리락하며 뚜렷한 방향성이 없었다. 마치 잠시 숨을 고르는 듯했다. 그러나 세 번째 시기인 2015년 이후부터는 상황이 급변했다. 출산율과 출생아 수 모두 가파른 하락세를 보이기 시작한 것이다. 2023년에는 출생아 수 23만 명, 합계출산율 0.72명이라는 역대 최저 기록을 세웠다. 2024년에 각각 23만 8,000명, 0.75명으로 약간 늘었지만,

이것이 진짜 반전의 시작인지는 아직 알 수 없다. 한두 해의 변화로 추세를 판단하기는 어렵기 때문이다.

학계에서는 합계출산율이 1.3명 미만이면 '초저출산'이라고 부른다.[1] 우리나라는 2002년부터 20년 넘게 이 상태에 머물러 있다. 더 놀라운 것은 2018년부터다. 이때부터 출산율이 1.0명 아래로 떨어졌는데, 이는 세계 어디에서도 찾아보기 힘든 현상이다. 출생아 수로 보면 더 충격적이다. 2000년에 60만 명이 넘던 신생아가 지금은 20만 명대로 줄었다. 더 큰 문제는 앞으로도 나아질 가능성이 낮다는 점이다.

그림 1-4 **2000년 이후 출생아 수 및 합계출산율 변화**

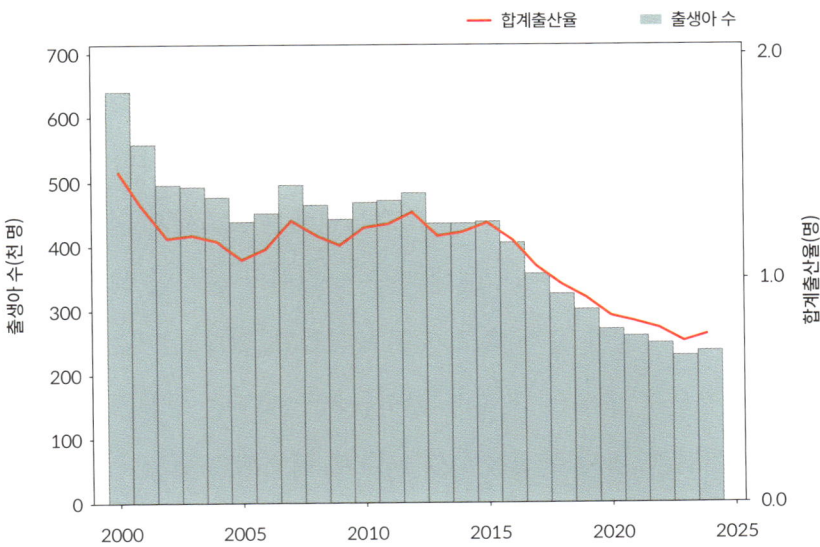

자료: 통계청, 『인구동향조사』 및 『장래인구추계』.

왜일까? 아이를 낳을 수 있는 여성의 수 자체가 계속 줄어들고 있기 때문이다. 설령 출산율이 갑자기 올라간다 해도 출생아 수는 크게 늘지 않을 것이다. 과거의 저출산이 만든 구조적 문제 때문이다. 마치 거대한 배가 방향을 바꾸려 해도 관성 때문에 한참을 더 가는 것처럼, 과거의 저출산이 미래에까지 영향을 미치는 것이다. 특히 2010년대 중반 이후의 급격한 출산율 하락은 고령화를 더욱 빠르게 만들 것으로 보인다. 20년 넘게 지속된 초저출산의 영향은 앞으로도 오랫동안 우리 사회를 바꿔놓을 것이다.

부족해지는 무덤

인구구조는 태어나는 사람뿐 아니라 사망하는 사람의 수에도 영향을 받는다. [그림 1-5]는 2000년 이후 기대수명과 사망자 수 변화를 보여주는데, 한국인의 평균 수명은 꾸준히 늘어나고 있다. 2000년에 76세였던 평균 수명이 2023년에는 83.5세가 되었다. 23년 동안 7.5년이 늘었으니, 매년 평균 0.33세씩 늘어난 셈이다. 다만, 2020년대 들어 증가 속도가 둔화되었고, 2022년에는 코로나19의 영향으로 수명이 오히려 줄어들기도 했다.[2] 앞으로 수명이 계속 늘어날지, 아니면 정체될지는 좀 더 지켜봐야 한다.

흥미로운 현상은 수명은 늘어나는데 사망자 수도 함께 늘어나고 있다는 점이다. 2010년대 초반까지는 연간 사망자 수가 25만 명 정도로 안정적이었다. 그런데 이후 계속 증가해서 최근에는 훨씬 많은 사람이 사망하고 있다. 특히 2020년 이후에는 코로나19의 영향까지 더해져 증가 속도가 더 빨라졌다.

왜 이런 일이 생길까? 답은 바로 고령화에 있다. 나이가 많을수록 사망 확률이 높은 것은 자연스러운 일이다. 고령 인구가 늘어나면서 전체 사망자 수도 늘어나는 것이다. 쉽게 말해, 개인은 더 오래 살지만 사회 전체적으로는 더 많은 사람이 죽는 역설적인 상황이 벌어지고 있다. 이는 우리나라만의 현상이 아니다. 수명이 긴 대부분의 선진국에서 볼 수 있는 일반적인 현상이다. 결국 수명 연

그림 1-5 **2000년 이후 사망자 수 및 기대수명 변화**

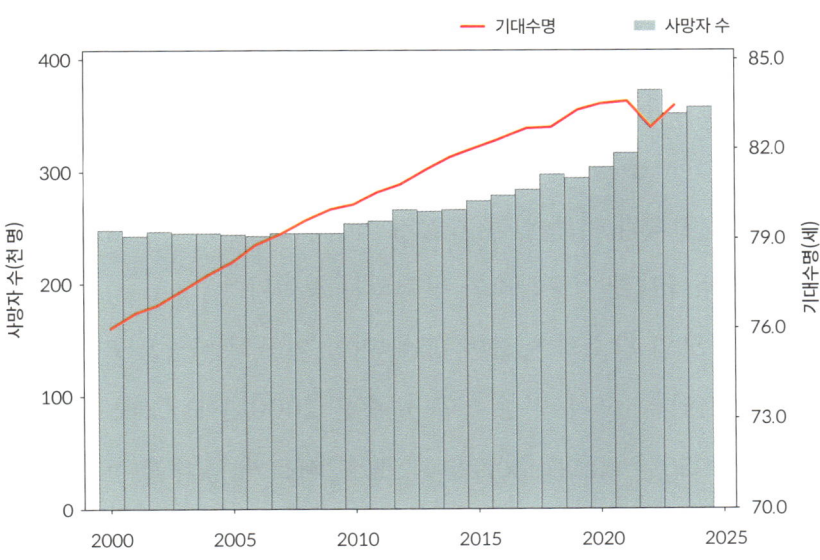

자료: 통계청, 『인구동향조사』 및 『장래인구추계』.

장은 고령화를 더욱 가속화시키는 또 하나의 요인이 되고 있다. 오래 사는 것은 분명 축복이지만, 사회 전체로 보면 새로운 도전이 되고 있는 셈이다.

노인이 절반인 나라?

앞서 살펴본 [그림 1-4]와 [그림 1-5]는 우리 사회의 출산율과 사망률이 빠르게 하락하고 있으며 인구구조가 빠르게 변화하고 있음을 보여준다. 그리고 [그림 1-6]은 통계청 인구추계의 중위 추계 결과를 활용한 2000년 이후 총인구 및 65세 이상 인구비율의 변화이다. 통계청의 중위 인구추계는 합계출산율이 1.08 수준으로 수렴하고 기대수명은 점차 증가하여 2072년에 91.1세까지 증가할 것으로 예상하고 있다. 이 결과에 따르면 총인구는 2020년대 초반 이후 감소하는 추세인데 2040년 이후 그 감소 속도가 빨라진다. 저출산의 지속과 이로 인한 가임기 여성 규모의 감소가 상승 작용을 하면서 급격한 인구감소가 진행되는 것이다.

인구규모의 감소와 더불어 65세 이상 인구의 비중도 가파르게 증가하고 있다. 65세 이상 인구 비중은 2000년에 7.2%, 2025년 20.3%, 2050년 40.1%, 2072년47.7%로 빠르게 증가할 것으로 예측되고 있다. 2070년 이후 인구의 절반 정도가 65세 이상인 사회로 전환되는 것이다. 따라서, 이에 대비해 고령인구 증가로 인한

그림 1-6 총인구 및 65세 이상 인구 비율 변화(2000~2072)

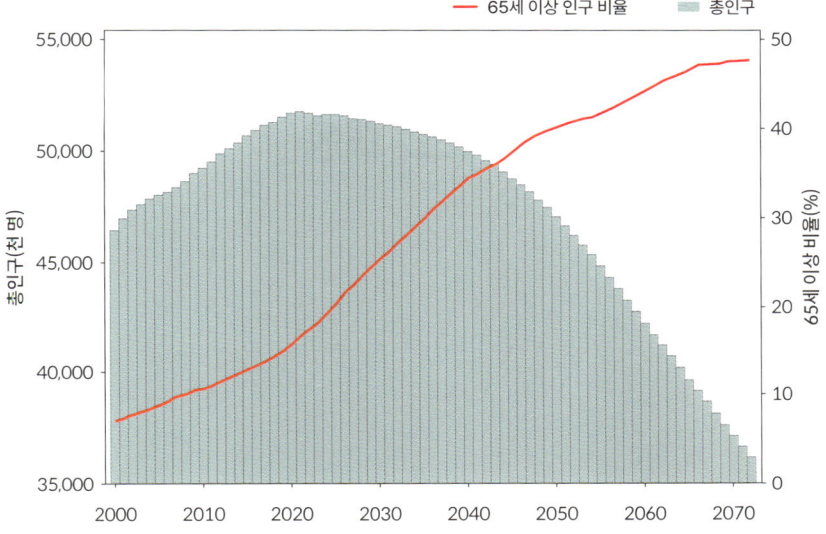

자료: 통계청, 『장래인구추계』.

경제적·사회적·문화적 파급효과를 평가하고 이에 대한 정책적 대응방안을 모색하는 작업은 매우 중요하다.

인구구조 변화의 파도와 대응

한국 사회는 급속한 인구구조 변화를 경험하고 있다. 출산율과 사망률의 지속적인 하락으로 인구 고령화가 빠르게 진행되면서, 이에 따른 사회경제적 변화가 예상된다. 이러한 변화는 노동시장, 사회보장제도, 국가재정, 그리고 세대 간 관계에 광범위한 영향을 미칠 것으로 전망된다.

일할 사람이 줄어든다

앞서 제시한 100년 인구추계에 따르면, 2125년 한국의 총인구는 시나리오에 따라 753만 명에서 1,573만 명 사이가 될 것으로 예측된다. 2025년 인구 5,168만 명의 15~30% 수준이다. 이러한 극적인 인구 감소는 한국 사회가 지금까지 경험해보지 못한 규모의 변화이며 특히 생산연령인구에서 두드러진다. 2075년 인구 피라미드를 보면 60대 미만 인구의 감소가 뚜렷하게 나타난다. 이는 향후 50년간 노동력 공급이 지속적으로 감소할 것임을 시사한다. 생산연령인구의 감소는 단순히 일할 사람이 줄어든다는 의미를 넘어 혁신을 주도할 젊은 인재의 부족, 숙련 기술자의 은퇴로 인한 기술 전수의 어려움, 창업 생태계의 위축 등 경제 전반에 걸친 구조적 변화를 의미한다.

현재도 일부 산업과 지역에서 나타나는 구인난이 전 산업으로 확대될 가능성이 있다. 특히 제조업, 농어업, 서비스업 등 노동집약적 산업에서 인력 부족 현상이 심화될 것으로 예상된다. 이미 건설업과 요식업 등에서는 외국인 노동자 없이는 운영이 어려운 상황이며, 이러한 현상은 점차 다른 산업으로 확산될 전망이다. 또한 고령인구가 증가하므로 돌봄 수요 역시 빠르게 늘어나면서,[3] 돌봄 노동의 구인난이 증가할 것이다. 노동력 부족과 지역 및 산업에 따른 불균형의 심화는 제품 및 서비스의 질 하락과 기업의 비용 부담의 증가로 이어진다.

노후소득 보장체계의 위기

인구구조 변화의 또 다른 여파는 부양비 증가다. 100년 인구추계 결과에 따르면 고령인구 부양비는 시나리오별로 차이가 있지만, 2080~2090년 사이에 정점에 도달할 것으로 예측된다. 저위 시나리오에서는 2085년에 1.65, 중위 시나리오에서는 2080년에 1.33, 고위 시나리오에서는 같은 해에 1.08까지 상승한다. 현재 0.3 미만인 고령인구 부양비가 최대 5배 이상 증가한다는 것은 사회보장제도에 상당한 변화가 필요함을 의미한다.

생산가능인구 1명이 1명 이상의 고령인구를 부양해야 하는 상황은 현행 연금제도의 구조적 개편을 요구한다. 현재의 부과방식 연금제도는 현재 일하는 세대가 은퇴한 세대를 부양하는 구조인데, 부양비가 급증하면 이 구조의 지속가능성이 위협받는다. 보험료율을 대폭 인상하거나 급여 수준을 하향 조정하는 등의 개혁이 불가피할 것으로 보인다. 또한, 현재 근로소득 중심으로 설계된 공적 연금 재정의 수입원을 다각화할 필요도 있을 것이다. 한편 국민연금, 직역연금, 기초연금 등 공적 연금제도는 물론, 퇴직연금과 개인연금을 포함한 다층적 노후소득 보장체계의 재설계가 요구된다. 또한 정년 연장, 점진적 은퇴제도 도입 등을 통해 고령자의 경제활동 참여를 확대하는 방안도 적극적으로 고려할 필요가 있다.

인구 변화가 흔드는 국가 재정

인구 고령화는 국가 재정 구조에도 근본적인 변화를 가져온다. 고령인구 증가는 연금 지출뿐 아니라 의료비, 장기요양 서비스 등 사회복지 지출의 증가로 이어진다. 특히 85세 이상 후기 고령인구의 증가는 의료 및 돌봄 서비스 수요를 크게 늘릴 것으로 예상된다. 생애 의료비의 상당 부분이 노년기에 집중되는 경향이 있으므로 인구 고령화는 건강보험 재정에 상당한 부담을 줄 것이다.

동시에 생산연령인구의 감소는 조세 수입 기반의 축소를 의미한다. 소득세와 소비세 등 주요 세수가 감소하는 반면, 복지 지출은 지속적으로 증가하는 구조적 불균형이 발생한다. 이러한 재정 구조의 변화에 대응하기 위해서는 재정 운용의 효율성을 높이고, 새로운 재원 확보 방안을 모색해야 한다.

일부 국가들은 이미 고령화에 따른 재정 부담을 완화하기 위해 연금 수급 연령 상향, 의료보험 본인부담금 조정, 세제 개편 등의 정책을 시행하고 있다. 독일은 연금 수급 연령을 67세로 상향 조정했고, 일본은 후기고령자 의료제도를 도입하여 75세 이상 고령자의 의료비 부담을 별도로 관리하고 있다. 한국도 장기적 관점에서 지속가능한 재정 운용 방안을 마련해야 할 시점이다.

세대 간 갈등의 심화

인구구조 변화는 세대 간 자원 배분과 관련된 새로운 과제를 제기한다. 생산연령인구와 고령인구 간의 비율 변화는 연금, 의료보험 등 사회보장제도를 둘러싼 세대 간 이해관계의 조정을 필요로 한다. 젊은 세대는 증가하는 사회보험료 부담에 대한 우려를 가질 수 있고, 고령 세대는 적정한 노후 보장에 대한 기대를 갖는다.

또한 정치적 의사결정 과정에서도 인구구조 변화의 영향이 나타날 수 있다. 고령 유권자의 비중 증가는 정책 우선순위에 영향을 미칠 수 있으며, 이는 세대 간 균형 잡힌 정책 수립의 필요성을 제기한다. 일본의 경우 '실버 민주주의'라는 용어가 등장할 정도로 고령층의 정치적 영향력이 커지고 있으며, 이는 미래 세대를 위한 투자보다는 현재의 복지 지출을 우선시하는 경향으로 이어질 수 있다.

정책적 대응 통해 위기를 기회로 만들어야

인구구조 변화는 피할 수 없는 현실이다. 중요한 것은 이러한 변화에 어떻게 대응하고 적응해 나갈 것인가이다. 출산장려 정책, 이민 정책, 은퇴제도 개선, 사회보장제도 개혁 등 다양한 정책적 대응이 논의되고 있다. 프랑스의 적극적인 출산장려 정책, 캐나다의 개방적인 이민 정책, 스웨덴의 유연한 연금제도 등은 참고할 만한 사례다. 이러한 변화를 위기가 아닌 새로운 사회 시스템 구축의 기회로 전환하기 위해서는 장기적 관점에서의 준비와 폭넓은 사회적 합의가 필요하다.

인구 고령화는 분명 큰 도전이지만, 지나치게 비관적으로만 볼 필요는 없다. 오히려 교육 수준이 높아지고 여성의 경제활동이 늘어나는 등 변화도 함께 일어나고 있다.[4] 재난적 전망보다는 현실적이고 합리적인 대응이 필요한 시점이다.

먼저, 출산율을 높이기 위해 통합적 접근이 필요하다. 단순히 "아이를 낳으세요"라고 말하는 것으로는 부족하다. 청년들이 안정적인 직장을 가질 수 있고, 집 걱정 없이 살 수 있으며, 아이를 믿고 맡길 곳이 충분해야 한다. 무엇보다 여성이 육아와 일을 병행할 수 있는 환경이 만들어져야 한다. 이는 사회 전체가 함께 바뀌어야 가능한 일이다.

다음으로 노인 인구가 증가하는 인구구조 변화를 위한 준비도 필요하다. 연금제도의 재정 안정성과 의료보장체계의 효율화를 통해서 나이가 들어도 품위 있게 살 수 있도록 돌봄 서비스를 확충해야 한다.

인구가 줄어도 경제가 성장할 수 있는 방법을 찾는 것도 중요하다. 기술 혁신과 디지털화를 통해 한 사람이 더 많은 일을 할 수 있게 만들고, 그동안 충분히 활용하지 못했던 여성과 고령자, 이민자의 능력을 적극 활용해야 한다. 2075년 이후 급격한 인구 감소에 대비하려면 지금부터 준비해야 한다.

 마지막으로 세대 간 갈등을 줄이는 노력이 필요하다. 젊은 세대와 노인 세대가 서로를 이해하고 함께 살아갈 수 있는 사회를 만들어야 한다. 자원을 공정하게 나누고, 서로 소통할 수 있는 기회를 늘려야 한다. 인구 고령화는 피할 수 없는 현실이지만, 우리가 어떻게 대응하느냐에 따라 위기가 아닌 새로운 기회가 될 수 있다.

Part 2

초고령화 사회의 민낯

- 2025년 대한민국 중위연령 45세
- 젊은 노인의 폭증, 그리고 노동시장의 대응
- 초고령사회 선배, 일본으로부터 배우는 고령자 의료와 케어

우리는 보통 65세부터 노인이라고 생각한다. 하지만 정작 노인들의 생각은 다르다. 2023년 보건복지부 조사에 따르면, 65세 이상 노인이 생각하는 '노인의 나이'는 평균 71.6세였다. 은퇴 이후에도 다시 일자리를 찾거나 활발히 사회활동을 하는 '액티브 시니어(Active Senior)'가 늘고 있다. 하지만 어떤 이는 일자리를 구하지 못하고, 또 어떤 이는 돌봄이 필요하지만 도움받을 사람이 없다. 고령화가 빨라질수록 이 격차는 더 커지고 있다. 이 장에서는 우리가 맞이하게 될 '초고령 사회'의 모습과 그 속에 담긴 여러 가지 얼굴들을 살펴본다.

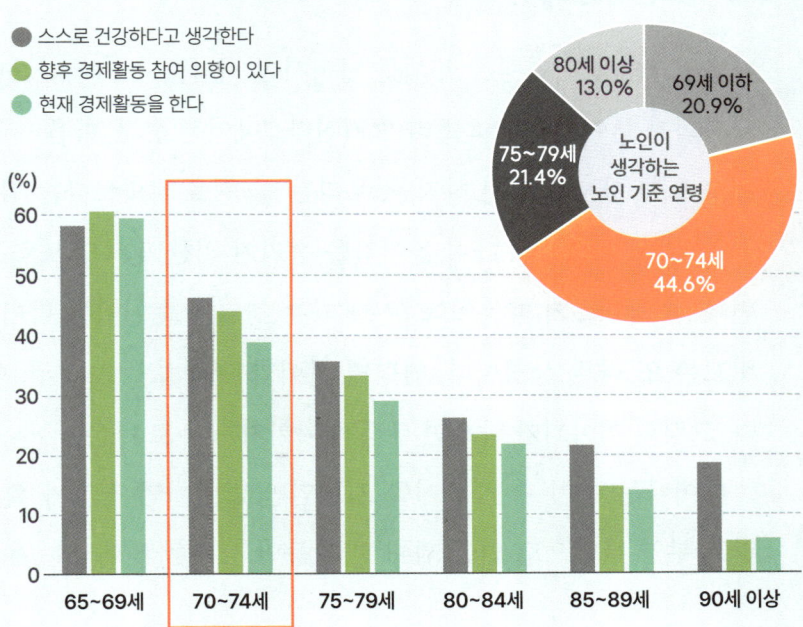

노인의 건강인식과 경제활동 의향

* 자료: 보건복지부(2023), 『노인실태조사』.

2025년 대한민국 중위연령 45세

고령화는 재앙인가, 축복인가?

이제 호들갑은 그만

대한민국의 중위연령은 45세를 넘어서기 시작했다. 그러다보니 한국사회가 늙어간다는 목소리가 커진다. "나이는 숫자, 마음이 진짜"라는 노래 가사가 있긴 하지만, 우리는 '늙음'을 성숙보다는 퇴보로 보는 경향이 강하다. 나이 들어감을 숨기기 위한 필사의 노력을 주변에서 흔히 보기 때문이다. '꼰대'라는 경멸적인 언어는 나이듦을 비꼬는 또 다른 상징이다. 연령별 차이가 연령차별(Ageism)이 된다. 고령화 이야기가 나오면 부정적 이미지가 주로 나온다.

태어나는 아이 수는 줄어들고 노인만 많아지면 경제가 활력을 잃고 부양 부담으로 인한 세대 간 갈등만 심화될 것이라는 우려가 있다. 젊은 사람들은 1년에 한 번도 찾지 않는 병원을 노인들은 의사쇼핑(Doctor Shopping)처럼 찾아다닌다는 비판이 있다. 노인들의 건강유지 비용을 건강보험료를 납부하는 청년들이 왜 지불해야 하느냐는 문제제기를 반영하는 주장이다. 국민연금 개혁 논쟁에서도 어느 쪽은 노인의 이해관계를 고려해 소득대체율을 높이자는 주장을 하고, 다른 한쪽에서는 청년들의 반발을 고려해 본인부담 보험료율을 높이자고 이야기한다.

고령화 공포에서 빠져 나오기

그런데 고령화를 반드시 부정적으로만 볼 필요는 없다. 높은 소득수준, 보건·의료 기술의 발전, 위생적 주거환경 등 분야에서 사회발전이 없다면 고령화사회는 불가능하다. 이렇게 오래 사는 경우는 인류 역사에서 존재하지 않았다. 더 오래 살고 싶은 인간의 욕구를 처음으로 경험할 수 있는 축복이 곧 고령화이다. 다만 나이가 들어도 노래 <백세인생>의 가사처럼 건강하고 어느 정도 돈과 살 집은 있어야 할 것이다.

고령화는 우리가 어떻게 받아들이고 대응하느냐에 따라 장수의 기쁨을 누리면서 삶의 질을 높일 수 있는 긍정적 사회현상이다. 경제가 성장하고 생활환경이 개선되면서 최첨단 의료기술의 혜택을 받을 수 있는 현재 한국 사회 현실에서 고령화는 돌이킬 수 없는 현실이다. 건강 장수하게 되었는데 일부러 죽거나 죽일 수는 없는 것 아닌가? 인구부양 부담을 이야기하지만, 이는 노인연령 상향 조정을 통해 어느 정도 해결할 수 있는 과제다. 우리에게 필요한 변화는 고령화에 대한 공포와 불안에서 나오는 '공황(Panik; panic)' 상태에서 벗어나 장기적이고 지속가능한 정책에 대한 논의다. 이런 맥락에서 노인연령 상향 조정은 매주 중요한 변화의 기반이라고 볼 수 있다.

노인의 기준은 무엇인가?

65세가 노인의 절대적 기준 아니다

노인의 기준은 무엇인가? 흔히 유엔(UN) 자료를 이야기하면서 65세 이상 노인인구가 전체 인구의 7% 이상이면 고령화사회, 14%면 고령사회, 20%면 초고령사회라고 이야기한다. 그런데 이상하지 않나? 7의 배수로 나가면 21이어야지 왜 20인가? 아직도 지구상에는 60세까지 살기도 어려운 국가들이 대다수인데 유엔은 어떤 기준에서 65세를 노인으로 정의하고 있나? 한국에서 누가 처음 유엔을 거론하면서 그런 기준을 제시했는지는 모르겠다. 한 가지 확실한 사실은, 유엔의 어느 문서에서도 65세를 노인의 절대적 기준으로 제시하지는 않았다는 것이다. 노인의 개념은 해당 사회의 상황에 따라 유연하게 정할 수 있기 때문이다.

유엔에서 정기적으로 발간하는 『세계 고령화 보고서(World Population Ageing)』는 60세 이상을 노인이라 정의한다. 65세를 연금수급 연령, 즉 노인의 기준으로 정했던 독일은 이제 67세로 기준을 높였다. 미국은 주에 따라 노인을 60세에서 65세까지 다양하게 규정하고 있으며, 미국 사회보장법에서도 노인 연령을 67세로 상향 조정하는 중이다.

우리의 현실로 눈을 돌려보자. 60세 환갑 잔치는 사실상 사라졌다. 60세 정도는 노인으로 보지 않는 사회가 되었다. 그렇지만 국민연금 가입은 60세가 되면 끝이 난다. 생산가능인구가 아닌 부양인구, 즉 은퇴해서 부양받는 개념으로서 노인으로 편입되는 기준이 여전히 60세다. 그렇지만 연금 수급은 1970년대생의 경우 65세부터 가능하다. 그 사이 이른바 '연금보릿고개'를 견디기 위해 많은 60대들이 여전히 일을 한다.

여러 인식 조사 결과를 보면 사람들의 다수는 70세가 넘어야 노인이라고 생각한다. 경로우대는 65세부터이지만 노인복지법에 따른 사업 대상은 노인복지주택 입주자격과 같이 60세가 기준인 경우도 있다. 「장애인·노인·임산부 등의 편의증진 보장에 관한 법률」에서는 노인연령 기준을 명확히 제시하지 않고 있다. 노인의 기준을 그만큼 단일하게 하나로 묶기 어렵다는 이야기다.

본래 노인 65세 기준은 독일에서 나왔다. 1889년 비스마르크 주도의 연금보험 도입이 있었을 때 연금 수급 개시 연령이 70세였다. 보험료율도 1.7%에 불과해 실제 노후소득보장 기능은 매우 약

표 2-1 **다양한 노인 연령 기준**

구분	연령 기준
노인복지법	노인복지주택 입소 자격 대상: 65세 이상
	생업 지원, 경로우대, 건강진단, 상담 및 시설 입소 대상: 65세 이상
노인장기요양보호법 (제2조1)	'노인등'이란 65세 이상의 노인 또는 65세 미만의 자로서 치매·뇌혈관성질환 등 대통령령으로 정하는 노인성 질병을 가진 자
장애인·노인·임산부 등의 편의증진 보장에 관한 법률 (제2조1)	'장애인등'이란 장애인·노인·임산부 등 일상생활에서 이동, 시설 이용 및 정보 접근 등에 불편을 느끼는 사람(연령 정의 없음)
국민연금	연금 수급 연령: 65세
OECD 보고서[1]	실질 은퇴 연령: 72.3세

했다. 65세 이상을 기준으로 하더라도 해당 연령대 노인은 전체 인구의 5% 미만 규모였다. 19세기 말 당시 독일 국민의 평균수명 자체가 남성은 35.6세, 여성은 38.4세로 모두 40세가 안 되는 상황이었다. 연금수급액 수준 자체가 낮을 뿐 아니라 실제 연금을 받을 수 있는 만큼 장수했던 사람도 별로 없을 때였다. 그래서 제1차세계대전 중 1916년 국민 사기 진작 차원에서 연금 수급 가능 연령을 65세로 낮추었다. 이후 이 기준이 다른 서구국가에서도 받아들여지면서 '65세 이상인 자는 노인'이라는 개념이 확산되었다.

물론 노인연령 기준 논쟁에만 매달릴 때는 아니다. 어쨌든 나이 들고 취업활동을 법적으로 할 수 없는 사람들이 늘어나는 현실이 존재하기 때문이다. 2006년 당시 제1차 저출산·고령사회 기본계획은 한국사회 고령화 속도가 세계에서 가장 빠르다는 위기의

식에서 나왔다. 출처의 불확실성 여부와 관계없이 65세 이상을 노인으로 간주할 때, 65세 이상 인구 집단의 비중이 차지하는 비중이 2050년경에는 세계 최고 수준이 될 수 있다. 그렇다면 우리는 무엇을 대비해야 할 것인가?

노인연령 기준 상향 조정 방법에 대해

노인연령 기준을 상향 조정하는 방법에는 두 가지가 있다. 먼저, 현재 통용되고 있는 65세 이상 노인이 전체 인구에서 차지하는 비중에 따른 고령화사회, 고령사회, 초고령사회 기준을 이용하는 방법이다. 이미 75세 이상 인구 비중이 14%를 넘어섰다. 2024년 전체 인구 중 75세 이상 인구 비중이 15.5%가 되었다. 2040년에 동 비중은 27%, 2045년에는 37.3%가 될 전망이다.

어떤 설문조사 결과를 보더라도 이제 노인이라고 부를 만한 나이를 60대로 보지 않는다. 따라서 노인연령을 현재 65세에서 70세, 그리고 75세로 단계적 상향 조정을 하여 전체 인구 중 노인 비율을 14% 수준에 맞춰 고령사회를 유지하는 대응을 할 수 있다. 그리고 이후 지속적으로 전체 인구에서 차지하는 노인 비율을 14% 수준에 맞추면서 노인 관련 정책 및 사업을 해나가는 것이다.

노인연령 기준을 분류하는 두 번째 방법으로 '장래고령인구부양비(Prospective Old Age Dependency Ratio)'가 있다. 부양을 필요로 하는 고령인구를 기대여명 도달 15년 전을 기준으로 분류해내는 개념이다. 예를 들어 기대여명이 90세라면 노인연령 기준은 75세가 되는 것이다. 이 개념의 특징은 유동적인 '임계연령(Threshold Age)'에 있다. 노인연령을 65세로 고정해두고 이후에는 부양을 받아야 한다는 전제가 있다면, 사회구성원의 수명 증가에 따라 부양을 받아야 하는 임계연령이 시간의 흐름에 따라 지속적으로 변할 수 있는 가능성이 생긴다.

이러한 제안은 임계연령이 고정되어 있는 한 평균수명 증가에 따른 변화에 대응하기 어렵다는 한계에서 나온다. 20세부터 64세까지 인구가 생산활동을 하고 65세 이상 노인을 먹여 살린다는 의미에서 64세를 취업활동을 위한 임계연령으로 하는 기존의 인구부양 부담비라는 틀을 유지한다면, 65세 이상 인구가 늘어나는 그대로 부양 부담이 늘게 된다. 노인연령을 70세로 상향 조정한다 하여도 임계연령이 고정되어 있기 때문에 지속적으로 증가하는 기대여명과 이에 따른 노인인구 증가에 정책적으로 대응하기 어렵다는 인식에서 유동적 임계연령 개념 안에서 노인연령 기준을 정할 수 있다.

노인연령 기준 자체를 철폐하면 어떨까?

한 가지가 됐든, 유연하게 변화하는 기준을 적용하든 노인연령 기준 설정은 인구를 '생산가능인구'와 '비생산인구'로 분류하는 기존 개념을 전제로 하는 접근이다. 그런데 생산가능인구로서 기능할 수 있는 상황은 개인에 따라, 업무 성격에 따라 다양할 수 있다. 게다가 AI와 조합할 경우 인간의 생산능력은 그 한계를 알 수 없는 확장 가능성을 갖는다. 이러한 변화에도 불구하고 우리의 고령화 대응은 '영유아기, 아동기, 청소년기, 청년기, 중장년기, 노년기' 등 이른바 연령분절적 생애주기 접근을 하고 있다.

취업활동을 종료하는 연령으로서 노인연령은 기대수명과 건강여명의 연장, 높아지는 취업활동·사회참여에 대한 욕구에 따라 유연하게 결정할 필요가 있다. 여기에 더해 급변하는 생산방식의 유연성과 확장성은 인간이 정해놓은 연령 기준과 무관하게 변화하고 있다. 따라서 어느 개인이 생산적 활동을 할 수 있느냐 없느냐를 하나의 단일한 기준으로 정하는 전통적 접근방식에서 근본적인 변화가 일어나야 한다는 접근을 할 수 있다.

고령화 위기를 기회로

여성 사회참여 확대로 인구부양 부담 줄이기

인구 고령화를 언급하면서 생산가능인구 축소와 피부양인구로서 노인인구 증가를 이야기할 때 자칫 간과할 수 있는 개념이 또 있다. 바로 경제활동인구이다. 생산가능인구 중 학생, 군인, 장애인, 전업주부 등은 경제활동을 하지 않는 생산가능인구다. 생산가능인구 중 비경제활동인구 비중을 낮추면 그만큼 인구부양 부담을 덜

수 있는 가능성이 생긴다. 특히 우리나라는 여성 고용률이 여전히 60%대에 머물고 있는 사회다. 여성의 독박육아와 경력단절이 구조화되어 있기 때문이다. 같은 규모의 생산가능인구라 할지라도 여성 고용률이 60%일 때와 80%일 때 인구부양 부담의 실제 수준은 달라질 수 있다.

인구 오너스를 이야기하지만, 이때 논의의 전제가 되는 인구부양 부담 산출식은 양적으로 공급 가능한 노동력 규모, 즉 생산가능인구만을 전제로 한다. 생산가능인구 중 경제활동을 할 수 있는 노동력 규모의 확대 가능성은 포함하지 않고 있다. 생산가능인구 감소에 따른 인구 오너스를 이야기할 때 여성 고용률을 높여서 경제활동인구 규모를 확대하는 가능성은 고려하지 않는 것이다. 여성 사회참여 확대에 따른 인구부양 부담 감소가 고령화의 기준을 어디에 정하든지 간에 우리 사회가 선택할 수 있는 또 다른 대안이 될 수 있다.

노인의 개념과 기준은 움직이는 것

앞으로 수십 년 뒤 지하철을 타면 노인만 볼 수 있을 것이라는 전망을 할 수 있다. 이때 노인은 현재 기준으로 규정해 놓은 노인이다. 지금 대한민국 중위연령 45세의 신체적 능력은 과거 30대 수준으로 봐도 무방할 것이다.

"사랑은 움직이는 거야"라는 말이 유행한 적이 있다. 노인 개념과 기준도 움직이는 것이다. 아니 움직여야 한다. "사람은 늙어가는 것이 아니라 익어간다"는 노래 가사가 있다. 단순히 나이만 먹지 않고 끊임없이 변화하고 자기계발하는 인간상을 전제로 한다면 장수는 우리에게 축복이자 지속가능한 발전의 기회가 될 것이다. 여기에 여성의 독박육아와 경력단절이라는 표현이 사라지는 변화가 일어나야 한다. 위기로서 고령화를 기회로 바꾸어 보는 개혁이 필요한 시점이다.

젊은 노인의 폭증, 그리고 노동시장의 대응

젊은 노인 인구가 폭증하고 있다

저출생과 평균 수명 연장의 결과로 우리나라는 노인 인구의 폭증을 앞두고 있다. 통계청이 2023년 12월에 공표한 장래인구추계 중위 전망에 의하면, [그림 2-1]에서 보듯이 현재의 법적 정년 나이인 60세 이상 인구의 현재 숫자가 약 1,470만 명, 비중이 약 28%인데 5년 뒤에는 인구는 1,700만 명, 비중은 33%가 되고, 계속 증가해 20년 뒤에는 60세 이상 인구는 2,200만 명, 비중은 45%가 되며, 30년 뒤에는 비중이 50%가 될 것이라고 한다. 즉, 지금부터 5년 뒤에는 우리나라 인구의 3분의 1이 현재의 법적 정년 나이 이상이 되고, 20년 뒤에는 거의 절반이 그럴 것이라고 한다.

그런데, 우리나라의 노인은 점점 오래 살고 있다. 통계청이 매년 작성하는 생명표에 따르면 60세에 도달한 사람이 앞으로 생존하리라고 예상되는 평균 연수('기대여명')가 20년 전에는 남자 19.3년, 여자 24.0년이었는데, 2023년에는 각각 23.4년과 28.2년으로 늘어났다. 올해 60세에 은퇴한 남자라면 지금부터 평균적으로 자신은 23년, 배우자는 28년간 살아갈 계획이 필요하다는 뜻이다.

게다가 장래 전망에 의하면 기대여명이 조금씩 늘어서 지금부터 5년 뒤에 남자는 24.9년, 여자는 29.3년이 되고, 30년 뒤에 남자는 27년, 여자는 31년이 될 것이라고 한다.

우리나라의 노인은 매년 젊어지고 있다고 해도 틀린 말이 아니다. 젊은 노인 인구의 폭발적 증가는 우리 경제에 큰 부담이 될 것이다. 더 많은 노인을, 더 오랫동안 부양할 길을 찾아야 하기 때문

그림 2-1 60세 이상 인구와 비중 전망

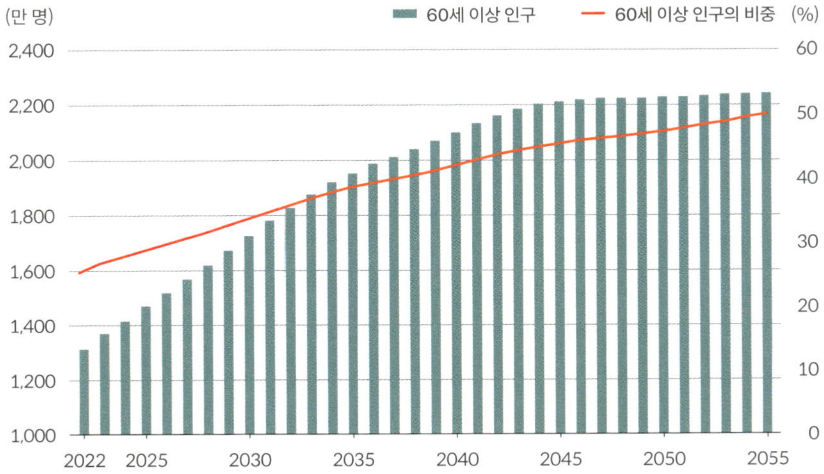

자료: 통계청, 『장래인구추계』.

이다. 15세에서 59세까지의 인구는 현재 60세 이상 인구의 2배 정도지만, 5년 뒤에는 1.7배, 20년 뒤에는 1배, 30년 뒤에는 0.9배 정도로 예상된다. 부양의 부담을 나눠질 사람이 줄어드는 속도가 워낙 빨라서 그들만으로는 곧 도저히 감당할 수 없을 것이다.

우리나라 고령자는 은퇴 준비가 얼마나 잘 되어 있는가?

현실과 꿈의 간극이 커 근로소득 없는 생활 어려울 듯

사람은 누구나 적당한 나이에 일을 그만두고 노후에 가족과 여유로운 시간을 보낼 수 있기를 꿈꾼다. 공적연금과 사적연금이 충분하고, 개인 자산이 풍부하다면 그런 '여유로운 은퇴의 꿈'을 이룰 수 있을 것이다. 그들을 부양할 사회적 부담도 덜할 것이다. 우리나라의 현실은 과연 그러한가?

불행하게도 현실은 꿈과 매우 다르다. 2022년 통계를 보면 65세 이상 고령자 중 90%가 공적연금(기초연금 포함)과 사적연금 중 한 가지 이상을 받기는 했으나, 액수가 낮은 기초연금 수급자가 많아서 월평균 수급액은 65만 원, 중위 금액은 월 42만 원에 그쳤다. 가구 단위로 넓혀도 월평균 수급액은 84만 원, 중위 금액은 56만 원이었다. 연금 수급자의 60%가 월 50만 원 이하를 받았다.[2]

2023년 기준 65세 이상 고령자 가구의 순자산액은 평균 약 4억 5,000만 원이며, 자산 중 유동성이 낮은 부동산의 비중이 82%를 차지하였다. 게다가 자산은 매우 불평등하게 분포되어 있어서 순자산의 중위값은 2억 1,000만 원에 그쳤다. 가구주가 65세 이상인 가구의 근로소득과 사업소득을 제외한 소득은 월평균 165만 원인데, 중위값은 그보다 훨씬 낮을 것이다.[3] 우리나라 노인의 절반 이상은 정년 이후에도 일을 하지 않으면 최저임금에 훨씬 미치지 못하는 소득밖에 없는 것이 현실이다.

40세에서 59세의 중장년층은 국민, 직역, 개인연금 가입자가 85%에 달하여 현재 65세 이상보다는 연금에 의한 준비가 조금 더 낫다. 하지만, 그들이 받을 것으로 예상하는 연금 액수는 노후에 여유 있는 생활을 하기에는 턱없이 부족하다. 현재의 연금 예상액 기준으로 계산하면 국민연금 수급액은 평균 월 100만 원을 넘지 않고, 수급 전 급여의 4분의 1 이하가 될 것이다. 퇴직연금 가입자의 대부분이 일시금으로 받아 은퇴 후 연금을 받을 사람은 소수이다.

한편, 2023년 통계에서 가구주가 40대인 가구의 순자산은 평균 4억 3,000만 원, 50대인 가구는 평균 5억 원 정도로 65세 이상과 큰 차이가 나지 않는다. 최근 국민노후보장패널을 분석한 결과에 따르면 50세에서 69세 인구 중 절반 정도만 노후 준비가 되어 있다고 응답하며, 임시·일용직 근로자나 프리랜서 집단은 그 비율이 40% 정도에 그친다.[4]

종합하면 우리나라 중장년층과 고령층 인구의 대다수는 근로소득 없이는 생활에 상당한 어려움을 겪을 가능성이 높다.

고령층의 노동시장 참여 위한 제도적 기반 마련 필요

우리나라는 노년기의 경제적 어려움을 해결하기 위해서 법적 정년인 60세 이후에도 일하기를 원하는 사람이 많고, 실제 대부분 선진국보다 훨씬 더 높은 비율로 일하고 있다. 2024년에 조사한 결과에 따르면 65~79세 고령자 가운데 장래에 일하기를 원하는 사람의 비중은 57%, 특히 남자는 66%였고, 그 가운데 절반은 생활비에 보태기 위해서 그렇다고 하였다. 이 연령대에서 일하기를 원하는 사람의 비중은 지난 5년간 거의 10%p가 늘었다.[5]

통계청의 「경제활동인구조사」 결과에 따르면 2024년에 우리나라 60세 이상 인구 가운데 취업자의 비중은 46%였다. 남자는 55.4%, 여자는 37.9%를 기록했다. 우리나라의 노년층 인구의 고용률은 OECD 평균의 두 배를 훨씬 넘는다. 우리나라 노년층은 어느 선진국의 노년층보다 계속 일하기를 더 원하고, 실제로 더 많이 일한다.

일하는 노년층이 많아지는 것은 국가 경제에 도움이 되는 일이다. 늘어가는 노년 인구 중 더 많은 사람이 능력껏 생산활동을 계속하면 국가의 자원이 노인 부양 대신 더 생산적인 활동에 사용될 수 있기 때문이다. 나아가 인구 고령화로 심각해질 수 있는 노동력의 부족 문제 해결에도 도움이 될 것이다. 2024년 우리나라의 취업자 총수는 2,857만여 명으로 집계되었는데, 만약 나이별 고용률이 2024년 수준을 계속 유지한다면 취업자 수는 2035년에 2,780만 명, 2045년에 2,530만 명, 2050년에 2,360만 명으로 줄어들 것으로 예상된다.[6] 취업자가 1년 평균 20만 명씩 줄어드는 셈이다. 일하는 노인의 비중이 늘어난다면 이런 추세를 완화하는 데 도움이 될 것이다.

그런데, 현재 노동시장에서는 우리나라 노인이 자기 능력을 제대로 발휘하기가 어렵다. 한국노동연구원에서 매년 조사하는 「한국노동패널」자료를 이용하여 2014년부터 2023년까지 60세 이상 임금근로자에 대해 통계를 내어 보면 55세 때와 같은 일자리에서 일하는 사람의 비율이 61세에서는 60%, 65세에서는 30%밖에 되지 않는다. 그리고, 일자리를 옮기는 과정에서 월 급여가 현저하게 낮아진다. 필자가 자료를 분석한 결과에 따르면 성별, 나이, 학력, 55세 때의 급여, 업종, 직종이 같더라도 일자리를 옮긴 사람은 그렇지 않은 사람보다 63세 이상에서는 급여가 15% 이상 더 적다. 일자리를 옮김으로써 그동안 쌓은 경험이나 숙련에서 얻은 인적자본의 상당 부분을 잃어버리기 때문이다.

우리나라의 노년층은 일하는 비율은 높지만, 소득이 낮은 영세 자영업자의 비중이 높고, 일자리의 불안정성이 크다. 노인 일자리 사업과 같은 정부가 만들어 낸 공공일자리(2024년 기준 약 103만 개)에 의존하는 경향이 강하다.

노인 부양의 사회적 부담을 덜고, 다가오는 노동력 부족의 문제를 완화하며, 노인 가구의 경제적 상황을 개선하기 위해서는 우리나라의 근로자들이 계속하여 노동시장에 참여하고, 능력을 최대한 발휘할 수 있도록 하는 제도적 기반이 마련되어야 한다. 최소한 국민연금을 수급할 때까지는 자신이 가장 생산적으로 일할 수 있는 곳에서 일자리를 유지할 수 있는 장치가 필요하다.

일본식 계속고용 제도의 시사점과 제언

젊은 노인의 계속고용을 위한 일본의 예

우리나라보다 인구 고령화를 더 빨리 경험한 나라들은 그런 장치를 어떻게 마련했을까? 우리와 제도적으로 유사한 일본의 예를 보자. 일본은 1994년부터 법적 정년 연령을 60세로 유지하고 있지만, 정년 후 계속고용 제도를 연금 제도 개편과 함께 2000년부터 단계적으로 시행하고 강화하였다.

2000년에 일본 정부는 기업에 정년 연장, 퇴직 후 재고용, 정년 폐지 중 한 가지를 통해 근로자를 65세까지 계속 고용하도록 노력할 의무를 부과하였고, 계속 고용하는 기업에 장려금을 지급하기 시작하였다. 이것은 후생연금 수급연령을 남성은 2013년부터 2025년까지, 여성은 2018년부터 2030년까지 61세에서 65세로 단계적으로 올리는 연금 제도 개편과 함께 이뤄졌다.

2006년부터는 계속고용을 의무화했다. 다만, 기업이 근무 성적 등에 따라 대상자를 선별할 수 있도록 허용하였다. 2013년부터는 기업이 선별 없이 계속고용을 희망하는 모든 근로자에게 고용을 보장하도록 제도를 다시 고쳤다.

즉, 일본은 약 20년에 걸쳐 연금 수급연령을 올리면서 그에 맞춰 수급연령까지 근로자의 계속고용을 보장하는 조치를 단계적으로 완성하였다. 2021년부터는 기업이 70세까지 고용확보 조치를 하도록 독려하고 있다. 이는 향후 연금 수급연령의 상향과 다시 연계될 가능성이 크다.

일본 후생노동성에 따르면 2024년 6월 현재 기업의 4%는 정년 폐지, 29%는 정년 연장, 67%는 60세 정년 후 재고용을 통해 65세까지 고용 보장을 하고 있다. 특히 301인 이상 기업은 79%가 정년 후 재고용 제도를 쓰고 있다. 나아가 32%의 기업(301인 이상은 25.5%)은 70세까지의 고용확보 조치를 이미 시행하고 있다고 한다.[7] 재고용 시 급여는 정년 전 급여의 50~70%가 보통이며, 대부분 계약직이나 시간제 근로자로 고용된다.

일본의 대다수 기업이 정년 연장이나 폐지보다 정년 후 재고용 방식을 채택한 것은 기존 연공급 체계를 유지한 채 정년을 늘리면 기업의 부담이 지나치게 커지고, 청년의 신규 채용에 부정적 영향을 줄 수 있다는 우려가 있으며, 노사협상에서 현실적 합의점을 찾기가 더 쉽고, 근로자는 비록 임금이 줄더라도 일자리를 유지하는 것을 선호하기 때문이었다.

일본의 정년 연장의 역효과에 대한 우려는 우리나라에도 적용된다. 우리나라에서 연공급 또는 호봉급의 비중은 감소하고 있지만, 특히 대기업에서는 여전히 매우 높다. 고용노동부의「사업체 노동력조사」결과에 의하면 2024년 6월 기준으로 300인 미만 기업의 12.5%만 호봉급 제도를 사용하는 데 비해 300인 이상 기업은 58%, 1,000인 이상 기업은 63%가 사용한다. 호봉급 제도를 사용하는 비율이 높은 대규모 기업일수록 정년이 있는 비율이 높다. 정년제를 운용하는 기업의 비율이 300인 미만은 21.6%인데, 300인 이상은 95.3%, 1,000인 이상은 95.2%이다. 즉, 호봉급 체계에 변화가 없다면 정년 연장이 실질적으로 이뤄질 대규모 기업에서 인건비가 큰 폭으로 증가하게 될 것이다. 추가되는 인건비가 연간 30.2조 원에 달할 것이라는 추산도 있다.[8]

우리나라에서 정년 연장이 청년의 신규 채용을 감소시킨다는 연구 결과가 여럿 있다. 2016년에 있었던 60세 정년 연장의 효과를 연구한 결과 한요섭(2019)은 정년 연장으로 민간사업체에서 고령층 근로자가 1명 늘어날 때 청년(15~29세) 고용이 0.2명 감소하였고, 상대적으로 규모가 큰 사업체와 기존 정년이 낮아서 정년 연장의 폭이 컸던 사업체에서 그 감소 효과가 크게 나타난다고 하였다.[9] 송헌재 외(2024)는 60세 정년 연장이 청년 고용과 장년 고용을 모두 유의하게 감소시켰고, 비정규직보다 정규직에서 감소 폭이 더 크다는 결과를 보였다.[10]

오삼일 외(2025) 역시 2016년 정년 연장의 효과를 추정하였다.[11] 그 분석 결과에 따르면 정년 연장으로 고령 근로자가 1명 늘어날 때 청년 근로자는 약 1명(0.4~1.5명) 감소하였고, 유노조 대기업, 기존 정년이 낮아 정년 연장 충격이 컸던 사업체일수록 청년층 고용의 감소가 더 컸다는 결과를 제시하였다. 더하여 정년 연장 후 고령층의 공급 증가로 청년층에서 임금이 하락하였다는 결과도 보였다.

정년 연장이 청년 고용에 부정적 영향이 없다는 연구도 일부 있기는 하지만, 기존 연구 결과를 종합하면 일본이 그랬던 것처럼 정년 연장이 청년 고용에 미칠 부정적 효과에 대한 우려를 충분히 할 만하다.

고령인구 폭증에 대비할 시간이 그리 많지 않다

우리나라의 젊은 노인 폭증에 따라 올 경제적·사회적 문제에 대응하기 위해서는 그들이 노동시장에서 최대한 능력을 발휘할 수 있도록 할 제도적 기반이 마련되어야 한다.

먼저, 일본과 같은 계속고용 제도를 도입하고 정착시켜야 한다. 앞에서 살펴본 바처럼 일률적인 법적 정년 연장은 그 부작용이 클 가능성이 높다. 일본은 그 문제를 기업의 사정에 따라 노사가 자율적으로 해결하도록 맡겨두었고, 65세까지의 고용보장을 달성하였다. 우리나라도 개별 기업이 정년 연장, 정년 폐지, 정년 후 재고용 중 한 가지를 선택하도록 하고, 제도 정착 초기에는 기업의 비용을 덜기 위해 지원을 확대해야 한다. 예를 들어, 현행 고령자 계속고용 장려금의 대상을 대기업에도 확대하고, 기업 규모, 고용유지 기간 등에 따라 차등 지원하는 것을 검토해야 한다. 다만, 재고용 시 근로조건이 지나치게 나빠지지 않도록 제도적 틀을 마련할 필요가 있다.

또한 고령층 근로자의 생산성 향상을 위한 노력이 가중되어야 한다. 기업 내의 재교육 프로그램이 확대되고, 기업 바깥의 장년층 대상 직업훈련의 질이 높아져야 한다. 나아가 고령층에게 그들의 특성에 맞는 업무를 배치하고, 작업장의 환경을 고령자 친화적으로 개선할 필요가 있다. 정부는 기업의 이런 노력을 지원하도록 최선을 다해야 한다.

장기적으로는 우리나라 노동시장에서 정년을 없애는 것이 바람직하다. 그러려면 대기업에 주로 적용되는 연공급 또는 호봉급 중심의 임금체계와 정년을 바탕으로 한 고용보호제도가 바뀌어야 한다. 연차에 따라 임금이 오르고, 근로자의 고용이 보장되는 한 기업은 정년제도를 포기할 수 없기 때문이다. 연공서열이 아닌 직무의 가치나 성과에 따라 급여가 결정되고, 기업이 필요에 따라 근로자를 늘리거나 줄일 수 있다면 정년제도는 불필요하다. 정년제도가 과거에는 있었으나 폐지된 국가들, 예를 들어 영국, 미국, 캐나다, 호주, 뉴질랜드 등은 직무·성과 중심의 임금체계, 유연한 고용계약의 바탕 위에서 그렇게 할 수 있었다.

우리나라가 곧 닥칠 고령인구의 폭증에 대비할 수 있는 시간은 그리 많지 않다. 노·사·정이 함께 현실적이고 부작용을 최소화할 수 있는 개혁에 힘을 쏟을 때다.

초고령사회 선배,
일본으로부터 배우는 고령자 의료와 케어

일본은 미리 경험하는 우리의 미래다

2025년부터 한국은 65세 이상 인구가 전체의 20%가 넘는 초고령화 사회로 들어섰다. 고령인구 의료와 케어에 대한 새로운 판이 열린 것이다. 본격적으로 초고령사회 대응 의료 복지 인프라가 필요한 시점이다.

일본도 고령인구가 20% 넘어가던 지난 2005년 무렵부터 의료 복지 체제를 초고령화 체제로 바꾸기 시작했다. 초고령사회 선배, 일본의 체제 변화를 보면 우리가 무엇을 어떻게 준비해야 하는지를 알 수 있다. 일본은 미리 경험하는 미래 모델인 셈이다.

필자는 2018년 3월부터 2019년 3월까지 1년간 도쿄에 머물며 조선일보 일본 특파원을 했다. 초고령사회 일본의 현황과 의료 복지 정책의 성공과 실패 등을 취재하고 기사화하기 위함이었다. 일본의 제도와 정책, 그 경험은 한국이 겪을 초고령사회의 반면 교사이자 미래 거울이기 때문이다. 특파원 생활 이후에도 일본을 수시로 방문하여 병원, 복지시설, 노인홈 등을 취재하여 그 변화를 추적했다. 이러한 취재와 현장 경험을 바탕으로 우리나라의 초고령사회 대응 문제를 짚어 보겠다.

일본에는 있고, 우리나라엔 없는 것들

병원과 집의 중간 역할 하는 시설

일본에는 말기 암 환자를 케어하는 민간형 요양시설 이신칸(醫心管)이 동네마다 들어서 있다. 1인실 50개 방마다 암 환자나 중증장애 고령자들이 기거한다. 그들은 자기가 원래 입던 옷과 담요를 쓰며 지낸다. 간편한 근무복 복장의 간호사들이 돌아다니며 주사도 놓고, 처치도 한다. 여기에 근무하는 의사는 없다. 각기 환자들이 선택한 왕진 의사만 가끔 이곳을 찾는다. 집과 병원의 중간쯤 되는 케어 하우스라고 보면 된다.

　이곳에 방문 진료하는 의사는 모두 이 동네에서 개업한 의사들이다. 환자가 의사를 찾으면 퇴근 후 잠시 들르는 식이다. 케어는 간호사 중심으로 이뤄진다. 말기 환자 통증 조절 전문 자격증을 딴 간호사 한두 명이 이신칸 간호를 지휘한다. 저비용·고효율 구조로 고령 환자를 케어하고 있는 것이다. 이들이 병원에 모두 입원하여 누워 있다고 상상해보라. 의료 비용이 엄청 크게 늘어날 뿐만 아니라, 고령자 케어로 병원 자체 기능이 마비될 것이다.

일본은 이 같은 케어 하우스가 늘면서, 호스피스를 대체하는 효과도 얻고 있다. 그러기에 10년 전 80%가 넘던 병원 사망이 최근에는 70%대로 줄어들고, 재택형 케어 죽음이 15%를 넘어섰다. 병원에서 죽음을 맞는 경우가 90%를 육박하는 한국과 대조된다.

일본은 2005년 65세 이상 인구가 20%를 넘는 초고령사회로 진입하면서 집과 병원 사이에 다양한 중간 지대를 만들기 시작했다. 치료 또는 간병이 필요한 고령자가 모두 병원에 입원하게 되면, 그걸 수용할 병상도 부족한 데다, 병원은 모든 의료진이 상주하는 고비용 구조이기 때문에 의료비를 감당하지 못한다. 초고령사회가 되면 집에 놔두기에는 불안하지만 병원에 입원시키기에는 과한 고령 환자들이 쏟아져 나온다. 이에 집도 병원도 아닌 중간 시설이 필요한 것이다.

<소규모 다기능 주택>이라는 간이 요양시설은 동네 골목에 자리 잡아 낮 시간에 고령 환자를 케어한다. 거동 장애가 있는 노인을 목욕시키며, 치매 관리 프로그램을 운영한다. 여기에는 의사가 없이 간호사만 있으면 된다. 소규모 다기능 주택이 일본 전역에 5,453개(2019년 기준) 있다. 모든 동네마다 있다고 보면 된다.

한 달여 단기 입원 위주로 운영되는 '노인보건시설'은 아침에 의

사가 회진 돌고 약 처방을 챙기는 병원처럼 운영된다. 다만 의사는 낮 시간에만 근무한다. 병원에서 입원 치료를 받을 정도로 병세가 중한 상태가 아니기에 의사가 밤새 지킬 필요가 없다. 치매 간병 가족이 환자를 잠시 이곳에 맡기고 여행을 갈 수도 있다. 노인보건시설은 4,285개(2020년 기준) 있다. 치매 환자 9명이 한 단위로 케어 주택에서 함께 지내는 치매 그룹 홈에도 의사는 방문 진료만 오고, 간호사가 케어한다. 치매 그룹 홈은 1만 개에 육박한다.

우리나라는 초고령사회에 진입했음에도 일본과 달리 집과 병원의 중간 시설이 거의 전무하다시피 하다. 고령 환자들은 조금이라도 아프거나 장애가 생기면 병원에 입원하거나 집에서 취약한 간병을 받고 있다. 이런 상황에서는 앞으로 갈 곳 없는 고령 환자들로 의료 난민, 간병 난민이 쏟아져 나올 것이다. 집과 병원의 중간 요양 시설을 서둘러 제도화할 때임에도 정책적으로 아무런 움직임이 없다. 다양한 초고령자 간병 수요에 맞게 병원과 집 사이 다양한 형태의 요양시설을 만들어 가야 한다고 본다. 의사의 진료 지원과 간호사 근무도 유연하게 규정하여 저비용·고효율 인프라를 만들어야 한다.

쏟아지는 거동 불편 환자, 방문 진료가 대세

일본 도쿄 내 신도시 지역인 도요스. 82세와 78세 부부가 사는 15평 아파트에 2주마다 의사가 온다. 이 집의 아내는 10년 전 뇌출혈로 입원 치료를 받고 퇴원했다. 이후 거동을 못한 채 안방 침대에 누워 지낸다. 방문 의사가 환자의 혈압, 호흡 상태, 혈당, 산소 포화도를 쟀다. 그러고는 환자에게 영양 죽을 공급하는 줄(코와 위장을 연결)을 삽입하는 시술을 한다. 진료가 끝나자 남편은 영양제, 손톱 관리 등 간병하면서 궁금해 수첩에 적어놓은 것을 보며 의사와 10분간 상담했다. 환자의 머리맡에는 아들딸 사진이 놓여 있고, 안방 벽에는 가족 여행 사진이 걸려 있다.

일본은 거동 장애 고령자가 늘면서 2000년대 중반부터 방문 진료를 활성화했다. 현재 일본 전역에서 매달 120만 건, 의사가 환자 집으로 가는 방문 진료를 한다. 어마어마하게 한다. 환자들이 부정기적으로 응급 상황을 이유로 의사를 부르는 왕진도 매달 20만 건이다. 한 해 약 1,500만 건의 진료가 병원 아닌 환자 집에서 이뤄지는 것이다. 동네 의원 2만 597곳(2015년 기준)이 방문 진료에 참여하고 있다. 전체 의원의 22.4%다.

도쿄대 의과대학원 재택의료과 야마나카 다카시 교수는 "재택의료를 하면 날로 늘어나는 고령자 입원으로 인한 의료비를 줄일 수 있고, 환자 만족도가 높다"고 했다. 환자가 입원하지 않고 집에서 지내며 방문 진료·간호를 받으면 의료비가 3분의 1 수준으로 준다. 한 달 입원 비용은 약 487만 원인 데 반해 방문 진료·간호·돌봄 비용은 166만 원이다.

일본에서 방문 진료를 받는 환자는 한 달 평균 35만 명이다. 이

중 60% 정도가 입원 치료가 필요한 환자다. 이를 감안하면 재택 의료로 매달 의료비 6,741억 원, 연간으로는 약 8조 원이 절감되는 셈이다. 의료비의 10~20%는 본인 부담, 나머지는 의료보험에서 댄다. 방문 진료가 의료보험 재정에도 득이 되는 것이다. 방문 진료는 내과, 외과는 물론 정신과, 피부과, 치과 등에서도 이뤄지고 있다.

 의사는 한 달에 두 번 방문 진료하고, 응급 호출에 응한다. 6개월마다 환자 집에서 의사와 환자 가족, 사회복지사 등이 모여 관리가 잘 되는지를 점검한다. 한 달 비용이 100만 원 정도다. 환자는 이 중 10%를 부담하고, 나머지 90%는 의료보험에서 의료진에게 지급한다. 우리나라는 방문 진료가 시범 사업 형태로 작게 진행되고 있고, 일부 지자체 사회복지 차원에서만 이뤄지고 있다. 건강보험 진료 체계 틀로 들어와 거동 불편 고령 환자면 누구나 이용할 수 있는 형태로 발전시켜야 할 때다.

일본은 방문 치과도 활발, 그러나 우리나라는 전무

일본 도쿄 시내에서 자동차로 50분 거리의 북쪽 외곽 동네 나리마스. 나리마스역 인근에 있는 중증 환자 돌봄 시설 '이신칸(醫心館)'에 방문 치과 진료팀이 찾아왔다. 치과 의사와 치과위생사, 방문 진료팀 차량 운전기사 등 3명이다. 일주일에 한 번씩 오는 정기 방문이다.

 이신칸에는 뇌졸중 후유증 환자, 대퇴골 골절로 거동 못 하는 고령 환자, 말기암 환자, 파킨슨병 등 퇴행성 뇌 질환 환자를 포함한 40여 명이 입소해 있다. 이들은 거동이 어려워 치아와 구강 질환 치료를 방문 진료팀에 의존한다.

방문 치과 진료팀은 파킨슨병을 앓는 83세 할머니 병실을 찾았다. 치과 의사가 구강 상태를 검진하고, 구내염을 치료하고, 치과 위생사는 혀에 낀 백태를 제거하고, 치간 칫솔로 치아 사이사이에 낀 오염물을 제거했다. 15분 정도 걸리는 진료 작업이었다.

방문 치과 진료팀은 여러 병실을 돌면서 입소 환자 9명을 진료했다. 치주염을 치료하고, 구강과 치아 청소 작업을 하고, 때로는 틀니 제작 틀을 뜨고, 말하거나 삼키는 기능이 어느 정도인지도 측정했다.

방문 치과 진료팀은 거동이 어려운 환자의 집도 찾는다. 다리뼈 골절로 거동을 못 하고 침대에서 지내는 85세 여성 환자는 치아 없이 전체 틀니로만 살아가고 있었다. 틀니는 입안에서 계속 움직이고, 때로는 돌출된 틀니 부분이 입천장을 눌러서 궤양을 일으킨다. 환자는 이로 인해 통증을 느끼고 있었다. 이에 방문 진료팀은 '윙~' 소리 나는 치과용 전동기로 틀니 돌출 부위를 갈아서 입천장을 누르지 않게 조작했다. 틀니를 넣었다 뺐다를 반복하며 환자가 통증을 느끼지 않을 때까지 고쳤다.

방문 치과 진료팀은 고령으로 거동을 못 하는 92세 여성 환자 집도 찾았다. 환자는 삼킴 기능이 떨어져 물을 마시면 물이 식도로 넘어가지 않고 기도와 폐 쪽으로 흘러 들어가 사레들린 듯 기침을 토해냈다. 음식과 물이 폐로 들어가 흡입성 폐렴이 생길 처지였다.

이에 치과 진료팀은 간이 내시경 장비를 꺼내어 환자의 인두와 후두 기능을 살폈다. 환자에게 걸쭉한 점도의 음료를 삼키게 한 후 이 음료가 식도가 아닌 기도로 넘어가는지 휴대용 아이패드로 연결된 내시경 화면을 보면서 확인했다. 방문 진료팀 와카스기 요코(유쇼카이 의료법인 재택의료부 치과부장) 치과 의사는 "내시경 검사를 통해 환자의 삼킴 능력 수준에 맞는 물의 점도를 찾아 보급한다"며 "그래야 사레들어서 생기는 흡입성 폐렴을 막을 수 있다"고 했다.

일본은 2000년대 초반 65세 이상 고령인구 비율이 20%가 넘는 초고령사회로 진입하면서 일반 의사의 방문 진료는 물론 방문 치과 진료를 본격적으로 도입했다. 현재는 전국 치과 의원 6만 6,843곳 중 약 21%인 1만 4,000여 곳이 방문 치과 진료를 실시한다. 한 의원에서 월평균 70여 건의 방문 진료가 이뤄진다. 이를 토대로 한 해 방문 치과 진료 건수가 1,100만 건인 것으로 추산된다.

반면, 우리나라는 초고령사회로 진입했는데도 방문 치과 진료 제도나 시스템 자체가 없다. 치과 질환이 있거나 구강 기능에 문제가 있어도 어떻게든 치과를 찾아가야 진료를 받을 수 있다. 이 탓에 요양병원 1,400여 곳 입원 환자 60만여 명, 요양원 입소자 30만여 명, 거동이 불편해 재가 요양 서비스를 받는 150만여 명, 장기 입원 중환자, 거동 불편 장애인 등 약 300만 명의 치아 질환, 의치 부실, 치주염 등이 방치되고 있다. 치주염은 전신으로 퍼져 심장염증과 패혈증을 일으킬 수 있다. 초고령사회를 맞아 폐렴은 전체 사망 원인 3위까지 올라왔다. 고령자 폐렴은 주로 먹다가 음식물이나 물이 폐로 들어가 생기는 흡입성 폐렴이다. 우리도 방문 치과 진료 시스템을 서둘러 도입해야 한다는 의견이 치과계에서 나오고 있다.

환자를 집으로 돌아가게 하는 지역 병원

일본 회복기 재활 병원에는 대개 집과 비슷한 형태의 숙박실이 있다. 식탁과 소파, 화장실, 냉장고 등이 설비돼 있다. 침대방과 일본식 주거 형태 다다미방 두 가지다. 환자가 어떤 형태의 집에서 살았는지에 따라 해당 숙박실에서 퇴원하기 전에 하루 동안 지내게 해본다. 장애가 있거나 신체 기능이 떨어진 환자가 퇴원 후 집에서 지낼 때 어떤 문제가 있는지를 파악하기 위해서다.

병원에는 건널목, 상가 계단, 공원 산책로 등과 비슷한 시설을 두고, 환자들이 이용해보게 한다. 집에서 일상생활을 꾸려 갈 수 있도록 훈련하는 것이다. 뇌졸중으로 한쪽 손을 잘 못 쓰는 환자들은 부엌에서 장애인용 조리 기구로 요리하는 연습을 한다. 모의실험 장비로 운전 연습도 할 수 있다. 병원을 나서기 전에 환자 맞춤형으로 제작된 보행 보조기, 신발, 휠체어 등을 써보고 집으로 향한다.

모든 입원 환자에게 노인 포괄 평가를 해 정신, 생활 기능, 신체 능력 등을 종합적으로 조사한다. 고령 사회에서는 노인이 혼자 살아가는 데 어떤 것이 필요한지를 파악하고, 이를 의료가 보완해주는 기능 중심 의료로 바뀌어야 한다. 노인이 독립적으로 가능한 한 집에서 살아갈 수 있도록 하는 고령 생활 지탱형 의료가 필요한 것이다. 가능한 병원에 드러눕는 기간을 줄여서 고령자들이 자기가 살던 곳에서 질병과 함께 살아가도록 하는 게 중요하다. 그래서 병원도 지역 밀착형으로 바뀌어야 한다. 우리는 아직도 고령 환자들을 병원으로 데리고 오는 체제다. 환자를 병원에서 집으로 돌아가게 하는 체제로 대전환이 이뤄져야 한다.

도쿄 시내 북동쪽 주거 단지 이타바시에는 '집으로 돌아가는 병원'이 있다. 병원 이름이 '집으로 돌아가는'이다. 전형적인 지역 포괄 케어 병원이다. 로비에 들어서면 집에 흔히 있는 계단이나 난간이 놓여 있다. 고령 환자들이 입원복을 입지 않고 일반 복장으로 물리치료사의 도움을 받아 재활 치료를 받고 있었다. 그 옆 한편에는 작은 카페가 있다. 사람들이 테이블에 앉아 커피를 마시며 스마트폰을 만지고 있다. 병원이 동네 복지센터 같은 분위기다. 외래 진료를 별도로 두지 않아도 되기에 로비가 한적하다.

종합병원에서 집으로 바로 퇴원시키기 무리인 환자나 집으로 방문 진료 간 의사가 입원이 필요하다고 판단한 환자가 이곳으로 온다. 병원도 중간 형태인 것이다. 감염이나 작은 부상, 장애 등으로 집에 있기 힘든 고령 환자가 한 달 정도 머물다 회복해 집으로 돌아간다. 일본은 이처럼 환자가 집에 머물도록 도와주는 재택지원형 병원이 2020년 기준으로 1,540여 개 있다. 2012년 760여 개이던 것이 두 배로 늘었다. 우리나라는 재택지원형 병원이라는 개념조차 아직 없다. 지역 병원은 장기 입원을 위한 것이 아니라, 고령 환자가 어떻게 하면 집으로 잘 돌아갈 수 있게 하는 목적으로 운영되어야 한다.

디지털 원격 모니터링과 왕진이 결합된 새로운 의료

일본 도쿄 신주쿠의 유미노 클리닉은 한 해 약 1,000명 정도의 심부전 환자들을 집에 머물게 하고 디지털헬스로 질병 상태를 모니터링한다. 이들은 심부전으로 병원에 입원 치료를 받다 퇴원하여 집에 머무는 환자들이다. 클리닉은 이들을 대상으로 산소 포화도, 체중 등 심부전 병세를 파악할 수 있는 지표를 원격으로 모니터링하다 문제가 생기면 심장내과 전문의가 직접 방문 진료를 한다. 한 해 환자 집으로 찾아간 왕진 건수가 유미노 클리닉에서만 2만 건이 넘는다. 이동형 심장초음파를 환자 집에 가지고 가서 정밀 검사도 진행한다.

이런 시스템의 장점은 환자는 에둘러 병의원을 갈 필요가 없어지고, 집에 머물게 되면서 편안한 생활을 할 수 있다. 병원 입원비도 안 들고, 병세가 악화되는 상태를 조기 발견하여 신속 치료하기에 전체 의료비도 절감되는 효과를 얻을 수 있다. 거동 불편 환자의 질병 관리 목적으로 방문 진료와 원격의료가 합쳐진 형태의 새로운 의료시스템인 것이다.

　일본은 코로나 이후 재진뿐만 아니라 초진도 비대면 원격 진료가 이뤄지는 가운데, 집에 있는 환자를 원격으로 디지털 헬스케어 장치를 이용해 건강 신호나 질병 징후를 모니터링하고, 문제가 생기면 의사가 환자 집을 찾아가는 방문 진료를 하는 의료 서비스가 확산되고 있다. 디지털 원격 모니터링과 왕진이 결합된 새로운 의료가 탄생한 것이다.

　우리나라는 원격 모니터링을 하여 뭔가를 처방하거나 의료적 처치를 내면, 의료기관 밖 진료로 보고, 건강보험에서 인정하지 않고 있다. 일부 시범 사업 형태로만 이뤄지고 있다. 거동불편 환자가 쏟아지는 초고령사회에서 제일 필요한 것이 원격 의료 및 질병 모니터링이다. 우리나라도 방문 진료와 원격 의료 융합형 모델을 도입해야 한다.

동네 어울림 인프라

도쿄에서 기차로 한 시간 거리인 사이타마현(縣) 삿테(幸手)시에 있는 카페 '프리즘'. 간호사의 권고에 다나카(76)씨는 연계 동네 병원에서 뇌졸중 검사를 받았다. 의료진은 "초기 뇌졸중 상태로 발견해 다행히 약물 치료를 잘 받으면 신경학적 후유증 없이 지낼 수 있겠다"고 말했다.

삿테시는 인구 5만의 중소도시로, 65세 이상 노인 인구가 전체의 34%다. 5~7층 아파트로 이뤄진 고령자 주거 단지가 곳곳에 있다. 이 도시에서 고령자들이 어울리면서 의료 상담, 검진도 받는 '케어 카페'가 동네 밀착형 의료·복지 서비스의 새로운 모델로 떠올랐다.

일본 삿테시에 있는 카페 '프리즘'은 한 달에 한 번 음악 강사를 초청해 노래 교실을 연다. 이곳은 고령자들이 어울리며 건강 검진, 복지 상담도 받는 곳이다.

삿테시는 이런 카페를 고령자 케어의 전초기지로 이용하고 있다. 우선 한 달에 한 번 카페에서 건강을 체크하는 '생활 보건실'을 열고 있다. 간호사가 방문 어르신의 혈압·혈당·산소 포화도 등을 재고 만성질환이 잘 관리되는지 점검한다. 노인들은 병원보다 마음도 편하고 거리도 가까운 카페에 들러 검진받는 것을 선호한다. 한 해 3,000건의 의료 상담을 하고, 그 중 40%는 동네 병원 전문의 진료로 이어지고 있다. 케어 카페가 어울림 공간이면서 의료 복지 문화 케어의 모세혈관으로 작용하는 것이다. 삿테시에는 이런 케어 카페가 40여 개 운영되고 있다.

시(市)정부는 독거노인 가정에 제공하는 도시락을 카페를 통해 주문하고 배달까지 맡긴다. 다양한 일거리를 제공해 카페 운영을 돕는 것이다. 일본에는 건강한 고령자가 몸이 불편한 고령자를 돕는 서포터 프로그램이 있다. 정정한 80세 할머니가 뇌졸중 후유증을 앓는 70세 할아버지의 장보기를 일주일에 한 번 대신하는 식이다. 서포터가 한 시간 노인 환자 집에서 빨래나 청소를 해주면 별도 임금(700엔) 외에 500엔의 카페 상품권도 받는다.

돌봄 받는 사람과 돌보는 사람을 연결해주는 역할도 카페가 맡는다. 카페를 거쳐 일상생활 서포터가 출동한 케이스가 일 년에 한 카페당 1,200여 건에 이른다. 시청 사회복지사는 카페를 정기적으로 돌며 고령자들의 민원을 듣고 상황을 파악하고 있다. 케어 카페 형태도 다양해졌다. 프리즘 카페서 자동차로 10분 거리에는 빈집을 활용한 공방(工房)이 있다. 소규모 건설회사를 운영하는 후쿠시마 아케미 사장이 공방과 각종 제작기를 제공하며 운영하고 있다. 이곳에서 할아버지·할머니의 노하우를 전수하는 초등학교 공작과 수예 교실이 열린다. 서당 카페, 음악 살롱 형태도 등장했다.

일본 사회가 고령자 어울림을 위해 애쓰는 이유는 노쇠 방지 때문이다. 노쇠하여 어울리지 못하고 고립되고 소외되는 줄 알았으나, 실제로 연구해 보니, 어울리지 않으면서 노쇠되고 고립된다는 사실을 알게 됐다. 어울려야 끝까지 건강한 것이다. 고령자 고립을 막기 위해 케어 카페를 통해 서로 어울리게 하고, 여기에 재택 의료로 빈틈을 채우고, 그것을 IT 의료 통합 관리로 묶는 방식이 움직이는 초고령사회를 만드는 이상적인 시스템이라고 일본 복지전문가들은 말한다.

의료 복지 인프라를 바꿔나가야 할 때다

초고령사회의 3대 목표가 있다. 첫째는 액티브 에이징(Active Aging)이다. 인생 막판까지 남에게 부양 받지 않고 스스로 자립하여 일상 생활을 할 수 있게 하는 것이다. 이들이 국가 의료비를 줄여주기에 애국자다. 가능한 한 돌봄을 받아 누워 지내는 기간을 줄여야 한다. 둘째는 고령자의 사회 참여와 어울림이다. 그래야 움직이는 사회가 된다. 셋째는 끝까지 자기가 살던 곳에서 지내다가 세상을 마치는 에이징 인 플레이스(Aging in Place)다.

이 세 가지 목표를 위해 일본은 앞서 말한 대로 의료와 복지 인프라를 바꿔나갔다. 이제는 우리가 할 차례다.

Part 3

이런 세상에서
아이를 낳으라고요?

- 육아휴직 후 사라지는 책상
- 나를 돌볼 시간조차 없다
- 아이를 반기지 않는 세상: 노키즈존의 범람

부모 모두에게 긴 육아휴직을 부여하는 우리나라의 일·가정 양립 제도는 법과 제도적 측면에서는 선진국 수준이다. 2024년 남성 육아휴직자 비율이 처음으로 30%를 넘어섰고, 1년간의 유급 육아휴직도 법적으로 가능하다. 하지만 제도가 있다는 것과, 그 제도를 안심하고 쓸 수 있는 환경이 마련되어 있다는 건 전혀 다른 문제다. OECD 23개국 중 한국의 여성 육아휴직 이용률은 21위, 남성은 15위에 그친다. 육아휴직 평균 사용기간 또한 법적 보장기간에 못 미치는 8.8개월로, 법적 권리는 있지만 제도를 제대로 사용하기 어려운 현실을 보여준다. 출산율을 높이기 위해서는 제도적 개선뿐만 아니라, 실질적인 제도 활용을 촉진할 수 있는 환경 조성이 필요하다.

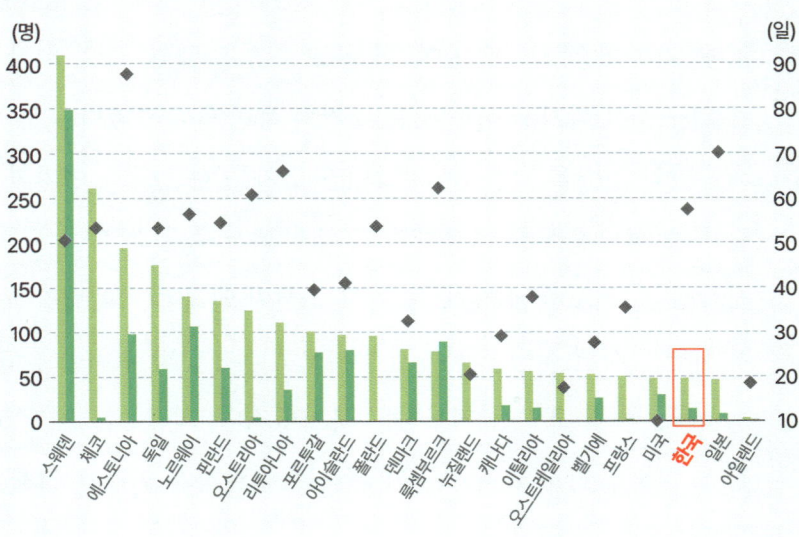

육아휴직 후 사라지는 책상

내 자리가 사라졌다

임원에서 무보직 직원으로

글로벌 기업 한국지사에서 일하던 A씨는 '잘 나가는' 직원이었다. 20년 가까이 장기근속하며 '이사'로 승진도 했다. 그의 회사 생활에 먹구름이 끼기 시작한 것은 병가와 육아휴직 후였다.

유방암 진단을 받은 A씨는 1년간 병가를 사용했고, 병가가 끝나갈 무렵 육아휴직을 신청했다. 그러자 회사 측은 퇴직을 종용하기 시작했다. '위로금 패키지' 등 퇴직 옵션이 언급된 이메일을 보내는가 하면 인사팀 직원이 집까지 찾아오겠다며 압박 수위를 높였다.

A씨는 퇴직 요구를 거부하고 복직했지만, 회사는 그에게 5개월간 보직을 주지 않았다. A씨가 계속해 반발하자 회사는 그를 한직

으로 발령했다. A씨는 예전 자신의 부하 직원이었던 부장 밑에 있는 1인 조직에서 기존에 계약직 직원이 하던 자투리 일을 맡게 됐다. 회사 인트라넷에 접속조차 할 수 없었고, 전등이 고장나도 고쳐주지 않았다. 전형적인 '직장 내 왕따'가 된 것이다. A씨는 결국 '육아휴직 후 동일 직무 부여 의무 위반'으로 서울지방노동위원회에 신고했고 위원회는 A씨의 주장을 받아들였다.

생활문화 매니저에서 냉동냉장 영업으로

B씨는 대형마트의 한 지점에서 발탁 매니저로 근무하다 육아휴직에 들어갔다. B씨 회사에서는 일반적으로 과장 이상이 '매니저'를 맡지만, 인력 사정에 따라 대리가 매니저 업무를 담당하는 '발탁 매니저' 제도를 운영 중이었다. 그런데 육아휴직에서 돌아온 B에게 주어진 업무는 냉동냉장 영업 업무였다. 매니저보다 낮은 직급이 담당하는 일인 데다, 매니저로 일할 때 받던 업무추진비와 사택수당도 받을 수 없게 됐다.

 B씨는 부당전직과 부동노동행위에 해당한다며 지방노동위원회에 구제신청을 했다. 위원회는 부당노동행위는 인정하지 않았지만, 부당전직을 인정했다. 중앙노동위원회(중노위)도 같은 판단을 내리자 회사 측은 중노위를 상대로 소송을 냈다. 회사 측은 발탁 매니저는 임시 직책일 뿐이며, 업무추진비와 사택수당은 임금에 해당하지 않기 때문에 위법이 아니라고 주장했다.

1·2심은 회사 측의 손을 들어줬지만, 대법원의 판단은 달랐다. 대법원은 "B씨가 휴직 전 맡았던 매니저 업무와 복귀 후 맡게 된 영업담당 업무는 성격과 내용, 범위 및 권한, 책임 등에 상당한 차이가 있어 같은 업무에 해당한다고 보기 어렵다"고 판단했다. 또 발탁 매니저로 일하다 육아휴직을 사용한 경우 대부분 복귀 후에도 발탁 매니저 직책을 부여한 점 등에 비춰보면 발탁 매니저를 임시직이라고 단정하기도 어렵다고 봤다. 회사 측 조치가 육아휴직에 따른 불이익이라고 판단한 것이다. 2015년 육아휴직 신청부터 2022년 대법원 판결에 이르기까지 길고 긴 싸움이었다.

육아휴직에서 복귀했지만 결국…

지난한 투쟁 끝에 업무에 복귀한 A씨나 B씨 같은 사례도 있지만, 결국 회사를 떠나는 여성도 많다. 육아휴직으로 인한 불이익을 입증하면 구제받을 수 있는 길은 넓어졌지만, 구제절차를 밟는 것은 큰 결심이 필요한 일이다.

　법 위반을 교묘하게 피해가며 퇴직을 압박하는 경우도 적지 않다. 복귀 전과 급여는 동일하지만 밤에 일해야 하는 교대근무를 하게 한다거나, 거주지에서 멀리 떨어진 지역으로 발령을 내는 것 등이 대표적이다.

　육아휴직 복귀 후 퇴사는 통계로도 확인된다. 2022년 7월 기준 중소기업(300인 미만) 육아휴직 종료자의 1년 내 고용유지율은

71.1%였다. 육아휴직에도 돌아온 사람은 2만 9,656명이었지만, 1년간 고용보험에 가입된 인력은 2만 1,095명뿐이었다. 10명 중 3명은 회사를 그만둔 셈이다. 300인 이상 대기업은 사정이 조금 나았다. 육아휴직 종료자 3만 3,472명 중 2만 9,449명이 1년 이상 고용보험을 유지해 고용유지율은 88%에 달했다.

　출산휴가와 육아휴직과 관련된 분쟁도 늘고 있다. 2024년 관련 법 위반으로 노동당국에 신고된 건수는 총 695건이었다. 1년 전과 비교하면 7%, 4년 전과 비교하면 2배 가까이 늘었다. 유형별로는 육아휴직·육아기 근로시간 단축 사용과 관련한 법 위반이 391건으로 가장 많았다. 산전·산후 여성 해고 제한 위반이 204건, 출산휴가 등과 관련한 임산부 보호조치 위반은 100건으로 뒤를 이었다. 이 가운데 기소·시정완료·과태료부과 등 조치가 취해진 건 74건으로 11%에 불과했다. 신고자가 취하하는 경우가 많다고는 하지만 실제 구제까지는 쉽지 않은 현실을 보여준다.

복직 후 달라진 대우, 사라진 기회

육아휴직 할 때 승진은 포기한 거 아니었어?

과학·기술 서비스 업체에 다니는 C씨는 파트장으로 일하다 출산휴가와 육아휴직을 신청했다. 회사는 C씨가 자리를 비우면 부서 업무량과 수익이 감소할 것이라는 이유로 C씨가 파트장이었던 부서를 타 부서와 통폐합했다. C씨의 파트장 직책도 해제했다. 1년간의 육아휴직을 마치고 복귀한 C씨는 일반직원으로 강등돼, 다른 부서에 배치됐다. C씨는 다시 팀장으로 승진하려 했으나 "승진하기에 적합하지 않다"는 부서장의 평가에 따라 승진 대상자 선정에서도 제외됐다. 이 회사 승진규정은 "육아휴직자를 승진 대상에서 제외한다"고 못박고 있었고, 취업 규칙은 "육아휴직자의 경우 휴직 기간 만큼 기본급 인상률을 조정해 인상을 보류할 수 있다"고 규정하고 있었다.

복직 후 승진 점수를 채우고도 세 차례나 승진대상에서 제외된 C씨는 지방노동위원회(지노위)에 고용상 성차별 시정을 신청했다. 그러나 지노위는 "성차별은 없었다"고 판단했다. 육아휴직은 남녀 모두에게 해당하는 일이고, 육아휴직자의 평균 승진소요 기간은 남성과 여성이 각각 6.3년과 6.2년으로 큰 차이가 없었다는 이유에서였다. 불복한 C씨는 중노위에 재심을 신청했고, 중노위는 C씨 사례가 "성차별에 해당한다"고 결정했다. 중노위는 해당 기업의 최근 5년간 육아휴직자가 남성 20명, 여성 54명으로 여성이 남성보다 2.7배 많은 점을 지적하며, 육아휴직으로 인한 승진 누락이 실질적으로 여성에 불리하다고 판단했다. 중노위는 사업주에게 C씨의 승진 기회를 보장하고 차별받은 기간에 대한 임금 차액을 지급할 것을 지시했다. 육아휴직자를 차별하는 내용이 담긴 사내 취업규칙과 승진 규정도 개선하라고 명령했다.

2022년 5월 「고용상 성차별 시정제도」가 도입된 후 중노위가 육아휴직 후 복귀한 여성을 동일 직책으로 복귀시키지 않고 취업규칙·승진 규정에 차별적 내용을 담은 사업주에게 시정명령을 내린 첫 번째 사례다.

기업 절반이 육아휴직 기간만큼 승진 지연

남녀고용평등법 제19조는 육아휴직 기간을 근속기간에 포함해야 하며, 육아휴직을 이유로 해고 등 불리한 처우를 해선 안 된다고 규정한다. 이를 지키지 않으면 3년 이하 징역 또는 3,000만 원 이하의 벌금에 처할 수 있다. 이 때문에 정부부처나 공기업, 대기업들은 육아휴직 기간을 근속 연수에 포함시키고 있다.

하지만 현실에서는 육아휴직을 사용하는 만큼 승진이 늦어지는

그림 3-1 **육아휴직 기간 승진소요 기간 삽입 여부**

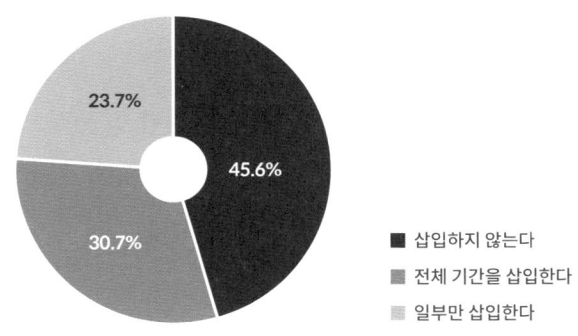

자료: 고용노동부, 「2022년 일·가정 양립 실태조사」.

일이 비일비재하다.『2022년 일·가정 양립 실태조사』보고서에 따르면 육아휴직 기간을 승진소요 기간에 산입하지 않는 사업체는 45.6%에 달한다. 절반 가까운 기업이 육아휴직자의 승진을 제한하고 있는 것이다. 23.7%는 육아휴직 기간 중 일부를 승진소요 기간으로 계산한다고 응답했다. 육아휴직 기간 전체를 승진소요 기간에 넣는 사업체는 30.7%에 불과했다.

  육아휴직 기간을 승진소요 기간에 넣더라도 해당 기간 동안 업무 실적이 없는 만큼 승진에 불리하게 작용할 가능성이 높다. 한 기업 인사 담당자는 "육아휴직 복귀자에게 특별한 인사 고과상 불이익은 없지만 '평가 결과 없음'이라는 평가를 받게 되는 경우가 많다"고 전했다.

모성 패널티가 만든 임금 격차

육아휴직 제도가 잘 갖춰진 기업이라도 해도 일정기간 업무 공백기를 가진 후 복귀하면 핵심업무에서 배제되거나 승진이 늦어지기 십상이다. 이런 차이는 결국 임금 격차로 이어지게 된다.

  한국노동연구원의 분석에 따르면 평균적으로 여성은 자녀가 있을 때 5.7% 더 낮은 임금을 받는다. 여성은 임신 시점부터 취업 확률이 그 전 해보다 45% 이상 감소하고, 감소한 취업 확률은 출산 5년 후까지 회복되지 않는다. 반면, 남성은 자녀 출산 전후 취업 상태에 거의 변화가 없다.

'돌봄은 여성의 영역'이라는 고정관념이 여전하고, 일·가정 양립이 쉽지 않은 환경 탓에 출산으로 경력단절을 겪는 여성이 늘어나고 이후 임금 격차를 회복하지 못하는 것인데, 임금 격차 문제는 고소득 여성보다 저소득 여성에게 더욱 심각하게 나타난다.

아이를 키우는 여성이 남성이나 자녀가 없는 여성에 비해 낮은 임금을 받는 현상을 말하는 '모성 패널티(Motherhood Penalty)'가 존재하는 한 저출생 해소는 쉽지 않다. 자신의 경력을 희생하면서까지 아이를 낳지 않겠다는 여성의 증가는 출산율을 낮추는 악순환을 불러올 뿐이다.

아이가 아플 때 돌봐줄 사람이 없어요

유연근무는 '그림의 떡'

D씨는 육아환경이 좋기로 소문난 회사에 다닌다. 무엇보다 출퇴근 시간을 자율적으로 조절할 수 있는 유연근무제가 만족스럽다. 타부서나 외부 협업 등을 위해 반드시 필요한 시간인 오전 10시부터 오후 4시까지는 권고 근무시간이지만 이 시간을 제외하면 근무시간을 탄력적으로 선택할 수 있다. 유치원생 아이를 둔 D씨는 아이를 유치원에 보내놓고 10시까지 출근한 후 한 시간 늦게 퇴근하는 방식을 선택했다. 상사의 결재 없이 본인의 결재만으로 휴가를 쓸 수 있어 아이가 아픈 날이나 유치원 휴원일 등에도 눈치 보지

않고 휴가를 활용한다.

　D씨의 사례처럼 정부부처와 대기업 가운데는 법이 정한 육아휴직을 보장할 뿐 아니라 출퇴근 시간을 자율적으로 조절할 수 있는 유연근무제나 육아기 재택근무·단축근무를 도입한 곳이 많다. 하지만 이런 제도를 활용할 수 있는 사람은 많지 않다.

　통계청 조사에 따르면 2024년 8월 기준 선택근로제를 활용 중인 근로자는 84만 6,000명으로 전체 근로자의 3.8%에 불과했다. 정부가 유연근무제 도입을 적극 장려했지만 2023년 4.1%(90만 8,000명)보다 오히려 감소했다. 선택근로제나 재택·원격 근무제 등 전체 유연근무제 활용률도 2021년 16.8%에서 2024년 15.0%로 감소했다.

　어린이집이나 돌봄교실 등의 돌봄 시간이 늘어나고 있다고는 하지만 종일 육아를 맡길 수 없는 것이 현실이다. 결국 조부모에게 도움을 요청하거나 도우미를 고용해 사적으로 돌봄 문제를 해결해야 한다. 하지만 주5일 육아를 책임지는 입주 도우미 월급은 250만~300만 원 수준으로 일반 가정에는 큰 부담이다. 경력이나 숙련도에 따라 400만~500만 원까지 주는 경우도 많다. 아이가 2명 이상이라면 비용은 더 올라간다. 사정이 이렇다보니 워킹맘들이 직장을 그만두고 육아를 전담하거나 출산을 아예 포기하는 결정을 하게 된다.

육아휴직, 초등 때 쓸 순 없나요?

자녀의 초등학교 입학은 워킹맘에게는 공포다. 임신과 출산을 거쳐 영유아기까지 숱한 위기를 넘기며 7년을 버텼더라도, 아이의 초등학교 입학 전후로 또 한 번 선택의 갈림길에 서게 된다. 어린이집이나 유치원보다 이른 하교 시간과 이로 인한 돌봄 공백은 퇴사 고민을 깊게 한다.

교육부는 늘어나는 초등 돌봄 수요를 해결하기 위해 저녁 8시까지 아이를 돌봐주는 '늘봄교실'을 도입했지만, 아직 초기 단계다. 많은 워킹맘들은 돌봄 공백 최소화를 위해 '학원 뺑뺑이'를 선택한다. 방학이 다가오면 아이들의 끼니 해결과 학원 스케줄 조정이라는 이중고에 시달린다. 학교의 재량휴업일이나 갑작스럽게 지정된 임시공휴일은 당황스럽기만 하다. 학원 셔틀버스를 놓치거나 학원 스케줄이 변경되는 돌발상황이 벌어지면 직장 동료들의 눈을 피해 전화기를 들고 동분서주해야 한다. 퇴근 후 숙제나 시험공부를 미뤄두고 있는 아이들과 씨름하는 것은 기본이다.

'돌봄'에만 초점을 맞추면 되는 영유아와 달리 '돌봄'과 '교육'이 동시에 필요한 초등학생 시기에 많은 여성들이 경력단절을 선택한다. 2023년 기준 한국 여성의 고용률은 25~29세 74.3%, 30~34세 71.3%, 35~39세 64.7%, 40~44세 64.7%, 45~49세 67.4%, 50~54세 69%로 M자형을 그리는데, 출산과 자녀의 초등학교 입학 시기가 고용률에 미치는 영향을 확인할 수 있다(그림 3-2). 해외 주

그림 3-2 M자형 그리는 연령별 여성 고용률

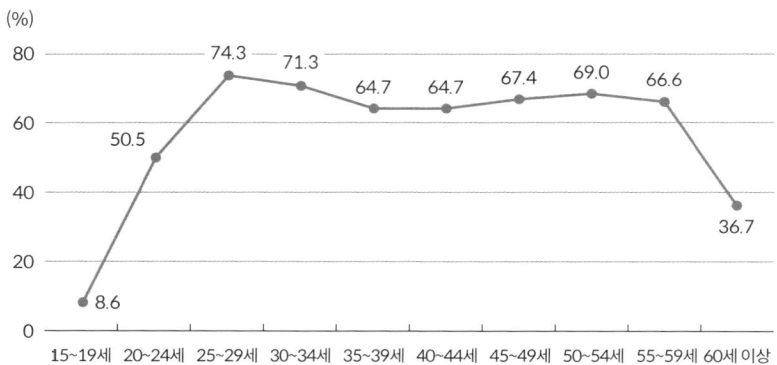

자료: 고용노동부·여성가족부, 『2024년 여성경제활동백서』.
주: 고용률은 2023년 기준.

요국의 여성 고용률은 역U자형이 일반적이다.

여성 고용률이 전반적으로 높아지면서 M자형 커브가 완화되고 있다고는 하지만 여전한 경력단절 완화를 위해서는 현재 '만 8세 이하 또는 초등학교 2학년 이하'인 육아휴직 시 자녀 나이를 상향해야 한다는 지적이 나온다. 애착관계를 형성해야 할 영유아기 때 집중적으로 아이를 돌볼지, 초등학교 입학 후나 고학년 때 부모 역할에 집중할지 선택권을 주자는 것이다.

남성·중소기업 육아휴직의 그늘

출산휴가도 제대로 못쓰는데 육아휴직은 언감생심일 뿐

남성인 E씨는 아내의 출산에 맞춰 배우자출산휴가를 신청했다. 법 개정으로 배우자출산휴가는 20일로 늘어났지만, 지금까지 E씨의 회사에서 20일간 배우자출산휴가를 쓴 사람은 한 명도 없다. E씨 역시 눈치를 보느라 3일밖에 쓰지 못했다. 배우자출산휴가는 출산한 날부터 120일 이내에 3회에 걸쳐 나눠 쓸 수 있지만, 출산휴가를 2~3차례에 나눠 쓰는 동료를 본 적도 없다.

이처럼 출산휴가도 눈치 보며 써야 하는 현실에서 남성 육아휴직은 더욱 쉽지 않다. 2024년 남성 육아휴직자는 4만 1,829명으로 전체 육아휴직자의 31.6%까지 늘어났다.

그림 3-3 **아빠 육아휴직 늘고 있지만…**

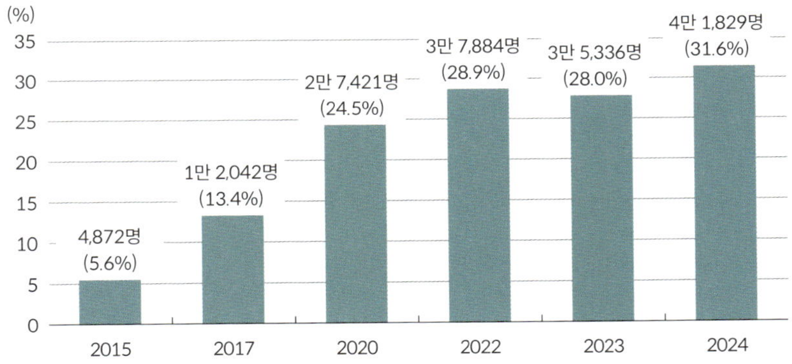

연도	인원	비율
2015	4,872명	5.6%
2017	1만 2,042명	13.4%
2020	2만 7,421명	24.5%
2022	3만 7,884명	28.9%
2023	3만 5,336명	28.0%
2024	4만 1,829명	31.6%

자료: 통계청, 『육아휴직통계』.

하지만 육아휴직 후 퇴직 압박을 받거나 승진에서 누락되는 등의 불이익은 여성뿐 아니라 남성에게도 마찬가지로 적용된다. 육아휴직을 이유로 승진 대상에서 제외하는 것은 불법이지만, 문제 제기를 했다가 다른 불이익을 당할 수 있다는 걱정 때문에 침묵하는 경우가 많다. 남성 육아휴직을 엄청난 특혜로 여기는 곱지 않은 시선도 넘어야 할 산이다. 남성 육아휴직 의무화 등 워킹대디를 위한 제도를 갖춘 정부부처나 공기업, 대기업이 늘고 있다고는 하지만 대부분의 남성 직장인에겐 남의 일일 뿐이다.

육아휴직이 허용되더라도 경제적 부담 때문에 마음 편하게 사용하지 못하는 경우도 많다. 자녀 생후 18개월 이내 부모 모두 6개월 육아휴직을 사용하면 받을 수 있는 육아휴직급여가 월 450만 원까지 늘어났지만, 부부 중 한쪽만 육아휴직을 하는 경우 육아휴직급여 상한액(200만~250만 원)이 월 급여에 미치지 못하는 경우가 많기 때문이다.

'대체인력난에 지원금도 쥐꼬리'라는 중소기업의 하소연

중소기업 재직자의 육아휴직도 증가하고 있지만, 대기업 쏠림은 여전하다. 2024년 기준 육아휴직자 중 41.3%가 300인 이상 기업 소속이며, 13.3%가 100~300인 이상 기업 소속이다. 전체 근로자의 70~80%가 중소기업에서 일한다는 것을 감안하면 중소기업 직원들의 육아지원 확대는 풀어야 할 숙제다.

2024년 한 여론조사 기관이 직장인 1,000명을 대상으로 실시한 설문에서도 응답자의 45.2%가 "육아휴직을 자유롭게 쓰지 못한다"고 응답했다. 특히 비정규직(58.5%), 5인 미만 사업장(67.1%), 월급여 150만 원 미만 노동자(57.8%) 사이에서 이 같은 답변이 많이 나왔다.

중소기업 직원들이 육아휴직을 자유롭게 쓰지 못하는 것은 대체 인력 확보가 쉽지 않기 때문이다. 육아휴직에 들어가면 자신이 해야 할 일을 팀원들이 분담하게 되는 경우가 많아 눈치를 보지 않을 수 없다. 업무가 몰리는 시기와 육아휴직 시기가 겹치면 부담은 더 커진다. 인력 여유가 있어 누군가 육아휴직을 가더라도 다른 복직자가 빈자리를 메꿀 수 있는 회사라면 사정이 좀 낫지만, 빠듯한 인력으로 운영되는 회사나 중소기업에서는 업무 배분이 쉽지 않다.

고용노동부의 『2022년 일·가정 양립 실태조사』에 따르면 조사대상 사업체 가운데 25.3%가 육아휴직에 의해 발생하는 경영상

그림 3-4 **육아휴직에 따른 경영상 어려움**

자료: 고용노동부, 『2022년 일·가정 양립 실태조사』.

어려움으로 동료 및 관리자의 업무 가중 문제를 꼽았다. 인건비 및 노동비용 증가(15.9%)와 대체인력 충원 어려움(15.7%)을 호소한 기업도 많았다.

양육과 돌봄은 사회와 기업이 함께 책임진다는 인식 변화 시급

정부는 직원에게 육아휴직을 부여한 기업에 대해 만 12개월간은 연간 870만 원, 12개월 초과시 연간 360만 원을 지원하고 있다. 하지만 이 정도 지원으로는 대체인력 확보가 어렵다.

최근에는 대체 인력을 쓰는 대신 기존 팀원에게 금전적 보상을 하는 동료수당 지급 기업도 생겨나고 있다. 두산그룹은 육아휴직자의 팀원들에게 각각 최대 50만 원을, 롯데백화점은 남성 육아휴직자 업무를 대신하는 직원 3명에게 각각 최대 60만 원을 준다. 중소기업이 육아휴직자 업무를 대신 맡은 직원에게 추가 수당을 주면 정부가 월 최대 20만 원까지 보조해주는 '동료 지원금' 제도도 도입됐다. 하지만 업무를 나누는 것도, 동료수당 지급대상을 선별하는 것도 쉽지 않은 일이라 근본적인 해결책이 되기는 어렵다.

결국 양육과 돌봄의 책임이 가정, 특히 여성에게만 있는 것이 아니라 사회와 기업이 함께 책임진다는 인식 변화가 시급하다. 육아휴직 사용자에 대한 차별을 해소하고, 육아휴직 대체 고용 활성화·유연근무제 도입 등 일·가정 양립을 위한 제도개선과 기업들의 자발적 변화가 수반되어야 출산율을 높일 수 있다.

나를 돌볼 시간조차 없다

워킹맘의 하루, 24시간이 모자라

결혼과 출산은 새로운 가정을 이루고 자녀라는 새로운 구성원을 맞이하는 일이다. 사랑하는 사람과 함께 삶을 꾸리는 것은 행복한 일이지만, 그에 상응하는 가사와 육아의 부담이 동반된다. 가사와 육아는 무엇보다도 부부의 시간 투자를 요구한다. 따라서 결혼과 출산 전후 부부의 시간 활용은 크게 달라지며, 가사와 육아 시간을 확보하기 위해서는 근로 및 여가와 같은 다른 활동에 쓰는 시간을 포기해야 한다.

그러나 장시간 근로 국가인 우리나라의 현실에서 가사와 육아를 위한 시간 확보는 쉬운 일이 아니다. 수면시간, 근로시간, 출퇴근시간과 같은 고정적인 시간을 제하고 나면, 남은 시간으로는 여가는커녕 최소한의 육아를 하기에도 턱없이 부족하다.

근로와 육아만으로도 시간이 모자라다 보니 부모 스스로를 위한 여가는 언감생심이다. 휴식과 재충전의 시간은 부모가 육아 과정에서 행복을 느끼기 위한 필요조건이다. 그러나 현실에서는 나 스스로를 돌볼 시간은커녕 최소한의 육아시간 확보도 쉽지 않다. 소위 '육아지옥'이라는 말이 나오는 이유이다. 이러한 시간 빈곤과 여가의 상실은 현재의 행복과 워라밸을 중요시하는 오늘날의 청년세대에게 출산의 큰 기회비용으로 다가온다.

이러한 근로와 육아 병행의 시간적 어려움을 완화하고 일과 가정이 양립할 수 있는 사회를 만들기 위해서 필요한 변화는 무엇일까?

일과 가정, 둘 다 지킬 수 있는 사회 만들기

결혼 전 청년세대의 일상 시간 활용

유진은 전일제로 근무하고 있는 미혼 여성이다. [표 3-1]에 나타난 유진의 수면시간은 하루 평균 7시간 31분이고, 하루 세 끼 식사에 1시간 45분, 개인유지활동(목욕, 화장, 병원 방문 등 개인의 위생·외모·건강 관리)에 1시간 44분을 쓴다. 평일에 회사에서 근무하는 시간은 7시간 47분 정도인데, 별도로 출퇴근에 1시간 31분 정도가 소요된다. 부모님과 같은 집에서 함께 지내며 매일 30분씩 집안일을 하고, 여가 활동(교제·운동·취미·휴식 등)에는 2시간 39분 정도를 쓸 수 있다.

유진의 남자친구인 동현의 하루도 크게 다르지 않다. 수면, 식사, 출퇴근에 쓰는 시간은 유진과 거의 동일하다. 여성인 유진에 비해 개인유지에 쓰는 시간은 21분 더 짧고, 집안일을 하는 시간도 14분 더 짧다. 덕분에 매일 평균 8시간 4분씩 근로하면서도 유진

표 3-1 **결혼 및 출산에 따른 전일제 근로자의 생활시간 차이** (단위: 시간 : 분)

구분		미혼 무자녀		기혼 맞벌이 무자녀		기혼 맞벌이 유자녀	
이름(성별)		유진(여)	동현(남)	지혜(여)	성민(남)	미영(여)	정훈(남)
필수시간		11:01	10:43	10:59	10:39	10:41	10:32
	수면	7:31	7:31	7:39	7:28	7:40	7:29
	식사	1:45	1:48	1:43	1:52	1:43	1:49
	개인유지	1:44	1:23	1:36	1:19	1:18	1:13
의무시간		10:18	10:16	10:39	10:45	11:40	11:08
	근로	7:47	8:04	7:48	8:19	7:32	8:15
	이동	1:54	1:51	1:38	1:49	1:37	1:50
	출퇴근	1:31	1:30	1:20	1:32	1:12	1:30
	가사	0:30	0:16	1:05	0:27	1:12	0:21
	돌봄	0:00	0:00	0:05	0:01	1:17	0:38
	학습	0:05	0:03	0:01	0:07	0:01	0:02
여가시간		2:39	3:00	2:21	2:34	1:37	2:19

자료: 통계청, 『생활시간조사』, 2019년 자료를 활용하여 직접 계산.
주: 하루 6시간 이상 근로하는 25~40세 전일제 근로자의 항목별 평균 생활시간(근무일 기준). 10세 미만 자녀가 있으면 유자녀, 없으면 무자녀로 구분. 유진·동현·지혜·성민·미영·정훈은 각 구분·성별 집단을 대표하는 평균적인 가상 인물임.

보다는 더 길게 3시간의 여가시간을 갖는다.

유진과 동현은 가까운 미래에 결혼도 하고 자녀도 가질 생각이다. 다만 아직은 결혼을 미루고 있는데, 지금은 직장에서 자리를 잡고 경력을 쌓아야 할 시기라고 판단했기 때문이다. 특히 유진은 결혼과 출산을 하고 나면 가사와 육아 부담에 경력을 지속할 수 있을지 불안하다. 그래서 출산 전에 지금의 직장에 적응하고 자리를 잡는 것이 먼저여야 할 것이다.

결혼 후 청년세대의 일상 시간 활용 변화

만약 유진과 동현이 결혼을 한다면 일상의 모습은 어떻게 달라질까? 지혜와 성민 부부의 생활에서 기혼 근로자의 삶을 엿볼 수 있다. 지혜와 성민은 둘 다 전일제 일자리를 가진 맞벌이 부부이고, 아직은 자녀가 없다. [표 3-1]에서 비교해 보면, 시간적인 측면에서 지혜·성민 부부의 일상은 유진·동현 커플의 일상과 크게 다르지 않다. 수면, 식사, 개인유지, 근로, 출퇴근 이동 시간이 모두 비슷하다. 다만 유진·동현 커플과 달리 부모로부터 독립하여 새로운 가정을 꾸린 지혜·성민 부부는 가사에 더 많은 시간을 쓰고, 다소 짧은 여가시간을 보낸다. 남성인 성민보다는 여성인 지혜가 집안일을 더 많이 담당하는데, 성민은 하루 평균 27분, 지혜는 1시간 5분을 집안일로 보낸다.

출산 후 맞벌이 부부의 일상 시간 활용 변화

자녀를 출산한 다음에는 맞벌이 부부의 일상이 어떻게 달라질까? 적어도 수면, 식사, 근로, 가사에 쓰는 시간은 크게 달라지지 않는다. 미영과 정훈은 4세 아들이 있는 평균적인 전일제 맞벌이 부부이다. 미영·정훈 부부가 수면, 식사, 근로, 가사에 쓰는 시간은 아직 자녀가 없는 지혜·성민 부부와 비슷한 수준이다. 다만 미영의 통근 시간(1시간 12분)은 자녀가 없는 여성 근로자보다는 좀 더 짧은데, 이것은 미영이 조금이라도 육아시간을 더 확보하기 위해 집에서 가까운 회사로 이직했기 때문이다. 미영은 회사에 다니면서 육아까지 하기가 어려워 아예 맞벌이를 그만둘까도 고민해 보았지만, 내 집 마련과 교육비에 필요한 돈을 생각하면 남편은 물론이고 자신도 경제활동을 계속해야 한다.

자녀를 가질 때 맞벌이 부부의 일상에서 가장 달라지는 부분은 역시 육아에 드는 시간이다. 아무래도 아버지인 정훈보다는 어머니인 미영이 아들과 훨씬 많은 시간을 보낸다. 회사에 출근하는 평일 기준으로 보면 정훈도 가사(21분)와 돌봄(38분)에 참여하긴 하지만, 미영은 남편보다 가사에 3배(1시간 12분), 돌봄에 2배(1시간 17분)가 넘는 시간을 쓴다. 그러다 보니 미영은 출산 이전에 비해 여가시간이 크게 줄었다. 자녀가 없는 여성 근로자의 하루 평균 여가시간은 대략 2시간 30분 정도인 반면, 미영의 여가시간은 1시간 37분에 그친다.

미영은 어찌어찌 하루하루를 버티고는 있지만 앞으로도 계속 자녀를 키우며 회사를 다닐 수 있을지 불안한 매일의 연속이다. 지금의 전일제 맞벌이 생활은 어머니의 도움이 없이는 불가능하다. 미영의 어머니는 미영이 회사에서 퇴근할 때까지 손자의 어린이집 등·하원과 저녁시간 돌봄을 책임지고 있다. 아무래도 연세가 있다 보니 하루 종일 지칠 줄 모르는 남자아이를 홀로 돌보기를 벅차 하신다. 그래서 미영은 가능한 한 일찍 퇴근하기 위해 노력하고 육아도우미를 고용하기도 한다.

자녀를 키우면서 회사 일을 계속하기가 쉬운 일이 아님을 알기에, 미영은 지금의 상황을 다행스럽게 생각한다. 하지만 미영은 늘 자신이 시간 빈곤에 빠져 있다고 느낀다. 아들을 돌보는 하루 1시간 17분은 너무나도 짧은 시간이다. '조금 더 일찍 퇴근하고 아들과 여유로운 시간을 보낼 수 있다면 좋을 텐데'하고 항상 생각한다. 시간이 좀 더 허락된다면 운동도 하고 취미생활도 하며 나만의 시간을 보낼 수 있다면 좋겠다는 꿈 같은 생각도 한다. 언제쯤이면 아들을 낳기 이전만큼 여유로운 하루를 보낼 수 있게 될까?

남편인 정훈도 시간이 부족하기는 마찬가지다. 아들을 돌보기 위해 집에서 가깝고 야근도 적지만 임금이 낮은 일자리로 이직한 아내 대신, 정훈은 경제적인 책임을 더 지기로 했다. 그러려면 직장 상사와 동료에게 정훈이 육아를 핑계로 회사 일에 소홀한 사람이라는 인상을 주어선 곤란하다. '남자가 무슨 육아휴직이냐'는 핀

잔을 감수하고 육아휴직을 다녀온 옆 부서 동료가 고생 중인 것을 보면, 육아휴직 같은 것은 사용할 엄두가 나지 않는다. 아직은 아들이 많이 어려서 되도록 야근은 자제하고 하루 30분만이라도 육아를 돕고 있지만, 앞으로는 교육비 마련을 위해서라도 야근을 늘리고 회사에서 더 긴 시간을 보내야 할 것이다.

시간 빈곤에 내몰린 맞벌이 부모

길고 경직적인 근로시간

미영·정훈 부부가 직면한 시간 빈곤은 여느 맞벌이 부모의 일반적인 모습이다. 이러한 시간 빈곤은 오늘날의 청년세대가 자녀를 갖기 어렵게 하는 중요한 장애물이다. 우리 사회의 어떤 구조가 맞벌이 부모의 시간 빈곤을 초래한 것일까?

시간 빈곤을 유발하는 가장 중요한 요인은 길면서도 경직된 근로시간이다. 한국이 장시간 근로 국가라는 사실은 잘 알려져 있다. 2022년 기준으로 국내 전체 취업자의 연간 근로시간은 1,901시간이며, 이른바 선진국 클럽이라 불리는 경제협력개발기구(OECD)의 38개 회원국 중 다섯 번째로 길다. 이처럼 한국인의 근로시간이 길게 나타나는 이유는 장시간 근로가 만연하기 때문이다. 국내 전체 취업자 중 평소에 주50시간 이상 일하는 사람의 비중은 17.3%에 달한다. 이것은 OECD 회원국 중 여섯 번째로 높은 수준이다.[1]

한국인의 근로시간은 길 뿐만 아니라 경직적이다. 필요에 따라서 근로시간을 유연하게 조정하는 것은 사용자(회사) 입장에서도 쉽지단은 않지만, 근로자 입장에서는 훨씬 더 어렵다. 어린 자녀를 돌보는 기간만이라도 짧게 일할 수 있으면 좋으련만, 현실적으로는 그런 선택지가 없다 보니 ① 육아는 남에게 맡기고 전일제로 종일 일하거나, ② 아니면 회사 일을 포기하고 육아에 전념하는 주부가 되거나 하는 이분법적인 선택지만을 강요받게 된다. 이것은 [표 3-1]에서도 확인할 수 있다. 일단 회사에 다니기로 한 이상, 유진·지혜·미영(또는 동현·성민·정훈)의 근로시간은 결혼 여부 또는 자녀 여부에 따라 별 차이가 없다.

근로자가 자신의 필요에 따라 시간제로 일하는 등 근로시간을 단축할 수 있는 선택지가 있다면 맞벌이 부부가 일과 육아를 병행하는 데 큰 도움이 될 것이다. 차선책으로, 근로시간의 길이는 줄이지 못하더라도 근로시간대(몇 시부터 몇 시까지 일할 것인지)나 근로장소(어디에서 일할 것인지)를 선택할 수 있다면, 육아와 일의 병행에 도움이 될 것이다.

하지만 한국에서는 이러한 단축근로나 유연근로가 보편화되어 있지 않다. [그림 3-5]는 비교적 일·가정 양립이 잘 이루어지고 출산율도 높은 유럽연합(EU) 15개국과 한국 근로자의 유연근로 활용률을 비교한 것이다. 6세 미만 자녀를 가진 전일제 여성 근로자의 유연근무 활용률을 살펴보면, EU 15개국은 84%에 달하는 반면 한

그림 3-5 24~49세 여성 전일제 근로자의 유연근로 비율

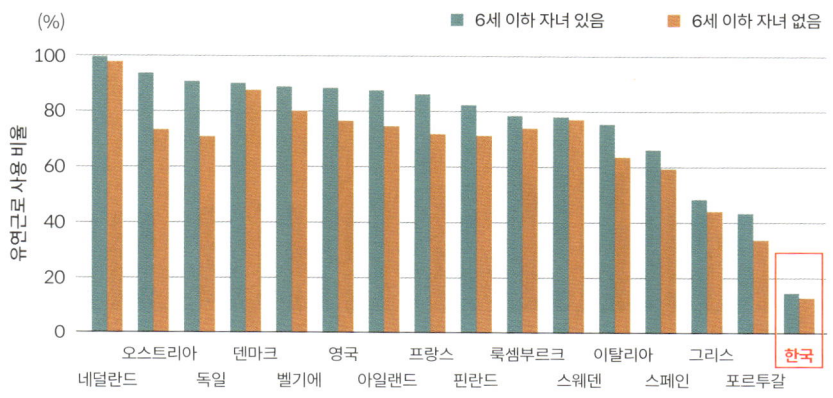

자료: 성재민 외(2024)[2]의 [표 2-18]과 [표 2-20]을 활용하여 저자 재구성.
주: 시간제 근로이거나, 평소 주당 32시간 미만 근로하거나, 주당 4일 이하 근로하거나, 출퇴근시간이 고정되어 있지 않거나, 재택근무하거나, 근로시간 조정 권한이 있는 경우 유연근로로 정의됨.

국 근로자는 15%에 그친다. EU 15개국은 어린 자녀가 없는 근로자도 유연근무를 많이 활용하다보니, 근로자가 필요에 따라 근로시간을 조정할 때 우리나라만큼 상사나 동료의 눈치를 볼 필요가 없다.

수도권 집중으로 인한 길고 혼잡한 통근시간

시간 빈곤을 유발하는 또 다른 요인은 한국의 긴 통근시간이다. [표 3-1]에 나타난 것처럼, 한국의 평균적인 전일제 근로자는 매일 1시간 30분씩을 출퇴근으로 보낸다. 한국 근로자의 긴 통근시간은 전체 근로자를 대상으로 한 국제비교 통계에서도 확인할 수 있는데, 한국은 OECD 회원국 중 통근시간이 가장 긴 국가이다(그림 3-6).

그림 3-6 OECD 회원국별 15~64세 취업자의 평균 출퇴근시간(1999~2014)

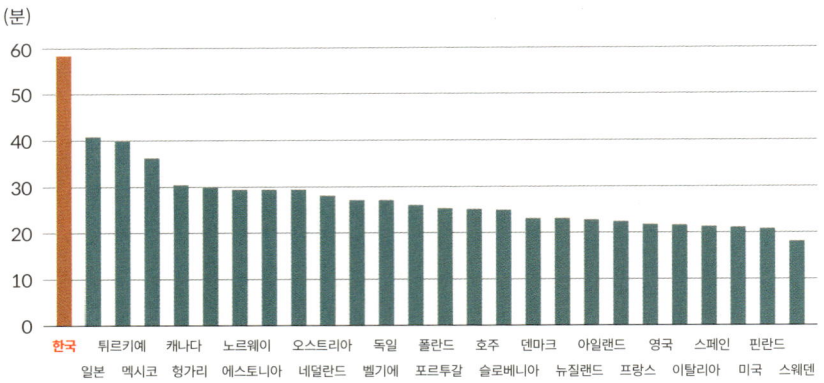

자료: OECD, *Family Database*.
주: 국가별로 자료 시점에 차이가 있음. 한국은 2009년, 여타 국가는 1999~2014년 중 특정 연도 기준. 자세한 내용은 OECD Family Database 참조.

이렇듯 한국의 통근시간이 길어지게 된 것은 인구와 일자리의 수도권 밀집 때문인 것으로 알려져 있다. 경쟁력 있는 학교와 일자리가 대부분 서울에 집중되어 있어 청년층의 수도권 이동이 계속되고, 양질의 노동력을 찾는 기업 역시 서울로 몰린다. 자연스럽게 서울 근방의 집값이 오르고, 서울 내에서 거주지 마련이 어려운 청년층은 서울 밖 수도권에 집을 마련하고 매일 서울로 길고 혼잡한 출퇴근을 한다.

부부 간 가사·돌봄 시간의 불균형

수면, 식사, 개인유지와 같은 필수시간(10시간 40분)에 근로시간(7시간 30분)과 이동시간(1시간 40분)까지, 미영이 전일제 근로를 하기로 한 이상 스스로 조정할 수 없는 시간을 제하고 나면 하루 24시간 중 겨우 4시간 10분이 남는다. 부족하지만 이 남은 시간을 쪼개서라도 운동하고, 친구를 만나고, 자기계발과 휴식을 취하는 것이 현대인의 삶이라지만, 자녀를 돌보고 집안일까지 하려면 이러한 여가는 꿈도 꾸기 어렵다.

그런데 이렇게 바쁜 맞벌이 부부 사이에서도 가사와 돌봄은 여전히 남성보다는 여성의 영역으로 남아 있다. 정훈도 매일 가사와 돌봄에 1시간을 쓰지만, 미영이 쓰는 시간은 2시간 30분이나 된다. 가사와 돌봄 시간이 길다 보니 미영이 스스로를 위해 쓸 수 있는 여가시간은 채 1시간 40분이 되지 않는다.

가사와 육아 관련 성 역할에 대한 사회적인 고정관념은 출산과 육아를 어렵게 하는 주요 요인으로 꼽힌다. 미영·정훈 부부의 사례에서 볼 수 있듯이, 여성에게 집중된 가사와 육아 부담은 여성 근로자가 스스로의 행복을 위해 쓸 시간을 부족하게 만든다. '아무래도 가사와 육아는 여성의 몫이지'라고 생각하는 가족, 친구, 직장 상사와 동료 사이에서는, 육아휴직도, 근로시간이 짧은 대신 임금이 낮은 일자리로의 이직도, 육아를 위한 자기 시간의 희생도 자연히 남편보다는 아내의 몫이 된다. 미영은 가사·육아에 더 많은 시간을 쓰고, 그 결과로 승진 기회와 그에 따른 미래 소득을 포기해야 하며, 결과적으로 출산은 경제적으로 비싼 비용을 치러야 하는 일이 되어버린다.

우리나라의 성 역할에 대한 고정관념은 최근 세대로 올수록 완화되고 있지만, 여전히 가사와 육아가 남성보다는 여성의 몫이라는 인식이 공고하다. 통계청에서 실시하는 사회조사 결과에 따르면, 가사를 아내가 전담하는 부부가 17.8%, 남편이 분담하되 아내가 주로 책임지는 부부는 53.7%에 이른다. 반면 남녀가 공평하게 가사를 분담하는 부부는 24.4%, 남편이 가사를 주도하는 부부는 4.1%에 그친다(표 3-2).

여성의 취업에 대한 전통적인 성 역할 관념도 여전히 상당하다. 여성이 가사와 돌봄 역할과 상관없이 직업을 가지는 것이 좋다고 생각하는 사람은 50.7%에 그치는 반면, 여성의 경제활동 참여는 가사와 돌봄의 역할을 고려하여 이루어져야 한다고 생각하는 사

표 3-2 **국내 부부의 가사 분담 실태** (단위: %)

연령	아내가 전적으로 책임	아내가 주로 하지만 남편도 분담	공평하게 분담	남편이 주로 하지만 아내도 분담	남편이 전적으로 책임	계
전체	17.8	53.7	24.4	3.2	0.9	100.0
19~29세	11.1	33.6	51.0	4.3	0.0	100.0
30~39세	7.2	45.8	42.4	3.7	0.9	100.0
40~49세	12.7	53.0	30.0	3.5	0.8	100.0
50~59세	18.4	58.0	19.9	3.0	0.7	100.0
60세 이상	23.6	54.2	17.9	3.1	1.1	100.0
65세 이상	25.2	52.3	18.0	3.1	1.5	100.0

자료: 통계청(2024), 『사회조사』.
주: 19세 이상 부부(주말부부 포함)를 대상으로 조사.

람이 33.5%, 여성이 직업을 가지기보다는 가사·돌봄에 전념하는 것이 좋다고 생각하는 사람이 5.4%를 차지하는 것으로 나타났다 (표 3-3).

이러한 성 역할에 대한 사회적 관념은 최근 세대로 올수록 완화되고 있으며, 이러한 추세는 일·가정 양립과 가정친화적인 일자리 문화의 측면에서 긍정적이다. 하지만 여전히 회사와 사회 조직의 의사결정권자인 기성세대에서는 전통적인 고정관념이 상당히 공고하다. 보수적인 성 역할 고정관념과 일자리 문화는 여성 근로자뿐만 아니라 남성 근로자의 육아휴직 및 유연근로제도 활용을 어렵게 하고, 이것은 다시 저출생을 심화시키는 요인으로 작용한다.

표 3-3 **여성 취업에 대한 견해** (단위: %)

연령	직업을 가지는 것이 좋다				가사·돌봄에 전념하는 것이 더 중요하다	모르겠다	계
	가사·돌봄에 관계없이	결혼 또는 첫 출산 전까지	자녀가 성장한 후에	출산 전과 자녀가 성장한 후에			
전체	50.7	4.9	11.1	17.5	5.4	10.4	100.0
13~19세	56.3	5.1	4.2	12.5	1.8	20.2	100.0
20~29세	61.9	6.2	4.1	14.2	2.2	11.3	100.0
30~39세	56.6	5.8	8.0	17.2	4.4	8.1	100.0
40~49세	51.4	3.2	12.0	20.5	4.9	7.9	100.0
50~59세	51.1	3.7	13.4	18.9	5.0	7.8	100.0
60세 이상	40.2	5.5	15.8	17.9	9.0	11.8	100.0
65세 이상	38.0	5.8	15.7	17.3	10.3	12.9	100.0

자료: 통계청(2023), 『사회조사』.
주: 13세 이상 가구원을 대상으로 조사.

청년들이 다시 가족을 꿈꾸게 하려면

맞벌이 부부의 시간빈곤을 해결해주자

오늘날의 청년세대가 출산을 꺼려하게 된 이유는 복합적이지만, 출산을 선택했을 때 맞벌이 부부가 감당해야 하는 시간빈곤은 저출생의 중요한 요인 중 하나이다. 어렵게 취업한 직장에서 장시간 근로하는 것도 벅찬 일인데, 여기에 육아까지 감당하려니 시간도 체력도 턱없이 부족하다.

오늘날의 맞벌이 부모가 경험하는 근로와 육아 병행의 시간적 어려움은, 맞벌이가 드물었던 예전 세대에서는 크게 부각되지 않은 문제였다. 예전에는 가부장적 사회질서 하에서 아버지는 장시간 근로를, 어머니는 가사와 육아를 전담하였으므로 근로와 육아 간 시간의 충돌이 발생하지 않았던 데다, 조부모와 함께 사는 대가족이 많았으므로 육아의 조력자를 얻기도 용이했다.

그러나 맞벌이 가정과 핵가족이 크게 증가한 오늘날, 근로와 육아는 양립이 어려운 문제가 되었다. 한국 사회는 여성의 경제활동 참여와 가정의 형태의 측면에서는 빠르게 변화한 반면, 근로시간 제도, 기업문화, 부부의 성 역할에 대한 사회규범의 측면에서는 변화가 뒤처졌기에, 일·가정의 양립이 어려운 환경이 초래된 것이다.

근로시간 선택권과 가족친화적 근로환경이 필요하다

출산·육아의 시간적 어려움을 완화하기 위해서는, 근로시간 제도를 포함한 일하는 방식과 부부의 성 역할에 대한 사회규범에 더 빠른 변화가 필요하다. 먼저 근로시간 제도의 측면에서는, 근로자의 필요에 따라 근로시간을 유연하게 조정할 수 있는 근로시간 선택권이 필요하다. 근로자가 출근과 퇴근 시간을 선택할 수 있고 인구와 일자리의 수도권 집중이 완화될 수 있다면, 통근 시간 또한 지금보다 짧아질 것이다.

가사와 육아는 여성이 주도해야 한다는, 우리 사회에 여전히 남아 있는 성 역할 규범도 보다 빠르게 변화하여야 한다. 저출생·고령화로 급속한 노동력 감소가 예정된 우리 사회에서, 여성의 경제활동 참여와 저출생 반전은 동시에 달성되어야 할 중요한 사회적 과제가 되었다. 청년세대뿐만 아니라 기성세대 역시 스스로가 이러한 사회적 과제의 당사자임을 인식하고, 가정친화적인 사회문화를 조성하는 역할을 하여야 한다.

자녀와 가정의 상황에 따라 근로시간을 조정할 수 있고, 부부가 가사와 돌봄 노동을 분담하며, 자녀를 키우는 과정에서 시간적 여유와 행복을 공유하는 부모가 많아질 때, 비로소 유진과 동현 커플도 결혼과 출산을 선택할 수 있을 것이다.

아이를 반기지 않는 세상
: 노키즈존의 범람*

아이들이 출입할 수 없는 공간이 늘고 있다

노키즈존 확산, 일상 속 불편으로

요즘 카페나 식당에서 '노키즈존(No Kids Zone)'이라는 안내문을 쉽게 찾아볼 수 있다. 노키즈존이란, 일반적으로 초등학생 이하의 아동이 출입할 수 없도록 제한하는 공간을 의미한다. 최근 몇 년 사이 이와 같은 공간이 빠르게 늘어나고 있으며, 육아 중인 부모들은 일상생활에서 겪는 제약과 차별로 불편함을 호소하고 있다.[3]

노키즈존은 법령에 근거한 제도가 아닌, 자영업자 또는 사업주가 자율적으로 정한 운영 방침에 해당한다. 공공기관이나 정부 차

---

* 이하의 내용은 2023년 보건복지부 수탁과제로 진행된 '김아름·권미경·김지현·이혜민 (2023), 『지역사회 양육 친화 문화조성 연구』'의 일부 내용을 기반으로 작성하였음.

원의 공식 통계는 존재하지 않지만, 민간에서 운영하는 '예스노키드' 사이트에 따르면 2025년 4월 기준, 약 450여 개소 이상의 노키즈존이 등록되어 있다.[4] 2023년 육아정책연구소가 보건복지부의

표 3-4 **노키즈존 사업장 형태**

구분	비중(%)	개수(소)
전체	100.0	205
사업장 형태		
음식점업	18.0	37
커피/휴게음식점/제과점업	76.1	156
애견 카페 등	3.9	8
기타 업종	2.0	4
사업장 형태 – 세부		
한식 음식점업	3.9	8
서양식 음식점업	8.3	17
일식 음식점업	4.4	9
중식 음식점업	1.0	2
치킨 전문점	0.5	1
커피전문점/휴게음식점	74.6	153
제과점업	1.5	3
애완용 동물 및 관련 소매업	3.9	8
숙박업	1.0	2
가죽제품 중개업	0.5	1
기타	0.5	1

자료: 김아름 외(2023)에서 재인용.
주: 1) 『지역사회 양육 친화 문화조성 연구』, 「사업장 대상 설문조사」 결과.
　　2) '사업장 형태' 기타 응답은 '사업장 형태-세부'에서 '숙박업', '가죽제품 중개업', '기타'에 해당함.
　　3) '사업장 형태-세부' 기타 응답은 라탄공방 1케이스.

위탁을 받아 실시한 노키즈존 실태조사[5] 결과, 전체 응답 사업장 중 76%가 카페나 제과점, 18%가 일반음식점으로 확인되었고, 애견카페, 공방과 같은 기타 업종이 나머지를 차지하는 것으로 나타났다. 노키즈존이 주로 아이 동반 고객이 많은 식당보다도 카페 중심으로 확산되어 있다는 점은 흥미로운데, 이는 조용한 분위기를 중시하는 업소에서 특히 이러한 정책을 선호하고 있음을 보여준다. 이처럼 노키즈존은 규모 면에서도 무시할 수 없을 만큼 늘어났고, 업종이나 운영 형태 면에서도 하나의 사회적 현상으로 자리잡고 있다.

이와 같이 노키즈존이 확산되는 현상은 단지 서비스 공간의 특징 때문만은 아니다. 영업주의 자율성과 고객의 편의, 그리고 아동의 권리가 충돌하는 지점에서, 우리 사회가 어떠한 가치를 우선시하는지 드러나는 문제이기도 하다. 노키즈존의 존재 자체가 사회 구성원들에게 전달하는 상징적 메시지는 결코 가볍지 않다.

노키즈존의 배경: 갈등 회피로 선택된 배제

노키즈존이 생겨나고 확산된 데는 몇 가지 상징적인 사건과 사회적 분위기 변화가 작용했다. 대표적인 사례로, 2011년 부산의 한 식당에서 뜨거운 물을 들고 가던 종업원과 아이가 부딪쳐 아이가 화상을 입는 사고가 있었다. 법원은 이 사건에서 식당 주인과 종업원에게 약 4,100만 원의 손해배상 책임을 인정했다(부산지방법원

2013.05.23. 선고 2012가단78339). 이후 유사한 사건에 대해 사업주에게 손해배상 책임이 인정되는 사례가 증가하면서, 위험 회피 차원에서 아이의 출입을 제한하는 방식이 확산되기 시작했다.

이와 함께, 공공장소에서 발생하는 소란, 부모의 미흡한 양육 태도, 다른 손님과의 갈등 등도 노키즈존 도입의 배경으로 작용했다. 실제 실태조사에서도 사업주들이 노키즈존을 운영하게 된 이유 중 하나로 '아이의 소란스러운 행동'보다 '부모가 통제하지 않는 태도'를 더 많이 지적했다. 특히 아이가 떠들거나 뛰는 등 예상치 못한 행동을 보일 때 이를 통제하지 않는 보호자에 대한 불만이 높아지면서, 결국 아이 전체에 대한 배제로 이어지게 된 것이다. 일부 자영업자들은 이러한 갈등이 온라인 리뷰나 평점 하락으로 이어질 경우, 사업에 큰 타격을 줄 수 있다는 점에서 노키즈존 운영

그림 3-7 개업 시 노키즈존으로 운영 결심 이유(1+2순위)

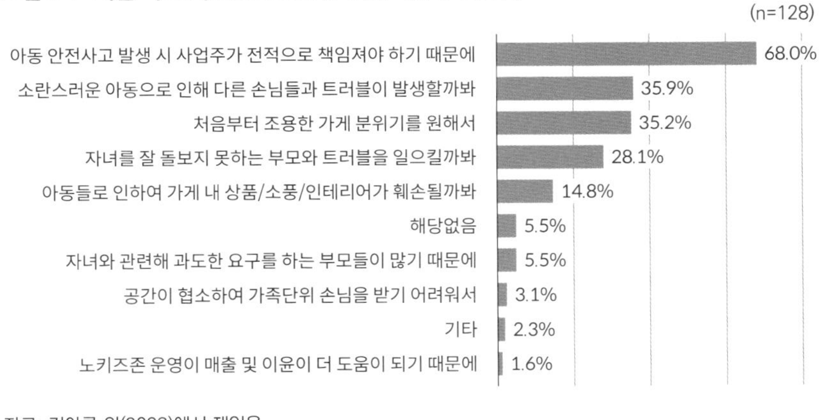

(n=128)

이유	비율
아동 안전사고 발생 시 사업주가 전적으로 책임져야 하기 때문에	68.0%
소란스러운 아동으로 인해 다른 손님들과 트러블이 발생할까봐	35.9%
처음부터 조용한 가게 분위기를 원해서	35.2%
자녀를 잘 돌보지 못하는 부모와 트러블을 일으킬까봐	28.1%
아동들로 인하여 가게 내 상품/소품/인테리어가 훼손될까봐	14.8%
해당없음	5.5%
자녀와 관련해 과도한 요구를 하는 부모들이 많기 때문에	5.5%
공간이 협소하여 가족단위 손님을 받기 어려워서	3.1%
기타	2.3%
노키즈존 운영이 매출 및 이윤이 더 도움이 되기 때문에	1.6%

자료: 김아름 외(2023)에서 재인용.

그림 3-8 가게 운영 중간부터 노키즈존으로 변경하게 된 이유(1+2순위)

(n=77)

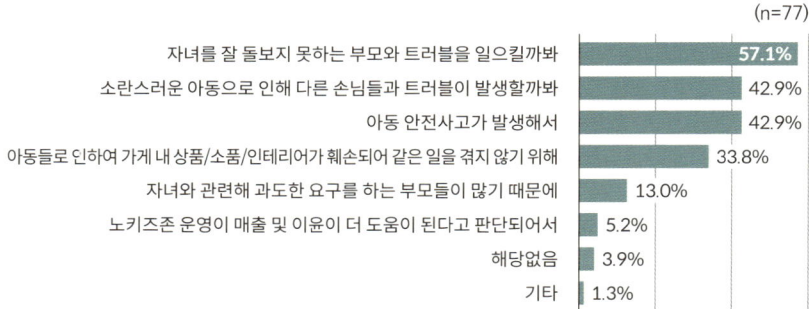

- 자녀를 잘 돌보지 못하는 부모와 트러블을 일으킬까봐: 57.1%
- 소란스러운 아동으로 인해 다른 손님들과 트러블이 발생할까봐: 42.9%
- 아동 안전사고가 발생해서: 42.9%
- 아동들로 인하여 가게 내 상품/소품/인테리어가 훼손되어 같은 일을 겪지 않기 위해: 33.8%
- 자녀와 관련해 과도한 요구를 하는 부모들이 많기 때문에: 13.0%
- 노키즈존 운영이 매출 및 이윤이 더 도움이 된다고 판단되어서: 5.2%
- 해당없음: 3.9%
- 기타: 1.3%

자료: 김아름 외(2023)에서 재인용.

을 선택했다고 설명했다.

이처럼 노키즈존은 단순히 '아이 출입 문제'를 넘어, 책임 부담과 고객 관계 리스크를 둘러싼 복합적 반응이라 할 수 있다.

노키즈존이 드러내는 우리 사회의 본심

양가적 여론, 숨겨진 배제의 구조

2023년 한국리서치가 전국의 성인 남녀 1,000명을 대상으로 실시한 여론조사 결과, 전체 응답자의 약 73%는 노키즈존 운영에 찬성한다고 응답했다. 자영업자의 영업의 자유를 존중해야 하며, 다른 손님을 배려해야 한다는 이유에서다. 반면, 약 18%는 노키즈존에 반대 입장을 보였는데, 노키즈존은 아동에 대한 차별 행위이며 출산 및 양육에 부정적인 영향을 줄 수 있다고 응답하였다. 아이를 환영하지 않는 사회 분위기가 결국 아이를 낳고 기르는 일을 더욱 어렵게 만드는 부작용을 낳지 않을까 우려하는 것이다. 특히 초등학생 이하 자녀가 있는 응답자의 경우, 반대 비율이 26%로 평균보다 높게 나타나, 아이를 키우는 당사자일수록 이 문제를 민감하게 받아들이는 경향을 보여주었다.[6]

또 다른 조사에 따르면, 노키즈존을 운영하는 사업장 중 약 40%가 '아이 출입은 제한하지만 반려견 출입은 허용한다'고 응답했다.[7] 이는 우리 사회가 아동보다 오히려 반려동물에 더 관대한 분위기를 보이고 있다는 점에서, 아동에 대한 낮은 사회적 수용성을 보여주는 단면이라 할 수 있다.

해외의 경우, 한국처럼 '노키즈존'이라는 표현 자체가 흔하지 않으며, 대신 '차일드프리존(Child-Free Zone)' 등으로 보다 부드러운

표 3-5 노키즈존에 대한 찬반 여론조사 결과 (단위: %)

전체	사례수 (명)	업장 주인의 자유에 해당하고, 다른 손님에 대한 배려도 필요하기 때문에, 허용할 수 있다	어린이와 어린이 동반 손님을 차별하는 행위이고, 출산 및 양육에 부정적인 영향을 주므로, 허용할 수 없다	모르겠다	계
전체	(1,000)	73	18	9	100
초등학생 이하 자녀 유무					
자녀 있음	(141)	69	26	5	100
자녀 없음	(859)	73	16	10	100

자료: 한국리서치(2023), 『노키즈존(No Kids Zone)에 대한 인식조사』.

용어를 사용하는 경향이 있다.[8] 또한, 유엔아동권리위원회는 특정 연령이나 집단의 출입을 일괄적으로 제한하는 것은 국제 인권 기준에 어긋날 수 있다고 우려한 바 있다.[9] 이처럼 한국의 노키즈존 현상은 CNN, 워싱턴포스트 등 외신의 주목을 받으며,[10] 단지 국내 문제가 아닌 국제적인 인권 이슈로까지 비화되고 있는 상황이다.[11]

노키즈존은 단순한 '영업 정책'이 아니다

노키즈존 논쟁은 단순히 사업자의 선택이나 부모의 태도 문제로 환원할 수 없으며, 결국 우리 사회가 '아이 있는 가족'을 어떻게 대하는지를 보여주는 상징과도 같다. 즉, 아동에 대한 사회적 수용성과 관련된 가치의 문제이며, 나아가 우리 사회의 포용성과 관련된 문제이다. 아이를 불편함의 대상으로 여기는 사회 분위기 속에서, 아이를 키우는 부모들은 위축되고 고립된다. 이는 결국 출산 자체에 대한 부정적 인식을 강화시키고, 저출생 문제를 악화시키는 구조적 배경으로 작용할 수 있다.

사회 전반에 개인 중심적 가치관이 확산되면서, 아이는 더 이상 공동체가 함께 돌봐야 할 존재로 인식되지 못하고 있다. 교육기관 이외의 공간에서 아동은 여전히 보호받지 못하는 경우가 많고, 공공장소에서의 배려나 보호는 개인의 '선택'으로만 여겨지고 있다. 이는 아동을 하나의 인격체이자 시민으로 존중하기보다는, 특정 공간에서 배제해도 무방한 존재로 인식하고 있음을 시사한다.

미디어와 혐오 담론의 확산

최근 몇 년 사이 방송, 유튜브, 온라인 커뮤니티 등을 중심으로 아동 혐오와 관련된 콘텐츠가 빠르게 확산되고 있다. 인터넷 상에서는 노키즈존 인증 게시물이나 아동의 행동을 문제 삼는 사례 영상들이 높은 조회 수를 기록하고 있으며, 이러한 콘텐츠는 아동에 대한 부정적인 인식을 조장하는 데 일조하고 있다.[12] 특히 '맘충'이라는 용어가 유행하면서, 아이는 물론 부모까지 함께 비하하거나 폄하하는 사회적 분위기가 형성되고 있다.[13]

이와 같은 미디어 담론은 단순한 일시적 유행을 넘어, 아동을 부정적으로 바라보는 인식을 고착화하는 데 영향을 미친다. 개인의 경험이나 특정 사례를 일반화한 콘텐츠가 온라인에서 공감을 얻고 이슈화 되면서, 오히려 아동을 배제하는 태도가 '합리적 선택'인 것처럼 인식되는 왜곡된 감정 구조가 형성되고 있다. 그 결과, 아동의 사회적 존재감은 점점 더 위축되고, 아이와 함께하는 일상은 점차 '비정상적'인 것으로 여겨지는 분위기가 확산되고 있다.

배려와 이해, 공존의 해법을 찾아서

출입 제한 대신 '행위 중심 규제'로

노키즈존 논란의 핵심은 '아이의 존재' 자체가 아니라, 아이가 있는 공간에서 발생할 수 있는 예기치 못한 행동과 그로 인한 불편함을 사회가 어떻게 수용하고 조정할 것인가에 있다. 실제로 아동이 공공장소에서 울거나 음식을 흘리는 행위는 발달 과정에서 흔히 나타나는 자연스러운 현상이며, 대부분의 보호자는 이러한 특성을 이해하고 통제하기 위해 노력하고 있다. 반면, 일부 이용자는 이를 공공질서의 문제로 받아들이며 불편함을 호소하는 경우도 적지 않다.

이러한 현실을 고려할 때, 아동의 출입 자체를 일률적으로 제한하는 방식보다는, 이용자 간 갈등 가능성을 줄이고 모두가 안심하고 공간을 이용할 수 있도록 돕는 '행위 중심의 질서 유지' 접근이 보다 균형 있는 해법이 될 수 있다. 예컨대 '고성방가 자제', '지속적인 소란 금지', '기저귀 교환은 전용 공간에서'와 같이 연령과 관계없이 누구에게나 적용 가능한 중립적 이용 기준을 마련하면, 특정 집단을 차별하지 않으면서도 공공장소의 질서를 유지할 수 있다.

이는 이미 일부 사업장에서 시행 중인 '노매너존', '노유튜버존'처럼, 연령이나 정체성이 아닌 구체적 행위를 기준으로 제한을 두는 운영 방식과 유사하다. 이는 헌법상 평등 원칙에도 부합하며, 사회적 수용성 역시 높다.[14] 무엇보다 아동뿐만 아니라 노인, 장애인, 외국인 등 다양한 사회 구성원이 배제되지 않고 공공 공간을 함께 이용할 수 있도록 하는 포용적 기반을 마련한다는 점에서 의미가 크다.

따라서 노키즈존에 대한 논의는 단순한 출입 허용 여부를 넘어,

공공 공간의 질서와 포용성을 어떻게 조화롭게 실현할 수 있을지를 중심으로 전환되어야 한다. 사업장 또한 일률적인 제한보다는 구체적이고 공정한 이용 규칙을 사전에 명확히 고지함으로써, 이용자 간 상호 존중과 이해를 촉진할 수 있다. 이제는 단순한 금지를 넘어, 공존을 위한 규범을 함께 만들어가는 사회적 전환이 필요한 시점이다.

소규모 자영업자를 위한 실질적 지원체계 필요

아동과 보호자가 차별 없이 지역 내 다수가 이용하는 공간을 함께 사용할 수 있도록 하려면, 사업장 규모와 여건에 따라 달라지는 현실적 제약을 충분히 고려해야 한다. 특히 매장이 협소하거나 인력 운영에 여유가 없는 소규모 자영업자의 경우 공간 분리, 키즈존 설치, 아동용 의자·식기·물품 비치 등의 조치는 실행 자체가 어려운 경우가 많다. 이러한 상황에서 모든 사업장에 동일한 수준의 아동 수용 기준을 일괄 적용하는 것은 형평성 논란을 불러일으킬 수 있다.

따라서 정부와 지방자치단체는 소규모 사업장도 무리 없이 아동친화적 환경을 조성할 수 있도록 실질적인 지원체계를 마련할 필요가 있다. 예컨대 배상책임보험 가입을 지원하고, 아동 동반 고객을 위한 안내 문구 및 민원 대응 매뉴얼을 보급하며, 일정 기준을 충족한 사업장에는 '아동친화 인증 마크'를 부여하는 인센티브 정책을 도입할 수 있다.

현재도 많은 지자체에서 노키즈존에 대응하는 개념으로 '키즈 오케이존(서울)', '웰컴키즈존(경북 안동)', '예스키즈존(대구 동구)', 아동친화상점 '아이러브존(전북 완주)' 등 다양한 아동친화매장 사업을 추진하고 있으며, 이들 사업장에는 유아식기 비치 등 육아친화 환경 조성을 위한 인센티브가 제공되고 있다.

이는 아동과 보호자가 환영받는 지역 사회 분위기를 조성하는 긍정적인 시도이지만, 동시에 '예스키즈존'의 등장이 자칫 노키즈존의 존재를 기정사실화하고, 결과적으로 아동의 출입을 제한하

그림 3-9 지자체 아동친화매장 인증 사업 사례

는 문화를 강화할 수 있다는 점에서 신중한 접근이 요구된다.[15]

또한 아동과 관련된 사고 발생 시, 사업주가 단독으로 법적 책임을 감당해야 하는 부담을 줄이기 위해, 법률 상담 및 분쟁 중재를 지원하는 공공 컨설팅 창구의 구축도 필요하다. 이러한 실질적 지원이 마련된다면, 사업주들이 '위험 회피'가 아닌 '공존과 배려'를 선택할 수 있는 제도적 기반이 형성될 것이다.

공존은 특정 집단에게 일방적인 양보를 요구하는 방식으로 실현될 수 없다. 서로의 차이를 인정하면서, 그 안에서 배려와 질서를 만들어가는 문화와 제도적 기반이 함께 마련되어야만 가능한 일이다.

'아이 키우기 좋은 나라'로 가는 길

아동 권리 보장과 사회적 책임 관점에서 재검토되어야

대한민국 헌법 제10조는 모든 국민의 인간으로서의 존엄과 가치, 행복추구권을 보장하고 있으며, 아동복지법 제3조는 아동이 권리를 보장받으며 건강하고 안전하게 자라날 수 있도록 국가와 사회의 책무를 명시하고 있다. 또한 유엔아동권리협약(UNCRC)은 모든 아동이 차별받지 않고, 모든 삶의 영역에서 존중과 보호를 받아야 함을 국제사회에 요구하고 있다.

그럼에도 불구하고 현재 일부 공간에서 운영되고 있는 '노키즈존'은 아동을 일률적으로 특정 공간에서 배제함으로써, 이와 같은 기본적 권리를 침해할 소지가 크다. 특히 공공시설이나 복합문화공간 등 불특정 다수가 이용하는 장소에서 아동의 출입을 전면적으로 제한하는 것은, 합리적 이유 없이 특정 연령 집단을 배제하는 행위로서 헌법상 평등권 및 행복추구권 침해 논란을 야기할 수 있다.

따라서 노키즈존은 단순한 민간 공간 운영의 자율 영역이 아니라, 아동의 권리를 실현하고 보호해야 할 사회적 책임이라는 관점에서 재검토되어야 한다. 즉, 아동의 출입을 제한하는 것이 불가피한 경우라 하더라도 보호자의 동의 여부, 시설의 위험성, 대체 공간의 유무 등 다양한 조건을 고려한 '정당한 제한'인지 여부가 확인되어야 하며, 이러한 판단 기준 없이 자율이라는 명목만으로 광범위하게 배제를 허용하는 것은 과도한 인권 침해로 이어질 수 있다.

현재 노키즈존으로 운영되는 많은 사업장들은 이러한 법적·윤리적 기준 없이 사업주의 일방적인 판단에 따라 아동 출입을 제한하고 있으며, 이는 아동 권리에 대한 사회적 고려가 미흡한 구조를 반영하고 있다. 노키즈존의 존재 가능성 자체를 부정하지 않더라도, 그 결정이 공정하고 타당한 과정을 거쳤는지에 대한 점검은 반드시 필요하다.

결국 노키즈존 논의는 개인의 선택과 영업의 자유라는 기존의 프레임을 넘어, '아동의 권리 보장'과 '헌법적 가치 실현'이라는 더 넓은 사회적 책임의 관점에서 접근되어야 한다. 아동은 단지 보호의 대상이 아니라, 스스로의 권리를 가진 사회 구성원임을 인식하고, 이들이 차별 없이 일상 공간에 참여할 수 있도록 하는 것이 바로 지속가능한 공동체의 출발점이다.

출산 장려는 '환영받는 환경'에서 시작된다

우리나라의 합계출산율은 0.7명대로 세계 최저 수준을 기록하고 있다. 정부는 다양한 출산 장려 정책을 시행하고 있으나, 그 실질적인 효과는 아직 미미한 상황이다. 이는 출산율 문제가 단지 경제적 요인만으로 설명될 수 없다는 점을 시사한다. 아이와 부모가 일상 속에서 어떤 대우를 받고 있는가 하는 사회적 환경 역시 중요한 결정 요인이다.

아이를 데리고 외출하기가 꺼려지는 사회, 공공장소에서 눈치를 보며 아이를 돌보아야 하는 사회, 그리고 그러한 부모를 향해 비난이 쉽게 쏟아지는 사회에서는 출산을 긍정적으로 선택하기 어렵다. 사회가 아이를 어떻게 대우하느냐는 결국 청년세대가 '이 사회에서 아이를 낳고 키울 수 있을지'에 대한 판단과 직결된다.

특히 오늘날의 2030세대는 부모 세대보다 소비자 주권 의식이 강하고, 삶의 질과 개인의 선택을 중시하는 경향이 뚜렷하다. 이들이 출산을 고려할 때, '아이와 부모가 환영받는 사회인가'라는 질문은 핵심적인 판단 기준이 된다. 그런 점에서, 노키즈존의 존재 자체는 청년세대에게 부정적인 사회적 신호로 작용할 수 있다.

물론 노키즈존을 법적으로 일괄 금지하는 문제는 신중하게 접근할 필요가 있다. 자영업자의 영업의 자유 또한 헌법상 중요한 가치이기 때문이다. 그러나 최소한 아동의 출입 제한 행위가 차별의 소지가 있다는 사회적 인식은 공유되어야 하며, 특히 공공시설에서는 그러한 제한이 원칙적으로 허용되어서는 안 된다.

아울러 부모를 대상으로 한 공공예절 교육, 아동의 사회적 경험 확대, 갈등 조정 시스템 도입 등 다양한 정책적 대응도 함께 추진되어야 한다. 이는 단순히 갈등을 줄이기 위한 방안이 아니라, 아이가 사회의 일원으로 존중받으며 성장할 수 있는 건강한 환경을 조성하는 데 필수적인 출발점이다.

아이를 환영하는 사회가 저출산 해법의 출발점이다

결국, 아이를 반기지 않는 사회에서 아이를 낳고 키우는 일은 매우 어려울 수밖에 없다. 출산을 단순한 개인의 선택으로만 볼 것이 아니라, 그 선택이 가능해지는 '환영받는 환경'을 만드는 것이야말로 출산 정책의 핵심이어야 한다.

노키즈존은 우리 사회가 아이를 어떻게 인식하고 대하는지를 상징적으로 보여주는 현상이며, 초저출생 시대를 극복하기 위해서는 아이를 환영하는 사회로의 근본적인 전환이 절실하다.

Part 4

지방에는 먹이가 없고
서울에는 둥지가 없다

- 서울공화국살이의 현주소
- 지방소멸, 제로섬 게임의 악순환

사람들은 더 나은 일자리를 찾아 수도권으로 모여든다. 실제로 수도권 취업자는 전국의 절반 가까이를 차지하고, 월평균 임금은 비수도권보다 약 40만 원 높다. 하지만 그만큼을 벌기 위해 감당해야 할 대가는 크다. 일례로 수도권 직장인의 전·월세 주거비 부담(RIR)은 월급의 20.3%로, 지방 평균(13%)보다 7%p 이상 높고, 집값 역시 연소득의 8.5배에 달해 지방의 두 배를 웃돈다. 많아 보였던 월급은 월세와 대출 이자로 사라지고, '집에 살고는 있지만 살 수는 없는' 서울살이가 현실이다. 수도권은 기회를 안겨주지만, 그 기회를 누릴 둥지는 점점 더 멀어진다.

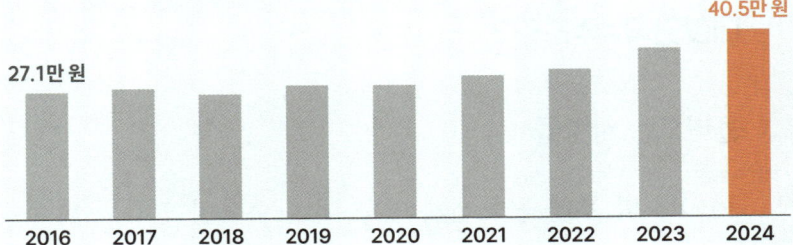

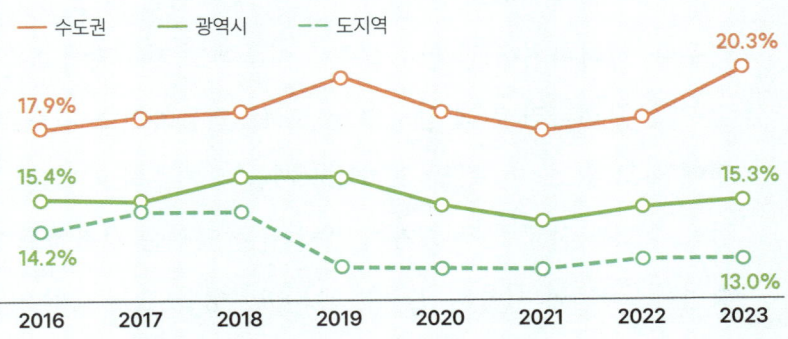

* 자료: 국토교통부, 『주거실태조사』; 고용노동부 노동시장조사과, 『월평균 임금 및 임금상승률(시도)』.
* 소득대비 주택임대료 비율(RIR, Rent to Income Ratio): (월임대료 ÷ 월가구소득) × 100

서울공화국살이의 현주소

대한민국=수도권?

몰려드는 사람들

2019년 말 우리나라 전체 인구 대비 수도권 인구의 비중이 유사 이래 최초로 50%를 넘어섰다. 우리나라 전체 면적의 11.8%를 차지하는 작은 공간에 인구의 절반이 살고 있다는 것이다. 이는 세계 어느 나라를 찾아봐도, 특히나 선진국 중에서는 발견하기 어려운 경우다. 이러한 수도권 인구집중은 이후에도 지속되어 2024년 연말 기준 우리나라 전체 인구의 50.8%(주민등록인구 기준)가 수도권에 살고 있고, 이 중 약 35.9%가 서울에 거주하고 있다. 특이한 점은 수도권 전체 인구 증가에 반해 서울 인구는 감소하고 있다는 것이다. 2015년 서울의 인구는 1,000만 명을 넘는 수준이었으나 이후 꾸준히 감소하여 최근 900만 명대 초반을 나타내고 있다. 수도권 인구집중과 서울 인구감소와 같은 변화의 원인은 무엇인가?

이미 출생과 사망이라는 자연적 인구변화의 영향이 과거에 비해 매우 축소된 상황에서 이러한 인구집중과 변화는 대부분 인구이동이라는 사회적 인구변화에 기인한다. 2013년부터 2016년까지 수도권은 세종시, 혁신도시 등 균형발전 정책의 영향으로 인구 순유출을 경험했다. 이후 2017년부터 순유입이 나타나기 시작하여 2020년에는 무려 8만 7,000여 명이 순유입된 것으로 나타났다.

19세에서 39세의 청년인구로 한정하면 이러한 순유입 추세는 더욱 확연하게 관찰되는데, 청년인구는 순유출이 발생한 기간에도 지속적으로 순유입을 보인 것으로 나타났으며 2020년에는 거의 10만 명에 육박하는 인구가 순유입된 것으로 나타났다. 결국 수

그림 4-1 **수도권 청년인구(19~39세) 순이동(2010~2023)**

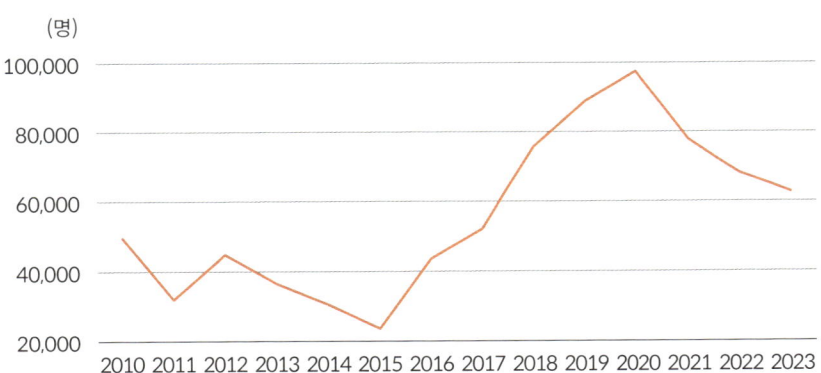

자료: 통계청, 「인구동향조사」.

도권의 인구 유입은 청년인구가 주도한다고 해도 과언이 아니다.

사람들은 왜 수도권으로 몰려드는가?

그렇다면 왜 이렇게 사람들이 수도권으로 몰려드는가? 통계청에서 제공하는 수도권 전입인구 이동 사유를 토대로 2021~2023년 3년 동안 이동 사유를 살펴보면, '직업'이 가장 큰 비중을 차지하는 것으로 나타났다. 즉, 일자리라는 기회를 위해 사람들이 몰려든다는 것이다.

반면, 과거 높은 비중을 차지했던 '주택' 사유는 감소하는 것으로 나타났다. 이는 서울을 중심으로 한 수도권의 높은 집값이 작용한 것으로 짐작된다. 동일한 기간 이동 대상을 청년인구 1인으로 한정한 경우에도 '직업'과 '가족'으로 인한 수도권으로의 이동이 압

표 4-1 수도권 인구 전입사유(2021~2023) (단위: %)

전입사유	수도권 전체	수도권 전체 청년 1인가구	서울 청년 1인가구
직업	45.3	37.6	39.4
가족	22.4	25.9	21.5
주택	11.6	18.9	18.4
교육	11.6	5.5	8.1
주거환경	2.6	5.7	6.6
자연환경	0.5	0.3	0.2
기타	6.0	6.1	5.9

자료: 통계청, 『국내인구이동통계』.

도적인 비중을 차지하는 것으로 나타났다. 이동의 목적지를 서울로 좁히면, 청년인구 1인가구의 '직업' 사유로 인한 서울 전입 비중은 수도권 전체 보다 더욱 증가함을 알 수 있다.

몰려드는 사람들은 어디에 사는가?

청년인구 중심으로, 그리고 직업적 사유로 수도권으로 몰려드는 사람들은 어디에 사는가? 서울의 절대인구 규모가 지속적으로 감소하는 상황을 보면, 유입된 인구가 서울로 몰려들지 못한다(?)라는 점은 어느 정도 추론이 가능하다.

좀 더 구체적인 지역별 상황 변화를 분석하기 위해 2019년부터 2023년까지 수도권내 시·군·구별 청년인구(19~39세)의 순이동과 분포를 살펴보자. 가장 높은 규모의 순유입을 경험한 지역은 화성시로 2019년부터 2023년 사이 무려 8만 7,000여 명이 유입된 것으로 나타나고 있는데, 이는 차순위인 평택시 4만 8,000여 명보다 무려 4만 명이나 많은 수치다(그림 4-2). 이외에도 경기 하남, 인천 서구, 경기 시흥, 김포 등이 상위를 차지하고 있다.

반면, 1만 명 이상의 청년인구 순이동을 보인 수도권내 19개 지역 중 서울시는 5개(영등포구, 강동구, 관악구, 마포구, 동대문구) 지역만을 차지하고 있는 것으로 나타났다.

이러한 인구이동의 결과를 토대로 2023년 기준 수도권에서 청년인구 규모와 최근 5년간의 증가율이 가장 높은 지역을 식별했다.

그림 4-2 수도권내 지역별 청년인구 순이동 분포(2019~2023)

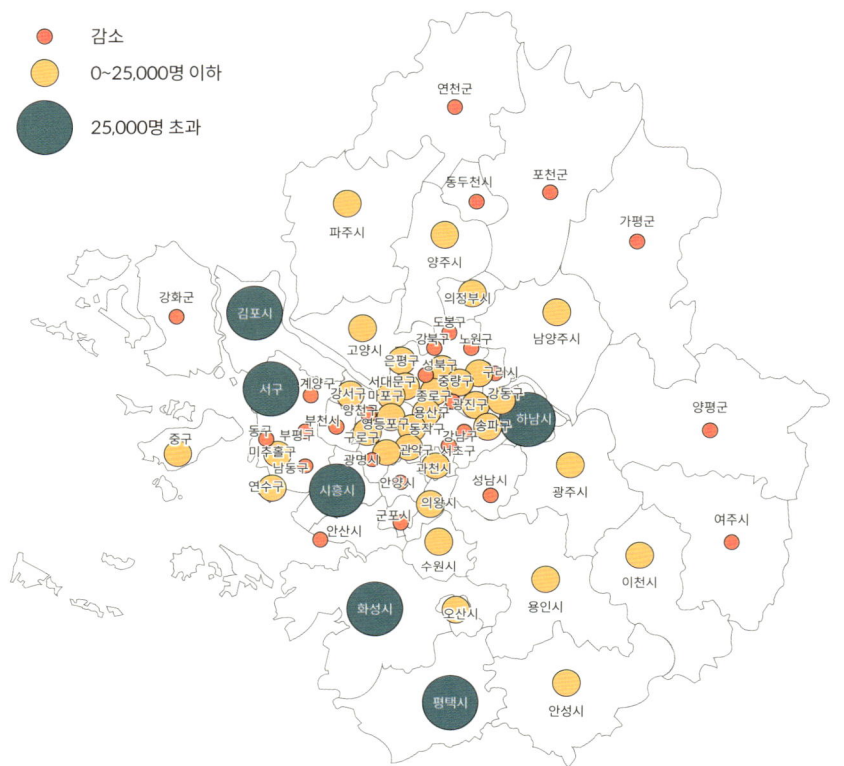

자료: 통계청, 『인구동향조사』.

경기 수원, 화성, 용인 등 대형 지자체의 청년인구 규모가 가장 높은 것으로 파악되고 있으며, 증가율은 경기 과천, 양주, 인천 중구 등 대규모 개발사업이 활발한 지역들로 파악되었다.

주거 – 일자리 미스매치, 그리고 저출산

주거 – 일자리 미스매치

문제는 직업 등을 이유로 수도권에 지속적으로 유입된 청년들이 정작 그들이 목표했던 일자리가 인접한 지역에 살지 못하고 있다는 점이다. 2023년 12월 통계청에서 발표한 『근로자 이동행태: 실험적 통계 작성 결과』를 보면 수도권내 주요 근무지(일자리 집중지역) 상위 5개 시·군·구는 위의 [표 4-2]와 같이 나타난다.

서울 강남과 서초, 중구 그리고 경기에서는 성남, 화성 등이 주요 근무지로 식별되는데, 경기 화성을 제외하면 해당 지역들은 청년인구 순유입이나 절대 규모가 높은 지역과 상당한 차이가 있다. 특히 강남, 서초, 성남 등의 지역은 별도의 자료를 찾아보지 않아도 수도권내 타지역에 비해 상대적으로 높은 거주비용(전세가격 등)을 보이는 지역이라는 것을 쉽게 짐작할 수 있다. 즉, 일자리를 찾아 수도권으로 이주해 원하던 일자리를 찾아도 결국 먼 통근시간을 감내하는 상황에 처한다는 것이다.

표 4-2 **수도권내 주요 근무지**

구분	1순위	2순위	3순위	4순위	5순위
시·군·구	서울 강남구	경기 화성시	경기 성남시	서울 중구	서울 서초구
비중(%)	6.5	4.6	4.1	3.7	3.6

자료: 통계청(2023), "근로자 이동행태: 실험적 통계 작성 결과", 보도자료.

표 4-3 권역별-연령대별 통근소요 시간 및 출퇴근 이동거리

구분	통근소요 시간(분)	연령대별 출퇴근 이동거리(km)				
		20대 이하	30대	40대	50대	60대 이상
수도권	83.2	18.6	21.2	21.6	20.4	18.4
충청권	60.5	14.7	18.1	18.5	17.9	15.8
호남권	59.8	13.5	16.5	16.6	16.4	14.5
동북권	60.6	13.3	16.3	16.6	16.4	15.5
동남권	63.7	13.6	16.5	16.9	16.3	15.5
강원권	52.1	13.1	15.9	16.3	16.1	14.7
제주권	61.7	13.8	15.7	16.3	16.4	14.9

자료: 통계청(2023), "근로자 이동행태: 실험적 통계 작성 결과", 보도자료.

동일한 통계자료에서는 통근에 소요되는 시간도 제공하는데, 수도권의 통근시간이 30~40대 직장인의 경우 타권역에 비해 월등하게 높은 것을 알 수 있다. 즉, 수도권으로 유입된 30대 청년인구는 더 먼 출퇴근거리를 더 긴 시간을 할애하며 생활하고 있다는 것이다. 이처럼 수도권은 주거-일자리 미스매치가 매우 심화된 지역이라고 할 수 있다.

미스매치와 저출산

주거-일자리 미스매치는 수도권 청년인구가 단순하게 길에서 보내는 시간이 많다는 것 이상의 문제를 암시한다. 2010년대 중반 이후로 저출산이 심각한 사회문제로 대두되기 시작했고, 그 중심

그림 4-3 수도권 합계출산율(2023)–타지역 통근비율(2024) 상관관계 분석 결과

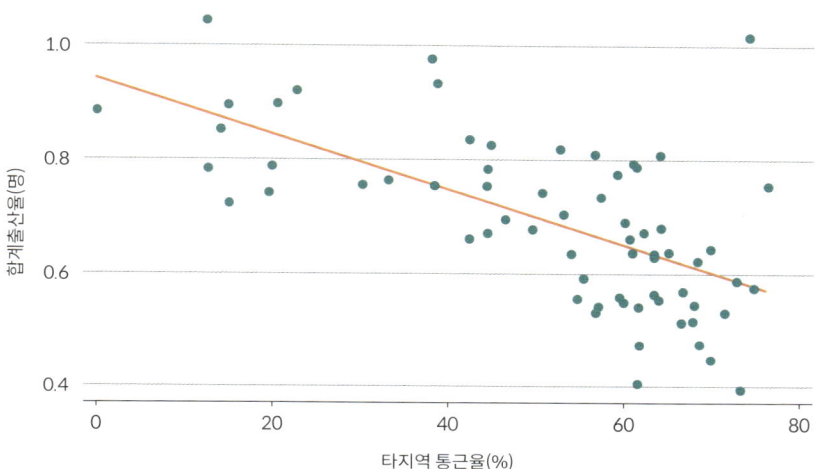

자료: 통계청(2024), "2024년 통근 근로자 이동특성 실험적 통계" 보도자료를 활용하여 직접 계산.

에는 수도권, 그리고 서울이 자리하고 있다.

2015년까지 대략 1.1을 넘어서는 안정적인 수준을 보이던 수도권 합계출산율은 2016년부터 급감하기 시작해 2023년 기준 0.669를 보이는 지경에 이르렀다. 동일 시점 서울의 합계출산율은 0.552에 불과한 것으로 나타났다. 즉, 일자리를 찾아 수도권으로 이동한 청년인구들이 아이를 낳지 않는다는 것을 의미하고 있으며, 이는 우리나라 인구절벽 문제의 핵심적인 원인으로 지목되고 있다.

흥미로운 점은 출산의 간접적인 선행지표인 조혼인율을 살펴보면 수도권이 상대적으로 높다는 것이다. 2023년 기준 수도권 조혼인율은 3.95로 비수도권 3.62에 비해 높다. 즉, 일자리를 찾아 수도권으로 이주한 청년들이 결혼까지는 선택하지만 이후 출산은 꺼려한다는 것이다. 그리고 이러한 출산기피의 원인에 직주분리 현상이 자리하고 있다. 아래 [그림 4-3]은 수도권내 시·군·구별 합계출산율과 타지역 통근비율 사이를 상관분석한 결과이다. 타지역 통근비율이 높다는 것은 해당 시·군·구를 벗어나 타지역으로 출근과 퇴근을 한다는 것으로 직주분리를 경험하는 인구가 많다는 점을 나타낸다.

2024년 단년도 분석 결과이긴 하지만 합계출산율과 직주분리 인구 비중은 매우 선명한 음(-)의 상관관계를 보이고 있다. 이는 직주분리라는 일자리-주거 미스매치가 출산에 부정적인 영향을 주고 있음을 시사한다.

저출산의 다른 이유는?

선명한 부의 상관관계를 보인다고 해서 수도권 저출산의 이유를 주거-일자리 미스매치만으로 한정할 순 없다. 수도권 저출산 현상에는 다양한 이유가 자리한다. 홍사흠 외(2024)에서는 수도권내 시·군·구를 대상으로 '인구밀도'와 '가구소득'을 주요한 설명변수로 가정하고 합계출산율과 조출생률에 미치는 영향을 실증적으로 분석했다.

아래 [표 4-4]에 나타난 분석결과를 보면, 평균가구소득은 통계적으로 유의한 음(-)의 상관관계를, 반대로 상위가구소득은 유의

표 4-4 인구밀도와 가구소득이 합계출산율과 조출생률에 미치는 영향 분석 결과

구분	합계출산율	조출생률
상수항	2.142* (1.163)	-5.753 (8.005)
평균가구소득	-0.012*** (0.001)	-0.103*** (0.008)
상위소득가구비율	0.066*** (0.011)	0.478*** (0.076)
하위소득가구비율	-0.002 (0.002)	-0.018 (0.014)
인구밀도	0.003* (0.002)	0.024** (0.011)
도시규모	-0.188* (0.107)	0.445 (0.740)
고용률	0.002 (0.002)	0.018 (0.012)
핵심생산인구비율	0.025*** (0.007)	0.143*** (0.048)

자료: 홍사흠 외(2024)에서 재인용.

한 양(+)의 상관관계를 보임을 알 수 있다. 이는 일반적으로 소득수준이 향상되면 출산을 기피하는 경향이 있다는 통설을 증명함과 동시에 그럼에도 불구하고 수도권에서 출산을 감당하는 가구들은 상대적으로 고소득층이라는 것을 알 수 있게 해준다. 다시 말하면, 수도권에서 평균적 소득수준을 지닌 가구들은 출산을 선택할 정도로 경제적 여력을 지니기 어렵다는 것이다. 이는 수도권의 높은 생활비가 출산에 부정적 영향을 미치고 있음을 간접적으로 시사하는 결과라고 할 수 있다.

또한, '과밀'이라는 것이 경쟁과 피로를 가중시켜 출산에 부정적인 영향을 준다는 것이 무조건 참인 명제가 아니라는 것도 알 수 있다. 수도권 시·군·구의 경우, 인구밀도가 높을수록 상대적으로 높은 합계출산율과 조출생률을 보이는 것으로 나타났다. 이러한 분석 결과는 출산이라는 행위가 '저밀'이 아닌 '고밀'의 거점에서 이루어진다는 것을 알려주고 있으며 결국 사람들이 많이 모여 일하고 거주하는 물리적 공간의 마련이 출산율 제고에 매우 중요함을 시사한다.

과연 해결 방안은 무엇인가?

분산이 답일까?

수도권 저출산의 정교한 원인 분석은 차치하고, 위에서 관찰한 바와 같이 수도권으로 청년인구는 몰려들고 있으며, 다양한 이유로 이들이 출산을 기피한다는 것은 사실로 나타났다. 또한 수도권에 비해 상대적으로 양호한 출산율을 보이는 것 역시 사실이다. 그렇다면 수도권의 인구를 비수도권으로 분산시키는 것이 효율적인 해결책인가?

[그림 4-4]는 수도권-비수도권 출생아 수 비중의 시계열 변화를 보여준다. 서두에 밝힌 바와 같이 전국 대비 수도권 인구 비중은 2019년에 50%를 넘어섰지만, 수도권 출생아 수 비중은 이미

2003년에 50%를 넘어섰다는 것을 알 수 있다. 이미 우리나라 20대 초반인구의 절반 이상은 수도권이 고향이다.

이런 상황에서 저출산 극복을 위해 균형발전을 해야 하고, 이를 위해서 수도권 인구를 비수도권으로 분산시키는 정책을 사용한다고 하면 이는 청년인구에게 고향을 떠나라고 종용하는 것과 다를 바가 없다. 당연히 정책의 실효성 역시 낮을 수밖에 없다.

따라서 단순한 분산 전략보다는 수도권 내부의 문제로 저출산을 바라보고 이를 전환시킬 수 있는 방안에 대한 분석과 논의가 필요하다. 현재와 같이 수도권-비수도권의 이분법적인 구조 속에서 저출산의 원인을 모두 수도권 탓으로만 돌리는 접근은 바람직하지 못하다.

그림 4-4 **수도권-비수도권 출생아 수 비중(1992~2023)**

자료: 고용노동부·여성가족부, 『2024년 여성경제활동백서』.
주: 고용률은 2023년 기준.

결국 극복해야 하는 것은 주거비용이다

이미 성숙기로 접어든 우리나라의 경제 성장 속도와 불확실한 대외 경제여건을 감안할 때 수도권의 고소득 일자리 창출을 극대화하는 전략은 그 실현 가능성이 높지 않다. 반면, 간접적인 실질 소득 증대로 작용할 수 있는 방안으로 생활비 중 가장 높은 비중을 차지하는 주거비용을 감소시키는 전략을 활용해 볼 수 있다.

아래 [그림 4-5]에 나타난 바와 같이 2010년대 중반을 기점으로 한 수도권의 급격한 출산율 하락은 비슷한 시기에 발생한 수도권내 아파트 가격 상승과 그 시기가 일치한다. 즉, 높은 주택가격의 상승이 수도권내 출산율 하락에 결정적으로 작용했을 가능성이 크다는 것이다.

주거비용 감소를 통한 저출산 극복을 위해서는 먼저 주거지원

그림 4-5 수도권 합계출산율과 수도권-비수도권 공동주택 매매실거래 지수 추이

수도권 합계출산율 추이 　　　수도권-비수도권 공동주택 매매실거래 추이

자료: 통계청, 『인구동향조사』; 한국부동산원, 『공동주택실거래가격지수』.

의 대상이 되는 수혜층을 보다 광범위하게 확대 적용할 필요가 있다. 특히, 앞선 직주분리 문제를 고려할 때 직주근접한 거점 중심으로 다양한 연령대를 대상으로 한 공공주택을 충분한 물량으로 공급할 필요가 있다. 또한, 공급된 공공주택의 안정적 주거 여건 확보를 위해 출산 자녀 수 등을 고려하여 공공주택 거주기간 연장을 용이하게 하고 매수청구권 역시 다자녀 가구에 우선 부여하는 등의 공급 확대 전략을 고려해야 한다.

주거 관련 비용의 실질적인 절감 측면에서는 전세보증금이나 주택구입자금 대출 금리를 출산 자녀 수에 따라 파격적으로 경감시키는 방안이나 추가 출산에 따른 추가 주택 구입 등의 과정에서 추가적 세제 혜택 등을 부여하는 방안도 고민할 필요가 있다. 파격적인 제안일 수 있으나, 다자녀 양육을 위한 조부모의 지원이나 증여의 경우 출산 및 자녀 수 등을 고려하여 그 관련 세금을 차등적으로 경감하는 방안 역시 고려해야 할 시기라고 판단된다.

나아질 미래에 대한 기대와 염려

당장 수도권의 처참한 출산율을 보면 암담함이 엄습하지만 이를 극복할 여건 변화는 이미 시작되었다. 2024년 말 개통된 GTX는 이미 파주와 동탄 같은 수도권 외곽 신도시와 서울 도심을 과거에는 상상할 수 없는 속도와 비용으로 연결시키고 있다. 또한 현재 서울과 초인접하여 건설 중인 3기 신도시는 서울의 기능을 분산하는 직주근접한 거점으로 성장할 가능성이 크다. 물론 여전히 불안정한 서울 중심의 높은 주택가격 등은 부정적 요인으로 잔존하겠지만 3기 신도시 외에도 추진 중인 다양한 규모의 주택공급 사업과 첨단산업 중심의 일자리 확충 전략은 결국 수도권의 삶의 질을 점차 개선시킬 것이고 이는 출산율 제고로 연결될 것이다.

그럼에도 불구하고 우려도 여전하다. 출산은 개인 혹은 가구 단위 선택의 문제이며 지역적 특성이나 정책만큼이나 주변과의 비교 역시 출산 선택에 작용하는 영향이 크다. 특히, SNS 등을 통해 보여지는 화려한 출산이나 양육의 환경은 현실과는 동떨어진 것이 사실이다. 반면, 정부의 정책은 결국 평균적인 수준에서 출산을 위한 전략을 마련하는 데 비중을 둘 수밖에 없다. 즉, 출산을 위한 국가 혹은 지역의 최소수준 확보에 관련된 전략이 제시된다는 것이다.

결국 청년계층이 바라보고 희망하는 수준과 평균에 기댄 정책 대안 사이에는 태생적 차이가 존재하며, 제시된 정책 대안의 실효성 역시 낮을 가능성이 높다. 또한, 실효성에 천착하여 SNS 미니멈을 근거로 한 정책 추진은 애초에 불가능한 대안이다. 따라서 향후 이러한 SNS를 통한 상대적 비교, 박탈감과 출산율에 관한 연구와 이를 고려한 정책적 접근 역시 지속적으로 고려될 필요가 있다.

지방소멸, 제로섬 게임의 악순환

텅 비어가는 지방, 무슨 일이 벌어지고 있나?

인구감소의 그림자

지방소멸의 공포가 비수도권 전역을 억누르고 있다. 2000년대 중반부터 저출산·고령화 현상에 대한 인식이 등장하고 수도권으로의 인구집중 문제가 부각되면서 지방소멸에 대한 우려가 부각되었는데, 일본의 총무상을 지냈던 마스다 히로야(增田寬也)가 2014년 『마쓰다 보고서』를 통해 896개의 소멸 가능성이 높은 지방자치단체를 발표하고 이어서 『지방소멸』이라는 책을 출간하면서 우리나라에도 큰 경각심을 주었다. 사실 농촌과 중소도시의 인구감소라는 문제가 새삼스러운 것은 아니지만 '소멸'이라는 용어를 처음 대입시킴으로써 문제의 심각성을 매우 자극적으로 던진 것이다.

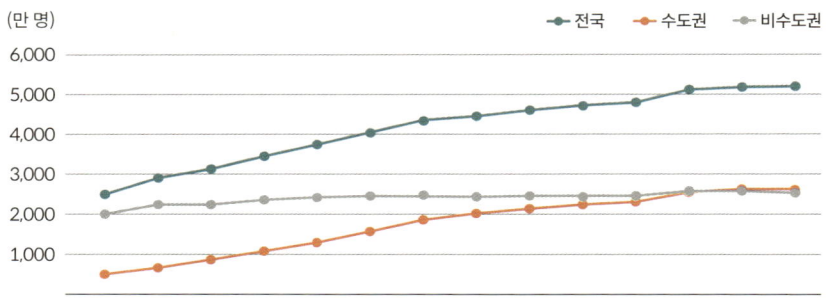

그림 4-6 **인구변화(1960~2023)**

자료: 통계청, 『인구총조사』.

    그렇다면 우리나라에서도 소멸이라고 할 수 있을 만큼의 인구변화가 있어 왔는가? 인구총조사 기준으로 우리나라의 인구는 지난 60여 년간 지속적으로 증가해서 2020년 인구는 1960년 대비 2배 넘게 커졌다. 그렇기에 '소멸'이라는 단어는 물론 '감소'라는 단어에도 무감했던 것이 사실이다. 하지만, 이러한 인구증가는 상당 부분 같은 기간 5배 넘게 증가한 수도권 인구로 인한 것일 뿐, 비수도권의 인구는 같은 기간에 1.3배 증가하는 데 그쳤다.

    더구나, 비수도권을 좀 더 쪼개서 들여다보면, 인구감소의 그림자는 이미 오래전부터 나타나고 있었다. 비수도권의 각 권역별 인구변화를 살펴보면, 비수도권에서 지난 60여 년간 두드러진 인구증가를 보여준 곳은 제주권으로, 1960년부터 2020년까지 약 2.4배 증가해서 전국 평균 증가율을 상회하였다. 그러나 비수도권의 다른 권역은 모두 전국 평균에 미달하였다. 그래도 영남권과 충청권은 같은 기간 인구가 각각 1.6배, 1.45배 증가하여 비수도권 평균은 넘었다. 반면, 호남권은 1971년을 정점으로 이후 지속적으로 인구가 감소해왔고 강원도의 인구도 1971년 이후 지속 감소하다가 2000년대 후반 들어서야 감소세가 멈추었다. 결국 권역별로 보면, 인구증가율이 가장 높은 수도권(5배)과 인구증가율이 가장 낮은 호남권(0.85배) 간에는 현격한 격차가 존재한다.

이러한 인구변화를 지역의 인구규모에 따라 살펴보면, 지방소멸의 징후를 더 명확하게 발견할 수 있는데, 인구가 적은 곳은 과거에 비해 인구가 꾸준히 감소한 반면, 인구가 많은 곳일수록 과거에 비해 인구가 현저히 증가했다. 2021년 기준으로 1995년 인구에 비해[1] 인구가 5만이 안 되는 시·군의 경우 인구가 증가한 곳은 5곳에 불과하여 평균적으로 20.4%나 감소했으며, 인구가 5만 이상 20만 미만 시·군은 평균 1.1% 감소에 그쳤다. 반면, 인구 20만 이

그림 4-7 비수도권 권역별 인구변화(1960~2023)

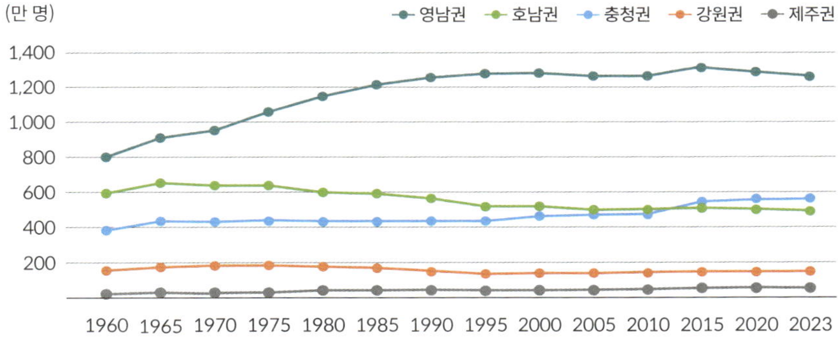

자료: 통계청, 『인구총조사』.

그림 4-8 인구규모별 인구변화율(1995~2021)

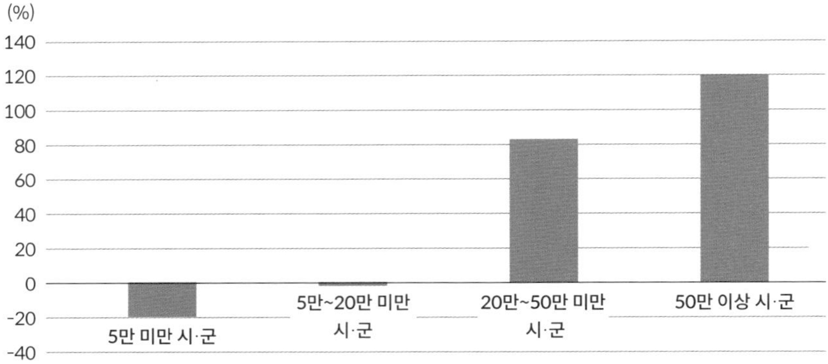

자료: 통계청, 『인구총조사』.

상 50만 미만 시·군은 평균 81.9%나 증가하였고, 인구 50만 이상 시는 무려 평균 120.3%나 증가하였다.

향후 20~30년 간의 인구변화는 어떠할까?

과거 줄곧 증가만 해왔던 경험을 갖고 있는 우리나라에 2021년부터 총인구가 감소하기 시작했다는 것은 매우 낯선 느낌일 것이다. 그것도 앞으로 인구 증가는 없을 것이고 지속 감소만 할 것이라는 전망은 충격임에 틀림없다. 그런데, 분명한 것은 과거 인구증가가 그랬던 것처럼 이러한 인구감소도 우리나라 국토 모든 곳에서 동일한 정도로 발생하지 않을 것이다.

다시 권역별로 살펴보자. 2022년부터 향후 30년간 수도권과 비수도권 인구가 모두 감소할 것이긴 하나, 수도권 인구가 5.3% 감소하는 것에 비해 비수도권의 인구는 15.7%나 감소할 것이다. 특히, 과거 비수도권에서 인구가 가장 많이 증가해왔던 영남권의 인구 감소율이 가장 클 것으로 예측된다는 점은 놀라운 반전이다. 그런데, 인천광역시와 세종특별자치시를 제외하고는 권역 내의 인구 중심지라고 할 수 있는 광역시의 인구 감소율이 같은 권역 내의 도지역 인구 감소율보다 더 클 것으로 예측되는 것은 더 큰 충격이다. 특히 영남권의 부산, 울산, 대구광역시 인구는 향후 30년간 4분의 1이나 감소할 전망이다.

더구나 향후 인구 변화는 도시의 규모에 따라서도 차이가 많이 날 것이다. 이 역시 수도권과 비수도권 간에 다른 양상을 보여줄 것으로 예측되는데, 지금부터 2040년까지 수도권은 인구 100만이 넘는 거대도시의 수가 늘어나 여기에 거주하는 인구는 지속적

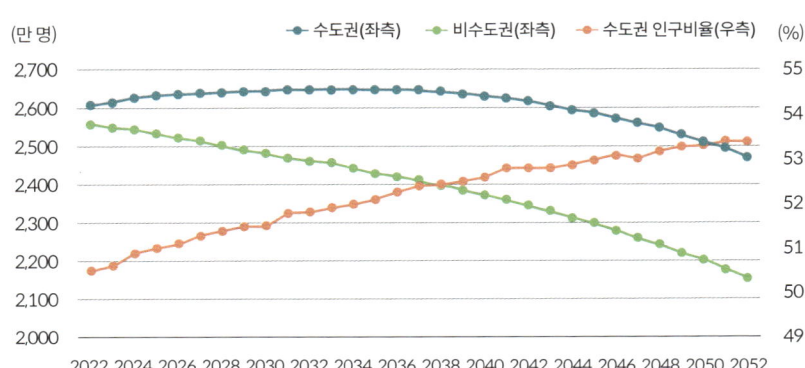

그림 4-9 **지역별 인구변화 추계(2022~2052)**

자료: 통계청, 『2022~2052 장래인구추계 시도편』(중위추계).

으로 증가하고 오히려 인구 50만에서 100만, 20만에서 50만이 되는 도시에 거주하는 인구는 감소할 것으로 보인다. 반면, 비수도권에서는 인구 100만이 넘는 거대도시의 수가 줄고 이에 따라 거주 인구도 급격히 줄어드는 대신 인구 50만에서 100만 도시, 인구 20만에서 50만 도시 거주 인구 비중이 커지게 되고, 동시에 인구 5만 미만 도시의 수도 증가하면서 이곳의 평균 거주 인구는 더 줄어들 것으로 예측된다.

그런데, 이러한 인구감소는 단순히 절대 인구규모의 감소만이 아니라 인구구조의 고령화와 연계되어 나타나고 있어 잠재적인 인구소멸의 위험은 더 크게 부각되고 있다. 지금도 인구규모가 작은 곳일수록 65세 이상 인구 비율이 높게 나타나고 있는데, 2040년에는 65세 이상 고령인구 비율이 인구 5만 미만 지역에서는 무

그림 4-10 비수도권 권역별 인구변화 추계(2020~2052)

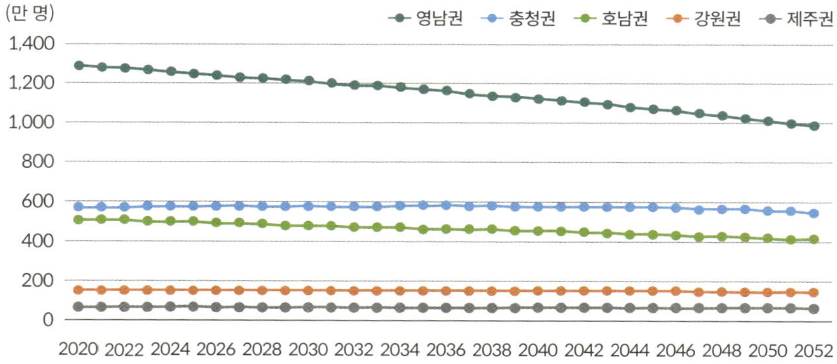

자료: 통계청, 『2022~2052 장래인구추계 시도편』(중위추계).

그림 4-11 시·도별 인구변화 추계(2022~2052)

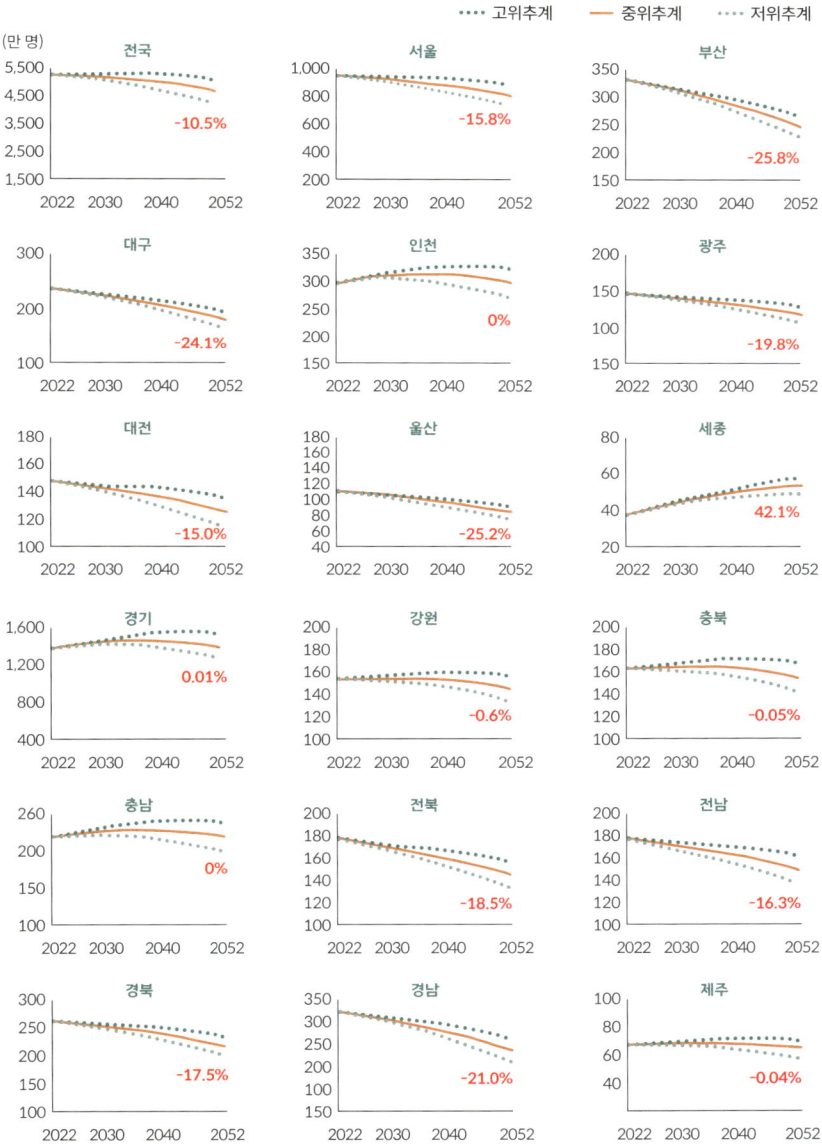

자료: 통계청, 『2022~2052 장래인구추계 시도편』(중위추계).

그림 4-12 시·군·구별 장래 소멸위험지역 전망(2017, 2047)

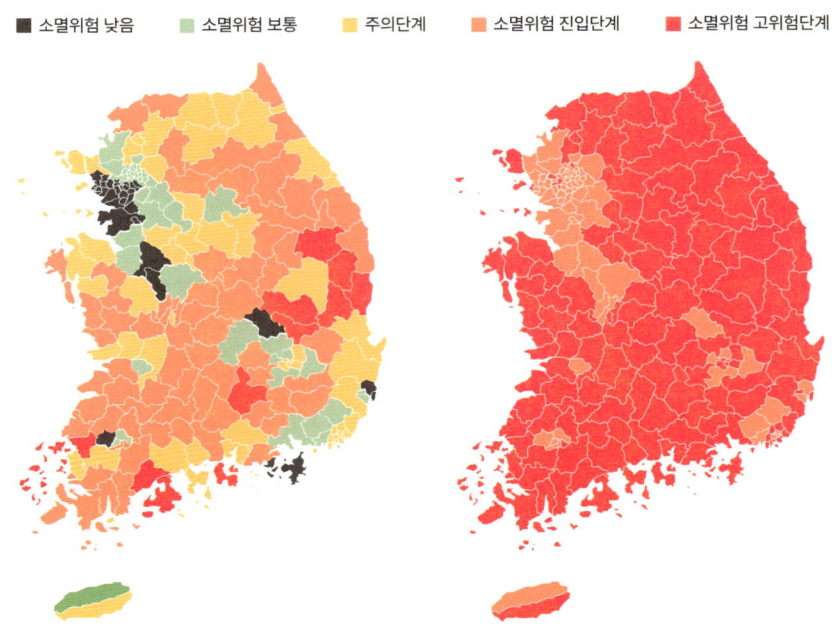

자료: 감사원(2021), 『감사보고서: 인구구조 변화 대응실태』.

려 평균 52.4%를 넘을 것으로 예상되고, 60%를 넘는 곳도 7곳에 달할 것이다. 인구 5만에서 20만 지역에서도 2040년에는 고령인구 비율이 평균 44.7%를 넘게 될 것이고, 50%를 넘는 지역도 13곳에 달하게 될 것이다. 이에 따라 각 시·군·구 단위로 살펴본 지방소멸 고위험 지역은 2017년 12곳에서 2047년에는 157곳으로 증가할 전망이다.

10조 원 투입해도 인구감소 못 막는 이유

지방소멸 대응정책은 어떻게 변화해 왔는가?

사실 지방소멸이라는 용어가 보편화되기 이전부터 정부는 국가균형발전이라는 차원에서 여러 정책을 시행해왔다. 대한민국 헌법 제123조 제3항은 "국가는 지역간의 균형있는 발전을 위하여 지역경제를 육성할 의무를 진다"고 규정하고 있다. 또한, 국가균형발전 특별법은 제1조(목적)에서 "지역간의 불균형을 해소하고, 지역의 특성에 맞는 자립적 발전을 통하여 국민생활의 균등한 향상과 국가균형발전에 이바지함을 목적으로 한다"고 규정하고 있고, 제2조(정의)에서 "국가균형발전이란 지역간의 발전의 기회균등을 촉진하고 지역의 자립적 발전역량을 증진함으로써 삶의 질을 향상하고 지속가능한 발전을 도모하여 전국이 개성 있게 골고루 잘사는 사회를 구현하는 것을 말한다"고 규정하고 있다.

특히 2003년 참여정부가 들어선 이후 대통령 직속 국가균형발전위원회가 설치되어 국가균형발전 정책의 위상이 국정과제로 격상되면서 분산-분권에 입각한 국가균형발전 전략을 추진하게 되었으며, 행정중심복합도시(세종시), 공공기관 지방 이전과 혁신도시, 기업도시 조성 등이 대표적인 정책이라고 할 수 있다. 그러나, 이명박 정부에서는 분권-분산-분업이라는 참여정부의 부문적 접근을, 초광역개발권-광역경제권-기초생활권 등 3차원 공간 접근으로 전환했는데, 지역 경쟁력 강화를 위해 지나친 행정구역 단위의 분산투자를 지양하고 광역경제권을 강조하는 정책으로 그 기조가 변화하였다. 하지만 박근혜 정부에서 그 기조는 다시 기초생활권 위주로 교육, 문화, 의료복지, 지역경제 활성화를 위한 기반 조성에 집중하는 정책으로 바뀌었고, 문재인 정부에서도 참여정부의 정책기조 복원으로 농산어촌 방방곡곡에 생기가 돌도록 인구감소지역을 거주강소지역으로 거듭나게 하는 데 주안점을 두었다.[2]

균형발전의 기준이 되는 지역의 단위는 무엇인가?

결국 지금까지 균형발전정책의 주된 흐름은 기초자치단체 행정구역 기준으로 모든 지역을 균등하게 발전시키기 위해 인구감소지역을 지원해야 한다는 것이다. 이를 위해 2022년 인구감소지역 지원 특별법을 제정하고 향후 10년간 매년 1조씩 10조 원의 지방소멸대응기금을 투입하기로 했다.

인구감소지역은 지방자치분권 및 지역균형발전에 관한 특별법 시행령 제3조에 따라 광역시, 특별자치시 및 시·군·구 중 65세 이상 고령인구 수, 14세 이하 유소년인구 또는 생산가능인구 수, 인구감소율, 출생률, 인구감소의 지속성, 인구의 이동 추이 및 재정여건 등을 고려해 지방시대위원회의 심의·의결을 거쳐 행정안전부장관이 지정·고시하는 지역을 말한다.[3] 즉, 시·군·구 기초생활권이 지원의 기본 단위이다. 문제는 이러한 지원 대상 사업에서 문화·관광 분야가 26.8%로 가장 큰 비중을 차지하고 있다는 점이다. 체류인구보다 방문인구 유치의 일시적 효과를 볼 수 있는 사업이 다수 포함되어 있기 때문에, 정주여건 개선을 통한 인구 증가와는 거리가 있다.[4] 물론 인구감소지역 지원 특별법 제11조에서는 인구감소지역인 지방자치단체 간에 협의를 거쳐 주민생활 증진을 위한 생활권을 설정하고, 이를 단위로 시설 및 공공서비스의 공동이용 등 연계·협력 방안을 마련, 국가는 생활권을 설정한 지방자치단체의 연계·협력 사업 추진을 위한 시설의 설치와 서비스의 운영을 우선 지원할 수 있다고 규정하고 있다. 그러나, 실제 생활권 설정

표 4-5 **통근통학인구 중 시·군을 경계를 넘는 통근통학인구의 비율 변화(2000~2020)**

도	비율 증가 시·군 수(개)	비율 감소 시·군 수(개)
경기도	22	9
강원도	16	2
충청북도	9	2
충청남도	13	2
전라북도	13	1
전라남도	21	1
경상북도	18	5
경상남도	15	3
합계	127	25

자료: 통계청, 『인구총조사』.

은 이루어진 바가 없는 실정이고 사업 추진은 시·군·구 단위로 배타적으로 실행되고 있다.

인구감소지역의 지정 및 사업추진은 주민들의 생활이 단일 시·군에 국한되지 않고 생활권의 범위가 점점 확대되고 있는 추세를 전혀 반영하지 못하고 있다. 2000년에서 2020년 사이 시·군 단위 통근통학인구 중 타 시·군으로 통근통학하는 인구 비율이 증가한 시·군이 전체의 83.6%에 달했고, 비수도권의 경우에는 무려 94.3%로 거의 모든 시·군에서 주민들의 일상적인 이동이 시·군의 경계를 넘어서 발생하고 있다.

더 큰 문제는 비수도권 거점도시들의 중심성이 약화되고 있어 서울을 중심으로 한 수도권으로의 인구이동을 막아주는 권역 내

그림 4-13 부산 기점의 인구이동 추이

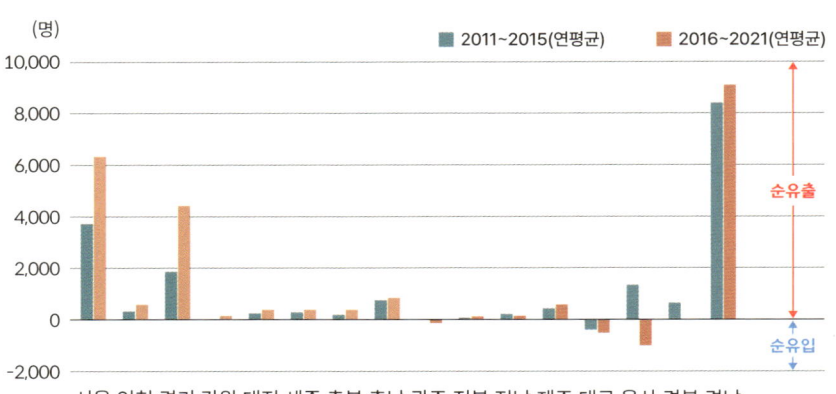

자료: 통계청, 『국내인구이동통계』.

그림 4-14 **경남 기점의 인구이동 추이**

자료: 통계청, 『국내인구이동통계』.

방파제로서의 역할을 못하고 있다는 것이다. 부산·경남권의 예를 보면, 부산의 인구는 서울·경기 등 수도권으로 순유출되는 인구 못지않게 경남으로 순유출되는 인구가 매우 많으나, 경남에서는 다시 수도권으로 많은 인구가 순유출되고 있어 권역 전체의 인구가 감소하고 있다.

무엇보다도 본질적으로 인구규모가 작은 시·군 단위의 재정자립도가 매우 낮은 수준이고[5] 향후에도 지속적으로 감소할 것으로 예상되는 상황이며, 국가 전체의 잠재성장률도 0%에 수렴할 것으로 예상되기에 지방자치단체에 대한 재정지원의 수준이 현재보다 증가하는 것도 어려운 상황이다. 또한, 국회예산정책처의 장기 재정전망에 따르면, 인구감소와 초고령화로 인해 복지 분야 의무지

그림 4-15 **잠재성장률 및 1인당 GDP 추이 및 전망**

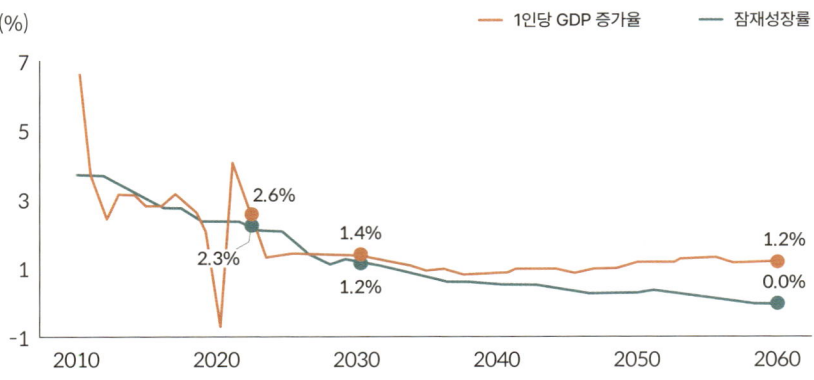

자료: 관계부처합동(2024), 『역동경제로드맵』.

표 4-6 **지역유형별 재정자립도 추계** (단위: %)

지역유형	2022년	2030년	2040년	2050년
특광역시	46.0	41.5	37.2	33.5
도	30.2	28.6	28.0	27.5
50만 이상 시	34.3	29.2	25.4	23.1
50만 미만 시	25.6	20.1	16.3	14.1
도농복합시	15.8	14.3	12.7	11.6
5만 이상 군	12.5	12.1	11.4	11.1
5만 미만 군	8.5	8.9	8.7	8.5
특별시 자치구	25.1	20.2	16.7	14.1
광역시 자치구	17.1	14.6	12.6	11.3

자료: 지방행정연구원 내부자료.

출은 2022년 GDP 대비 6.5%에서 2050년에는 11.3%까지 증가하는 반면, 지방이전재원(보통교부세, 지방교육재정교부금, 유아교육지원특별회계 등) 비중은 GDP 대비 7.6%에서 6.3%로 감소할 것으로 전망된다. 이에 따라 중앙정부가 교부세, 국고보조금 등을 통해 수행하고 있는 지방자치단체 간 재정조정기능은 약화될 것으로 전망된다. 결국 현행과 같은 인구감소지역에 대한 지원방식이 인구감소를 막는 데 실질적인 효과를 가져올 수 있을지 의문이다.

지역발전의 새 틀을 짜야 한다

지방소멸 대응의 우선순위를 재설정하자

과거에 추진해온 것처럼 현재의 기초자치단체 행정구역 기준으로 모든 지역을 균등하게 발전시킨다는 전략은 가능한 것인가? 인구감소지역에 대해 개별적으로 지원을 한다고 해서 인구유출이 멈출 것인가? 앞에서 살펴본 바와 같이 비수도권에서 인구가 가장 집중될 곳의 인구 규모는 50만~100만 규모의 도시이고, 그 다음으로 20만~50만 규모의 도시이다. 20~39세 청년세대에게 적합한 일자리가 5만 미만 인구의 도시에서 획기적으로 증가하기는 현실적으로 매우 어려운 일일 것이다. 그렇다면 비수도권에서 인구감소를 막을 수 있는 전략은 비수도권 각 권역의 중심지가 수도권에 대응할 수 있는 일자리와 교육·문화·의료 환경을 갖추게 해 사람들이 굳이 수도권으로 가지 않더라도 권역 내에서 어느 정도 삶의 질을 확보할 수 있도록 해주는 것이다. 즉, 비수도권의 거점도시들이 권역 내 인구의 수도권으로의 유출을 막아주는 방파제 역할을 하게 하는 것이다. 따라서, 지방소멸 대응의 최우선 순위는 아이러니하게도 인구감소지역에 대한 대응이 아니라 지방 대도시의 경쟁력을 키우는 것이 되어야 할 것이다.

연계와 협력의 지방자치로 전환하자

인구감소지역 지방자치단체들이 출산장려정책의 일환으로 각각 출산장려금을 제공하고 있지만, 그렇다고 합계출산율이 높아지는 것도 아니다. 지역 간 경쟁적인 출산장려금이 전반적인 출산을 늘리는 효과가 있다기보다는, 출산 예정 여성의 지역 간 이동으로 그 지역의 출산이 느는 대신 타 지역의 출산은 줄어드는 일종의 풍선효과에 불과하기 때문이다. 즉, 서로 빼앗고 빼앗기는 제로섬 게임이다.

 이제 지방도 뭉치면 살고 흩어지면 죽는다. 동일 생활권임에도 불구하고 환경기초시설 입지 관련 지역 간 갈등이 끊이지 않고 있고, 문화·의료·관광 시설 등에 있어서는 오히려 지역 간에 불필요한 중복 투자가 발생하고 있다. 국가정책사업을 추진함에 있어서도 지방자치단체 간 유치 경쟁이 지나치게 과열되고, 새만금개발사업에서와 같이 관할권 분쟁이 격화되어 실행이 지연되거나 정

그림 4-16 **인구감소지역 출산장려금과 합계출산율의 상관분포**

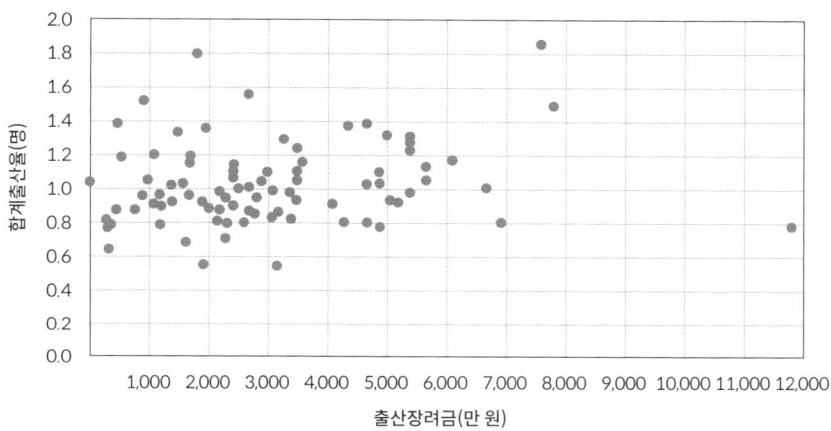

자료: 최민정·백일순(2023)[6]에서 재인용.
주: 합계출산율은 2021년 기준, 출산장려금은 2023년 4월 기준.

책효과가 반감되고 있다. 따라서, 지방자치단체 간의 연계와 협력을 통한 행정서비스 공급의 효율화는 앞에서 살펴본 바와 같이 지방재정역량의 지속적인 위축과 이에 따른 독자생존 불가능 위험에 대응할 수 있는 최우선의 과제일 것이다.

이를 위해서는 지방자치법에서 규정하고 있는 특별지방자치단체의 활용이 가장 현실적인 대응이다. 사실 지방자치단체 간 행정통합은 단순히 복수의 지방자치단체를 하나로 합치는 것에 그치는 것이 아니다. 국회의원 선거구의 조정, 지방의원 수의 감소, 지방자치단체 조직의 대대적인 개편, 공무원 인사 체계의 변화 등 매우 다양한 이해관계가 걸려 있고, 주민의 관점에서도 각종 사회단체의 변화는 물론 청사 위치의 변화로 인한 관련 상권에의 영향 등 직접적인 이해관계에 큰 변화를 주게 되고, 향후 지역개발 방향의 변화에도 민감할 수밖에 없다.

반면, 특별지방자치단체는 개별 지방자치단체의 법인격은 유지시켜 주면서도 주민생활 편의 증진에 도움이 되는 기능을 자치단체 간 연합을 통해 수행하도록 함으로써 기능수행에 있어 규모의 경제를 확보할 수 있다. 다만, 현재의 특별지방자치단체가 갖고 있는 가장 큰 단점은 특별지방자치단체를 구성하는 구성자치단체의 분담금에 절대적으로 의존하게 함으로써 재정적 독립성과 안정성이 매우 취약하다는 것이다. 특별지방자치단체의 장을 구성자치단체의 장이 겸직 가능하게 함으로써 행정적 독립성과 안정성을 취약하게 할 수도 있다. 따라서, 특별지방자치단체에 대해서도 국가가 직접 지방교부세를 배정할 수 있도록 지방재정체계를 보완하고, 기능과 사업 중심의 특별지방자치단체 행정이 담보되도록 비정치적인 행정전문가가 특별지방자치단체의 장으로 선임될 수 있는 기반이 마련되어야 할 것이다.

지방재정지원제도의 변화도 필요하다

현재 지방소멸 위기에 있는 지방자치단체의 재원에 가장 큰 부분을 차지하는 것은 지방교부세다. 그리고, 지방교부세 산정에 있어 가장 크게 영향을 미치는 변수는 인구 수다. 때문에 인접 지방자치단체 간에 주민을 뺏고 뺏기는 제로섬 게임에 몰두하게 되고 불필요한 갈등이 야기되고 있는 것이다.

만일 지방교부세가 인접 지방자치단체 간 연계·협력을 기반으로 통합된 인구 수를 기반으로 산정된다면, 인접 지역은 적이 아니라 동지가 될 수도 있다. 물론 위에서 언급한 특별지방자치단체에 대해서 지방교부세를 직접 배정한다면, 이는 연계·협력이 지방자치단체들에게 재정적으로 유리한 상황을 만들어 줄 수 있을 것이다.

인구감소지역에 대한 지원 역시 개별 지방자치단체 단위로 배타적으로 이루어져서는 안 될 것이다. 즉, 인접 지역과의 연계·협력을 기반으로 한 지원, 중심도시와 연계한 생활권 단위의 지원이 지방소멸 대응의 핵심 기제가 되어야 한다.

Part 5

비혼·비출산의 진실

- 결혼 문화의 대전환, 무엇이 달라졌나?
- 출산하지 않기로 결심하다
- 미디어가 불러온 결혼·출산 지옥

'결혼은 필수'라는 말은 이제 옛말이 되었다. 더는 출산이 여성의 사명처럼 여겨지지 않고, 혼인을 전제로 하지 않은 동거와 자녀 출산은 하나의 선택지로 받아들여지고 있다. 지난 10여 년간 동거에 대한 긍정 응답은 42.3%에서 67.5%로, 비혼출산 수용도는 21.5%에서 37.2%로 꾸준히 상승했다. 특히 여성들의 인식 변화가 두드러지며, 동거와 비혼자녀에 대해 남성과의 간극도 완화되고 있는 모습이다. 이 흐름은 단순한 통계의 변화가 아니라, 전통적 가족 규범이 약화되고 새로운 삶의 질서를 모색하는 사회의 진화를 의미한다. 이제는 '왜 결혼하지 않느냐'보다 '왜 반드시 결혼해야 하느냐'는 질문이 더 익숙해진 시대다.

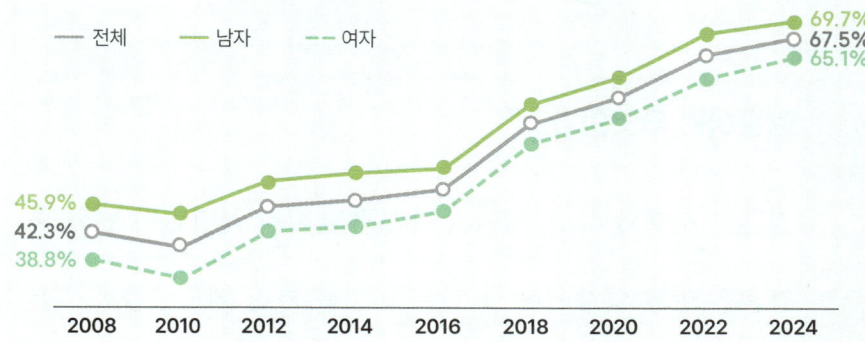

* 자료: 통계청, 『사회조사: 결혼문화에 대한 태도』.

결혼 문화의 대전환, 무엇이 달라졌나?

결혼이란 무엇인가?

결혼은 시대와 사회, 개인의 가치관에 따라 끊임없이 변화 중

결혼은 인류 역사에서 늘 같은 의미를 가진 제도였을까? 결혼은 매우 보편적인 제도이지만, 시대와 사회의 변화에 따라 끊임없이 진화해왔다. 전통적인 결혼은 사랑이나 개인의 선택보다는 가족 간의 동맹, 경제적 안정, 사회적 지위 확보 등 분명한 목적을 가진 수단이었다. 결혼은 사랑의 결실이라기보다는 사회적 의무에 더 가까웠던 셈이다.

하지만 근대에 들어서면서 낭만주의와 개인주의의 영향으로 결혼은 점차 개인 사이의 사랑과 감정을 바탕으로 한 결합으로 변하기 시작했다. 이러한 변화는 결혼이라는 제도를 보다 인간적인 형태로 진화시켰지만, 동시에 결혼에 대한 이상과 기대, 부담은 오히려 커지게 했다. 서로에 대한 다양한 기대와 역할이 복합적으로 한 관계에 집약되면서, 결혼은 오히려 유지하기 어려운 제도가 된 것이다.[1]

결국 결혼은 고정된 제도가 아니라, 시대와 사회, 개인의 가치관에 따라 끊임없이 변화하고 있는 유동적인 제도다. 오늘날 만혼과 비혼 현상 역시 이러한 변화의 연장선으로 이해할 수 있을 것이다. 최근 한국 사회에서 결혼에 대한 인식과 실천이 어떻게 달라지고 있는지를 살펴보는 일은, 우리 시대의 결혼관을 이해하고 그에 맞는 사회적 환경이 무엇인지 고민하는 데 중요한 출발점이 될 것이다.

결혼에 대한 우리 사회의 오래된 시선과 기대

한국 사회에서 결혼은 오랫동안 '누구나 하는 일'로 여겨져 왔다. 한 개인이 성장해 결혼을 한다는 것은 곧 성숙과 독립을 상징하는 일이었다. 동시에 결혼은 가족과 사회 전체의 안정을 위한 제도적 장치로도 기능해 왔다. 특히 유교적 가치관이 깊게 뿌리내린 한국에서는 결혼이 곧 자녀 출산과 가문 계승, 나아가 사회 질서 유지를 위해 필수적인 것으로 인식되었다.

이러한 문화 속에서 개인은 일정한 나이가 되면 자연스럽게 결혼해야 한다는 사회적 압박을 받기도 했다. 특히 여성은 사회적으로 정해 둔 '결혼 적령기'를 넘기면 불편한 사회적 시선과 기대로

부터 자유롭지 않았다. 결혼은 한 개인이 성인이 되었다는 사회적 인증이자, 경제적·정서적으로 독립한다는 것을 자동 선언하는 것과 동일시되었다.[2] 그래서 이 과정을 거치지 않은 사람과 그 삶을 평범하게 바라보지 않는 사회였다.

또한 한국의 급속한 산업화와 도시화 과정에서 결혼은 개인의 사회적 성공과 직결되었고, 안정된 가정을 꾸리는 일은 단순히 개인 문제를 넘어 가문의 체면과도 연결된 일이었다. 따라서 개인의 결혼은 부모 세대에게도 매우 중요한 과업이었고, 결혼 적령기가 되면 그 기대에 따라 자연스럽게 결혼을 하는 것이 당연한 수순처럼 여겨졌다.

'해야 하는 결혼'에서 '하고 싶은 결혼'으로

개인의 삶과 선택을 중시하는 가치관이 확산 중

한국 사회에서 오랫동안 결혼이 당연한 일로 여겨졌지만, 급격한 사회 변화 속에서 결혼에 대한 인식도 점차 달라지기 시작했다. 개인의 삶과 선택을 중시하는 가치관이 확산되면서, 결혼이 더 이상 필수적인 삶의 경로가 아니라 선택 가능한 하나의 이벤트로 인식되기 시작했다.

특히 여성의 교육 수준이 높아지고 경제활동 참여가 늘어나면서, 결혼에 의존하지 않고도 독립적인 삶을 꾸릴 수 있는 기반이 마련되었다. 이로 인해 여성에게 결혼은 과거처럼 필수적인 제도가 아니라, 조건부 제도로 그 의미가 바뀌게 되었다.[3] 남성 또한 가족 부양에 대한 부담이나 경제적 여건 등을 이유로 결혼을 미루는 경우가 많아지면서, 이제는 남녀 모두 결혼의 필요성과 시기를 현실적으로 고민하는 시대가 되었다.

통계청의 사회조사에 따르면, '결혼은 해도 좋고, 하지 않아도 좋다'고 응답한 비율은 1998년 23.8%에서 꾸준히 증가해 2018년에는 46.6%에 달했고, 2024년 기준 41.5%로 여전히 높은 수준을 유지하고 있다. 이는 결혼을 '선택'으로 보는 인식이 우리 사회에

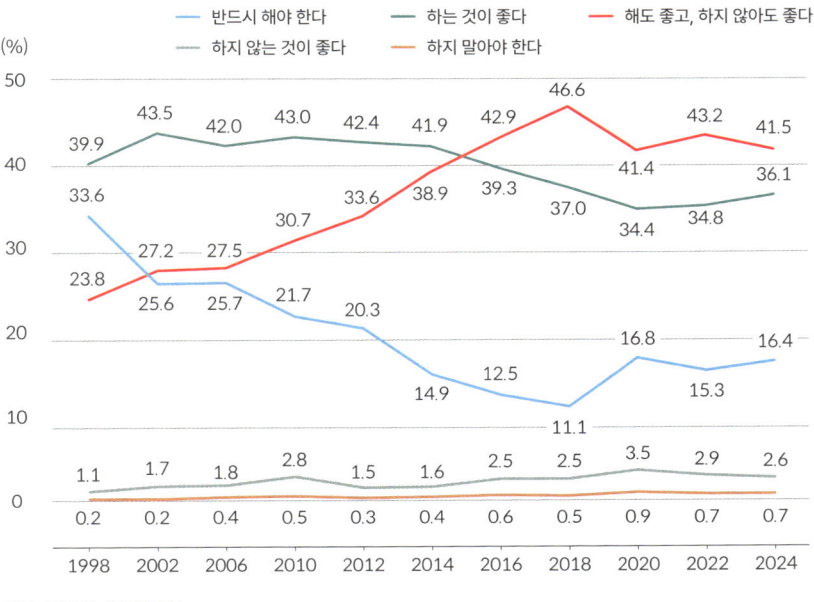

그림 5-1 **결혼에 대한 태도 변화**

자료: 통계청, 『사회조사』.

널리 퍼졌다는 사실을 잘 보여준다.

2024년의 연령별 결혼에 대한 생각을 살펴보면, 20~40대에는 결혼을 선택으로 여기는 견해가 전반에 가까운 높은 비율을 보인다. 이는 결혼에 대한 가장 많이 고민할 가능성이 큰 연령대에서, 결혼을 필수적인 삶의 단계로 여기기보다는 하나의 선택지로 받아들이는 인식이 더욱 널리 퍼지고 있음을 보여준다. 이러한 흐름은 우리 사회의 결혼관이 근본적으로 바뀌고 있다는 중요한 신호로 주목할 필요가 있다.

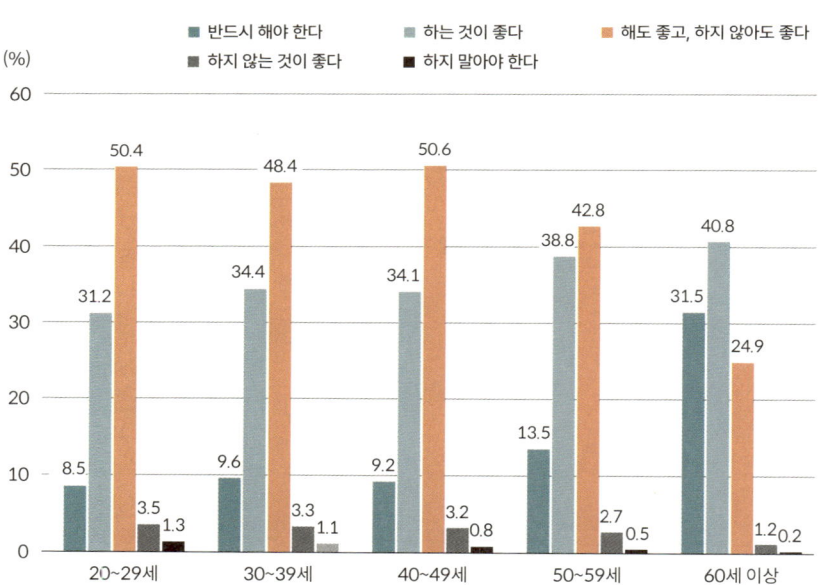

그림 5-2 **연령대별 결혼에 대한 태도**

자료: 통계청, 『사회조사』.

결혼에 대한 시선이 바뀌고 가치관이 다양해지다

결혼에 대한 생각이 중요한 집단은 아직 결혼하지 않은 미혼층이다. 특히 이 집단에서는 성별에 따른 인식 차이를 더욱 집중해 봐야 할 것이다. 미혼 남성보다 미혼 여성이 결혼을 선택으로 보는 경향이 훨씬 강하다. 실제로 미혼 남성의 경우 결혼을 선택으로 본다는 응답이 절반 가까운 수준이지만, 미혼 여성은 60% 이상으로, 두 집단 간에는 10% 포인트 이상의 차이가 유지되고 있다.

현재 한국에서는 결혼을 남성과 여성 간의 결합으로 대부분 생각하는 만큼, 여성의 결혼에 대한 생각 변화는 결혼 실천의 변화를 이끄는 중요한 변화로 보인다. 따라서 남성보다 여성이 결혼에 대해 선택적인 태도를 더 많이 보이는 배경을 이해하는 일은, 변화하는 결혼 현실을 파악하는 데 있어 무엇보다 중요하다.

그림 5-3 성별에 따른 결혼에 대한 태도 변화

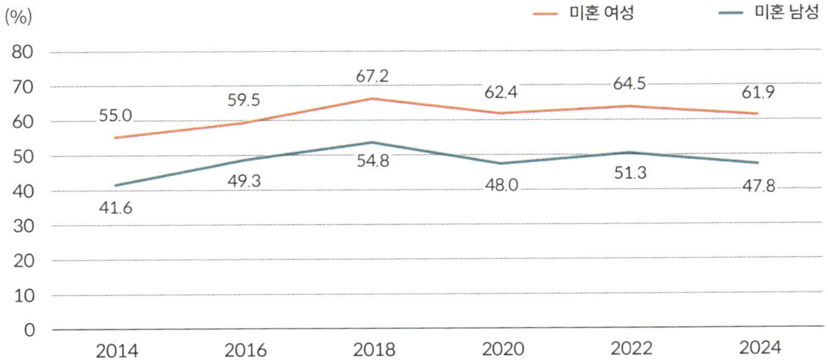

연도	미혼 여성 (%)	미혼 남성 (%)
2014	55.0	41.6
2016	59.5	49.3
2018	67.2	54.8
2020	62.4	48.0
2022	64.5	51.3
2024	61.9	47.8

자료: 통계청, 『사회조사』.

이처럼 결혼에 대한 시선이 바뀌고, 개인의 삶에 대한 가치관이 다양해지면서 한국 사회에서도 가족 형태의 변화와 다양성이 본격적으로 진행되었다. 특히 다양한 라이프스타일이 점차 사회적으로 수용되기 시작하면서, 오랫동안 이상적인 기준처럼 여겨졌던 '정상가족'의 틀이 서서히 허물어지고 있다. 1인가구, 비혼 동거, 미혼모·미혼부 등 결혼에 얽매이지 않고 삶을 꾸려가는 새로운 방식들이 나타나고 있으며, 이에 따라 꼭 결혼하지 않아도 된다는 인식이 점점 더 보편화되고 있다.

만혼과 비혼: 결혼이 점점 어려워지고 있다

만혼과 비혼이 점차 보편적 현상으로 자리잡아가는 중

결혼이 점점 어려워지는 현실과 결혼에 대한 인식 변화가 맞물리면서, 한국 사회에서는 결혼 시기가 늦어지는 만혼과 결혼하지 않는 것을 선택을 하는 비혼이 점차 보편적인 현상으로 자리잡아가고 있다. 과거에는 일정 연령이 지나도록 결혼하지 않으면 가족의 걱정과 잔소리는 물론, 주변사람과 사회적 시선도 부담스러웠지만, 이제는 만혼과 비혼이 개인의 삶을 중시하는 자연스러운 선택으로 이해되는 분위기이다.

만혼은 학업, 경력 유지, 경제적 준비 등 현실적인 요인과 밀접하게 연관되어 있다. 특히 높은 주거비, 혼수, 결혼식 비용 등으로 인해 결혼을 원하면서도 미루는 사람들이 많아졌다. 한편, 결혼하지 않고도 충분히 만족스러운 삶을 살 수 있다고 생각하거나, 결혼 제도 자체에 회의적인 시각을 가진 이들은 아예 비혼을 선택하기도 한다. 이들은 혼자 사는 삶을 자율적이고 가치 있는 삶의 방식으로 여기며, 자신의 시간과 에너지, 경제적 자원을 자신이 원하는 곳에 집중해 사용한다. 이러한 흐름은이제 더 이상 일부 집단의 독특한 행동이 아니라, 사회 전반에서 나타나는 보편적인 경향으로 확산되고 있다.

결혼과 관련된 이런 변화는 한국만의 현상은 아니다. 전 세계적으로 저출산과 함께 비혼 동거, 비혼 출산이 증가하는 추세이다. 이와 관련해 한국은 그 고유의 특성이 강해 예외적인 상황으로 보이기도 하는데, 방향성 면에서는 국제적 흐름과 궤를 같이하고 있다. 특히 다른 나라들과 비교해 그 확산 속도나 규모가 다르게 전개되고 있는 한국의 비혼 동거는 비혼 현상과 함께 주목해야 할 삶의 방식이다.

결혼하지 않는다고 해서 반드시 혼자 사는 것은 아니다. 결혼에 대한 생각이 바뀌고 실제 결혼을 하는 인구가 감소하는 만큼 누군가와의 결합이나 친밀한 관계 형성이 사라진다고 보기는 어렵다는 것이다. 그러나 법률혼 중심의 행정통계는 혼인신고가 된 관계만을 '결혼'으로 집계하기 때문에, 결혼이라는 단일 제도만 존재하는 사회에서 결혼 외의 관계는 공식 통계에 제대로 반영되지 않는다.

우리 사회의 비혼 동거 현상 눈여겨볼 필요 있어

한국 사회에서 가족 형성과 새로운 가족생활이 시작된다면 그것은 대부분 결혼을 전제로 이루어졌고, 그 결혼은 곧 '혼인신고를 완료한 법적 결합'을 의미했다. 이에 따라 비혼 동거 관계는 우리 사회가 규정하는 '가족'이라는 범주 안에 안정적으로 포함되지 못했고, 그 규모나 실태조차 제대로 파악되지 않았다. 그러나 국제적으로 비혼 동거 현상이 확산되는 과정을 보면, 한국의 비혼 동거 현상이 제자리에 머물러 있지는 않을 것이라고 예견할 수 있다.

한 사회의 동거 확대 과정을 정리해 보면, 처음에는 결혼하는 것이 가장 흔하고 동거는 소수의 일탈적인(Deviant) 행위로 이해된다. 두 번째 단계의 사회에서는 동거가 결혼 전 서막 또는 전주곡(Prelude)으로 기능하고 서로를 테스트하는 기간으로 동거를 활용한다. 이때 대부분 아이가 없이 동거한다. 그리고 세 번째 단계의 사회에서는 동거가 결혼의 대안(Alternative to Marriage)으로 용인되며, 동거 관계에서 아이를 낳는다. 마지막으로 동거가 가장 많이 확산된 사회에서는 동거와 결혼의 구분이 모호해져, 동거 관계나 결혼한 부부 사이 모두 아이를 낳고 기르는 사회가 된다. 동거가 한 사회에 퍼지는 과정이 일단 시작되면 시간의 차이가 있기는 하지만, 결국 이후의 단계로 나아가고 단계마다 앞 단계를 대체하는 것이 아니라, 축적되는 방식으로 공존한다.[4]

한국은 이 중 2단계에는 이미 도달한 것으로 보인다. 과거에는 동거가 드문 일로 여겨졌지만, 비혼과 만혼이 흔해지면서 이제는 결혼 전에 동거를 거치는 커플이 많아졌기 때문이다. 최근에는 일정 기간을 전제로 한 동거가 아니라 결혼 제도 바깥에서의 자유로운 삶을 추구해 동거 방식을 택하는 경우도 종종 찾아볼 수 있다. 이는 3단계 사회에 해당하는 특성으로 볼 수 있다.

다만, 한국의 비혼 동거는 아직 출산과는 뚜렷한 선을 긋고 있다. 동아시아 국가들이 출산은 결혼 안에서 이루어지는 행위로 인식하는 문화적 배경을 가지고 있듯이[5] 한국에서도 동거 커플이 아이를 낳는 일은 흔하지 않으며, 동거 관계에서 아이가 태어나면 대부분 결혼 제도 안으로 들어오는 것을 선택한다. 이런 점에서 한국은 동거 확대 면에서 초기 3단계에 진입했지만, 출산과 관련해서는 여전히 보수적인 특징을 유지하고 있다고 볼 수 있다. 다시 말해, 한국 사회의 동거 확대 과정은 2단계를 포괄하는 초기 3단계에 진입하고 있는 것으로 이해되며, 출산과 관련해서는 한국적 특성을 보이며 확대되어 가고 있다고 보는 것이 적절할 것이다.

결혼에 대한 생각과 실천은 변화했지만, 출산이 여전히 결혼을 중심으로 실천되고 있는 것은 사회 제도와 환경이 그 변화를 따라가지 못하고 있기 때문이기도 하다. 성인 둘이 제도적 보호 없이 결혼 제도 밖 커플로 살아갈 수는 있어도, 그 관계에서 아이를 낳고 함께 키우는 일에는 제도적 또는 인식적 장벽이 크기 때문이다. 그 결과, 결혼 밖 출산이라는 이유로 아이가 경험할 차별을 우려해 동거 커플은 출산을 한다면 대부분 혼인신고를 선택하게 된다. 혼인 통계와 출산율만 보더라도 실제로 혼인과 출산의 관계는 한국 사회에서 여전히 매우 밀접하게 유지되고 있다.

이러한 한국의 사회적 배경 속에서 결혼 없는 출산은 매우 드물

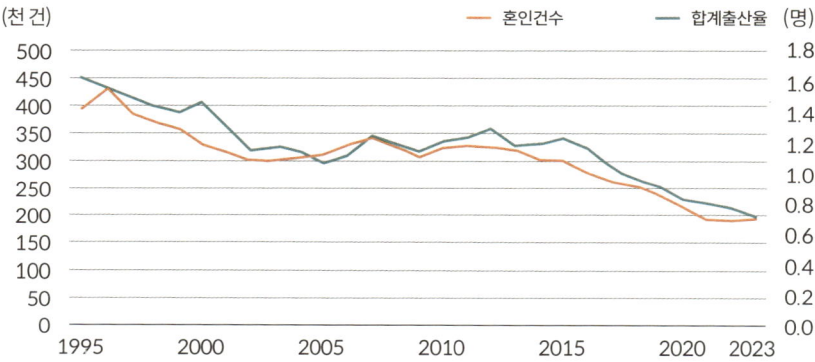

그림 5-4 혼인과 출산

자료: 통계청, 『인구동향조사』.

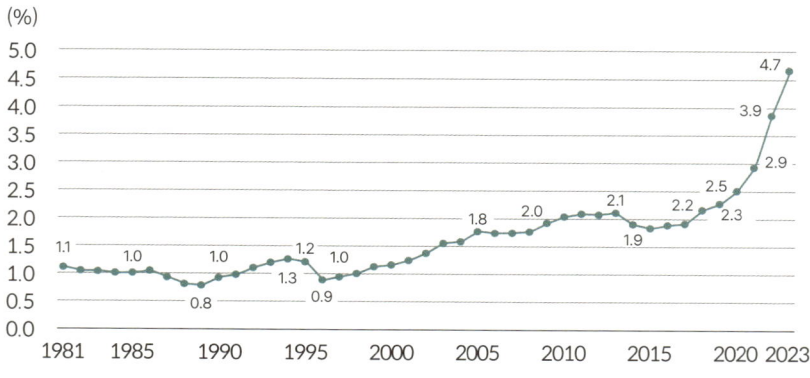

그림 5-5 혼인 외 출생아 비율

자료: 통계청, 『인구동향조사』.

다. 2023년 기준, 전체 출생아 중 혼인 외 출생아 비율은 4.7%로 소폭 상승했지만, 국제 기준으로는 여전히 낮은 수준이다. 그럼에도 변화의 그래프는 분명히 우상향을 그리고 있으며, 이는 결혼 밖 출생 또한 세계적인 변화와 그 방향을 같이한다는 것을 보여주는 또 하나의 흐름이라 할 수 있다.

정책과 현실 사이의 괴리를 간과하지 말라

현실은 훨씬 더 빠르게 변화하고 있어

이러한 변화는 우리 사회에 새로운 과제를 던져주고 있다. 여전히 '같이 산다면 결혼을', '출산이라면 법적 부부 사이에서'라는 전제를 담은 정책들이 남아 있어, 만혼이나 비혼을 선택한 이들이 사회적 소외감이나 제도적 불이익을 겪는 경우가 적지 않다. 비혼 동거 관계에 대한 법·제도적 보호 필요성이 꾸준히 제기되어 왔고, 이를 위한 제도 마련 논의도 있었지만, 핵심 취지를 흐리는 논쟁들로 인해 아직까지 실현되지 못하고 있다. 그 결과, 한국 사회에서 비혼 동거 관계는 여전히 법적 보호와 제도적 지원이 매우 취약한 상태에 놓여 있다.

그런데 현실은 이보다 훨씬 빠르게 변하고 있다. 이제는 비혼 동거뿐 아니라, 비혼 출산에 대한 관심과 욕구도 나타나고 있다. 지금까지는 비혼 출산이라 하면, 대개 비혼 동거 커플의 출산을 떠올렸지만, 이제는 비혼 동거 커플의 출산만을 의미하지 않는다는 것을 인지해야 한다. 비혼 출산은 이제 비혼 단독 출산(Solo Motherhood/Single Mother by Choice)을 의미하는 것으로까지 사회가 변했다는 것이다. 이는 출산이 반드시 결혼이나 동거를 전제로 하지 않아도 되는 시대가 도래했음을 보여주는 또 하나의 변곡점과도 같다.

비혼 동거 관계를 보장하는 제도는 아직 논의 수준에 머물러 있는 반면, 사회는 이미 비혼 단독 출산을 둘러싼 난자·배아 냉동 보관, 정자 기증 등과 관련된 이슈를 논의해야 하는 곳에 와 있다. 나아가 이러한 방법을 통한 출생과 아동의 복리 등 훨씬 구체적이고 복합적인 이슈들을 마주하고 있다. 이 각각의 쟁점들은 따로 심도 있는 수준의 논의가 이루어져야지만, 사실은 서로 긴밀히 연결된 문제들이기 때문에 종합적 논의도 필요한 것들이다. 지금의 정책 논의 단계에 계속 머물러 있는 것은 급변하는 현실을 따라가지 못하고 있다는 점에서 실제의 삶과 정책의 격차가 점점 심각하게 벌어지고 있음을 의미한다. 정책 결정을 위해 사회적 합의는 매우 중요하지만, 무엇보다도 해당 정책 당사자들의 삶과 목소리를 중심에 놓는 것이 필요하다. 특히 가족 형성과 관련된 정책은 젊은 세대의 가치관과 실천 양상을 보다 면밀히 살펴야 하며, 지금처럼 정책과 현실 사이의 괴리가 커지고 있다는 사실을 더 이상 간과해서는 안 된다.

원한다면 누구나 결혼하고 아이를 낳을 수 있어야

우리는 이미 '누구와 살 것인가', '언제 아이를 낳을 것인가'에 대한 선택이 개인에게 열려 있는 시대를 살고 있다. 그렇기 때문에 결혼, 출산, 가족 형성과 같은 인생의 중요한 선택에서 개인의 자율성을 보장하지 않는 사회는 점점 더 많은 사람을 법적·제도적 사각지대에 놓이게 만들 수밖에 없다.

더구나 정보력이나 경제력이 있는 사람일수록 폭넓은 선택과 자유로운 결정이 더 용이한 시대이다. 원한다면 누구나 결혼하고 아이를 낳을 수 있어야 한다. 그 선택이 특정 계층만의 특권이 되지 않도록, 사회 전체가 불안과 불확실성을 줄이는 환경을 함께 만들어 나가야 한다. 개인의 선택을 존중하고, 그 선택에 대해 하나의 잣대를 들이대지 않으며, 도덕적 판단이나 법적 불이익이 없는 사회를 만드는 일은 이제 더 이상 미룰 수 없는, 우리 모두의 과제이다.

출산하지 않기로 결심하다

청년세대들은 왜 출산하지 않으려 할까?

한국의 출산율이 갈수록 떨어지고 있다. 우리 정부는 2006년부터 각 5년으로 구성된 「저출산·고령사회 기본계획」을 수행해왔고, 곧 5차 기본계획이 수립될 예정이다. 그러나 20여 년간 대체로 보조금 지급 위주에 근거한 여러 정책의 출산율 증가 효과는 미미하다. 이는 젊은 세대가 아기를 낳지 않겠다고 결심한 계기가 비단 경제적 부담에서 비롯된 것만은 아님을 보여준다. 아이를 낳고 키우기 힘들게 만드는 사회적 분위기, 문화심리적 요인도 출산을 하지 않게 만드는 큰 요인으로 작용한다. 과연 어떠한 심리적 요인들이 출산을 하는 결정과 관련이 있을까?

선택에 의한 무자녀(Childfree by Choice)

사회문화적 변동과 함께, 우리 사회에서는 더 이상 결혼과 출산을 대부분의 사람들이 반드시 거쳐야 할 발달 과업으로 여기지 않는다. 이는 비단 우리나라만의 현상이 아니다. 미국 역시 자녀가 없는 성인 인구가 점차 증가하고 있다.[6,7] 2002년에는 15~44세 여성 중 58.4%가 한 번이라도 생물학적 자녀를 낳았다고 보고했으나, 2019년에는 이 비율이 6.3% 감소해 52.1%에 그쳤다. Z세대(Generation Z)의 '선택에 의한 무자녀(Childfree by Choice)'의 트렌드는 미국을 비롯한 세계 여러 선진국 사회에서 공통적으로 나타나는 현상이다.

선행 연구들에서는 실제 무자녀를 선택한 사람들에게 나타나는 몇 가지 이점을 확인한 바 있다. 대표적으로 자유로움의 감각, 더 높은 경제적 안정성, 그리고 더 만족스러운 파트너십 등이 보고되었다.[8,9,10] 반면, 다른 연구들에서는 자녀가 없는 삶에서 경험할 수 있는 부정적인 결과들도 확인되었는데, 예를 들어 이기적이라는 낙인, 자신이 부족하다는 감정, 중년기 및 전반적인 삶의 만족도 저하, 그리고 우울증 발병률 증가 등이 포함되었다.[11,12,13,14] 그러나 1979년부터 2020년까지 출판된 관련 학술 논문들을 검토하여 통합 분석한 연구 결과, 무자녀와 개인의 삶의 만족도 간에는 긍정적인 연관성이 있는 것으로 나타났다.[15]

즉, 자녀를 낳지 않기로 하는 선택이 인생의 하나의 가능성으로

자리잡은 문화사회적 변동은 이미 진행 중이다. 이러한 변화를 인식하지 못한 채, 과거 사회의 규범에 근거하여 성인기의 발달 과업 중 하나인 결혼과 출산을 왜 하지 않느냐고 묻는 것은 이제 더 이상 의미 있는 질문이 될 수 없다. 우리가 던져야 할 질문은 '무엇이 사람들로 하여금 출산을 하거나, 하지 않기로 선택하게 만드는가'에 대한 것이다.

무자녀를 선택하는 이유는 무엇일까?

이러한 흐름에 발맞추어, 최근 해외 연구들은 자녀를 두지 않기로 한 사람들의 특성과 동기에 대해서도 탐구하기 시작했다. 연구 대상자와의 면접 내용을 질적으로 분석한 결과, 사람들이 자녀를 갖지 않기로 선택하는 이유로 건강 문제, 경제적 부담, 불확실한 사회적 환경, 그리고 개인의 자유를 유지하고자 하는 욕구 등이 가장 흔하게 확인되었다.[16,17,18] 또한, 대규모 데이터를 양적으로 분석한 연구에서는 사람들이 앞으로 자녀를 가질 가능성이 낮다고 생각하는 이유로 경력이나 개인적인 관심사에 집중하고 싶어서라는 응답이 공통적으로 확인되었다.[19]

출산 및 육아가 여성의 경력에 미치는 위협

여성에게 두드러진 출산과 육아에 대한 부정적 생각들

앞서 언급한 바와 같이, 여러 연구에서 공통적으로 나타나는 결과는 젊은 세대가 출산과 육아가 경력 또는 개인의 삶에 미치는 부정적인 영향에 대해 염려하고 있다는 점이다. 특히 이러한 경향은 여성에게서 더 두드러지게 나타나는데, 이는 여성이 남성보다 결혼과 육아를 거치며 경력과 삶의 변화 폭이 더 크기 때문이다. 이러한 현상은 우리 사회만의 문제가 아니며, 미국에서도 마찬가지로 초기 성인기부터 노년기까지 여성은 남성보다 가사와 육아에 더 많은 시간을 지속적으로 할애하고 있다.[20]

이러한 일상적인 책임들은 필수적인 일임에도 불구하고, 사회적으로 저평가되며 대부분 무급으로 수행된다. 예를 들어, 미국 여성은 주당 평균 12.6시간을 요리, 청소 등 가사일에 사용하지만, 남성은 5.7시간에 불과하다. 육아 시간 또한 여성은 남성보다 두 배 이상 더 많이 할애하고 있다. 이를 합산하면, 여성은 남성보다 가사와 육아에 총 2.2배 더 많은 시간을 사용하는 셈이다. 이러한 성별 간 차이는 연령, 인종, 교육 수준, 취업 여부 등을 통제한 후에도 여전히 유지된다.

그렇다면 우리 사회의 가사 및 돌봄 노동의 성별 분담은 어떠할까? 국회미래연구원(2024)[21]의 보고서에 따르면, OECD 조사 결

그림 5-6 해외 주요국의 남성 가사노동 분담 비중(2019)

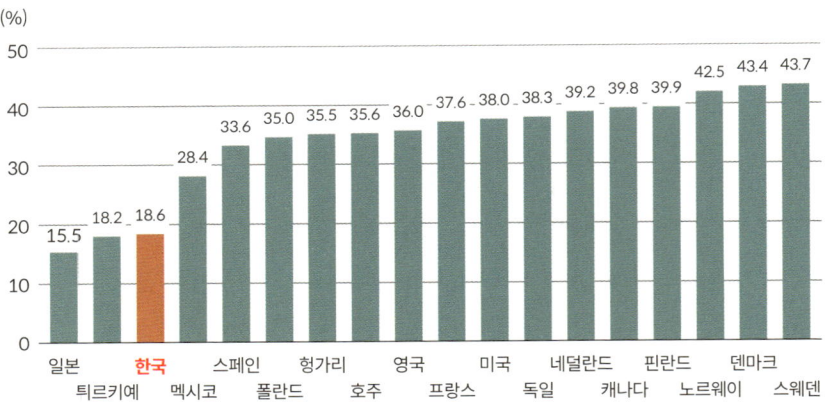

자료: OECD(2019) 재인용, 국회미래연구원(2024).

과를 반영했을 때 한국은 조사 대상 18개국 중 남성의 가사 분담 비중이 16위로, 최하위 수준에 머물러 있다.

위의 통계는 두 가지 중요한 시사점을 제공한다. 첫째, 출산율이 높은 국가를 포함한 대부분의 선진국에서도 여성은 남성보다 가사와 돌봄에 더 많은 시간을 할애하며 주요한 역할을 수행하고 있다. 둘째, 한국의 성별 간 불균형은 다른 국가들에 비해 특히 심각한 수준이다. 무자녀를 선택하게 되는 주요한 이유 중 하나가 경력단절이나 개인의 자유 침해에 대한 우려임을 고려할 때, 출산율 증가를 위해서는 남성의 가사 및 돌봄 분담 비율을 높이는 것이 필수적이다. 아울러 해외의 통계를 함께 고려해볼 때, 이와 같은 변화는 강력한 사회적 의지와 제도적 노력이 없이는 쉽게 이루어지기 어려움을 시사한다.

자녀가 있는 여성에 대한 부정적 시선들

이러한 현실과 일맥상통하게, 우리는 이미 부모가 된다는 사실이 남성과 여성의 경력에 서로 다른 의미를 지닌다는 점을 알고 있다. 한 심리학 실험 연구[22]에서는 연구 참가자들에게 명망 있는 컨설팅 회사에 근무하는 가상의 직원에 대한 이야기를 들려주었다. 참가자 절반에게는 이 주인공이 남성이라고 소개하고, 나머지 절반에게는 여성이라고 소개하였다. 이후 참가자들은 이 주인공이 얼마나 유능한지, 그리고 얼마나 따뜻한 성품을 지녔는지를 추측하도록 지시받았다.

이 주인공이 자녀가 없다는 사실을 들었을 때, 참가자들은 성별에 관계없이 따뜻함은 낮고 유능함은 높은, 즉 차갑지만 일 잘하는 사람으로 평가하였다. 그러나 이 주인공이 최근 부모가 되었다는 사실을 들었을 때는, 주인공의 성별에 따라 평가가 달라졌다. 참가자들은 남성이 자녀를 갖게 되면 유능함을 유지하는 동시에, 이전보다 더 따뜻해질 것이라고 추측한 반면, 여성이 자녀를 낳으면 유능함은 떨어지고 따뜻함이 두드러질 것이라고 예상하였다. 성별 외에는 동일한 정보를 들었음에도, 사람들은 부모가 된다는 사실을 여성의 능력 저하로 연결 지어 인식한 것이다. 즉, 우리는 우리가 의식하지도 못하는 채 여성이 가진 자질과 능력과는 상관없이 그 여성이 어머니가 될 때 자녀가 없을 때에 비해 능력이 떨어질 것이라고 생각하며, 이러한 인식은 자녀가 있는 여성의 경력에 부정적인 영향을 미칠 것으로 예상된다.

정리하면, 2025년 현재 대부분의 국가에서 Z세대에게 출산과 비출산은 개인이 선택할 수 있는 삶의 한 갈래가 되었으며, 이는 개인의 경력 및 삶의 질에 대한 고민을 반영하고 있다. 특히 출산, 그리고 이후 양육의 많은 부분을 여성이 전담하게 되는 현실, 그리고 어머니가 된 여성의 유능성에 대한 사회적 인식이 복합적으로 얽혀 있음을 보여준다. 출산율을 높이기 위해서는 여성이 가사노동과 양육에서 지고 있는 불평등한 부담을 줄이는 것이 필수적이며, 해외 여러 통계와 연구 결과를 살펴보더라도, 이러한 변화를 이루기 위해서는 강력한 사회적 의지와 제도적 뒷받침이 필요하다는 것을 알 수 있다.

부모와의 애착과 무자녀 선택

왜 무자녀를 선택하는 청년세대들이 늘어나고 있을까?

무자녀를 선택하는 개인이 증가함에 따라, 최근 심리학 연구에서는 어떤 개인 특성이 이러한 선택을 예측하는지에 대한 탐구가 활발히 이루어지고 있다. 그 중 하나가 바로 '애착(Attachment)'이다. 애착이란, 아기가 자신을 돌보는 양육자와의 상호작용을 통해 형성하는 정서적 유대를 의미하며, 이는 양육의 질과 밀접하게 관련되어 있는 것으로 알려져 있다.

개인의 애착 유형은 크게 안정 애착과 불안정 애착으로 나뉜다. 부모가 아이의 욕구에 지속적이고 민감하게 반응해줄 경우, 아이는 안정 애착을 형성하게 되고, 이를 통해 부모를 '안전기지' 삼아 세상을 탐색하며 심리적 안전감을 느낀다. 반대로, 부모가 일관되지 않거나 무반응으로 일관할 경우, 아이는 불안정 애착을 형성할 가능성이 높다. 이는 부모가 자신을 돌보지 않거나 거절할 것이라는 불안을 경험하는 불안 애착으로 나타나거나, 기대할 상황에서 오히려 부모를 거부하는 회피 애착으로 드러날 수 있다.[23]

흥미롭게도 애착 이론에 따르면, 어린 시절 주양육자와의 애착 경험은 개인의 '내적 작동모델'을 형성하며, 이후 친구, 연인, 그리고 가까운 사람과의 관계를 이 모델을 토대로 해석하게 된다고 본다.

이러한 이론에 근거하여, 부모-자녀 간 애착 관계가 사람들이 부모-자녀 관계를 어떻게 인식하는지에 대한 심리적 모델 역할을 하고, 결국 자녀를 가질 것인지 여부의 결정에 영향을 줄 수 있을 것으로 추론된다. 실제로, 세계 여러 국가의 1만 8,000여 명 성인을 대상으로 한 최근 연구[24]에서는 성인이 부모와의 애착을 어떻게 회상하는가에 따라 자녀를 갖기로 하는 의사결정이 달라진다고 보고하였다. 부모에 대한 회피 애착 수준이 높을수록 무자녀를 선택할 가능성이 가장 높았으며, 그 이유 또한 애착 유형에 따라 달랐다. 불안 애착은 건강, 안전에 대한 우려(예: 부모나 자녀의 건강, 불안정한 사회 환경)로 비출산을 선택하는 것과 관련이 있었고, 회피 애착은 개인의 라이프스타일과 자유를 유지하고자 하는 욕구와 더 밀접한 연관성을 보였다.

연구자들은 회피 애착이 비출산을 선택하게 하는 한 가지 가능한 경로로 부모에 대한 '원망'을 제시한다. 기존 연구에 따르면, 부모의 약 5~14%는 자녀를 낳은 것을 후회한다고 보고하며,[25, 26] 이들 중 일부는 자녀와의 관계에서 회피적인 양상을 보일 가능성이 있다. 이 경우 자녀는 부모에게 충분한 사랑이나 지지를 받지 못하고, 부모-자녀 간 회피 애착이 형성되어 부모에 대한 원망을 품게 된다. 그리고 이 경험이 자신은 자녀를 갖지 않겠다는 결정을 내리는 데 영향을 미칠 수 있다.

또 다른 가능성은, 회피 애착을 지닌 개인이 자녀 양육 과정에서 부모의 지원을 기대하지 않기 때문에 출산을 기피하는 경우다. 부모가 육아나 부모 역할 전환의 시기에 곁에 있어주지 않을 것이라는 믿음, 혹은 자신의 아이에게 좋은 조부모가 되어주지 않을 것이라는 생각만으로도 출산을 망설이거나 포기하는 계기가 될 수 있다.

부모와의 애착 경험이 자녀 출산 여부 결정에 중요

이처럼 최신 심리학 연구는 자녀를 갖는 것이 선택지가 된 오늘날, 성인이 회상하는 부모와의 애착 경험이 자녀 출산 여부를 결정하는 데 중요한 심리적 요인으로 작용한다는 사실을 보여주고 있다.

이러한 심리학 연구 결과를 토대로, 출산율을 높이기 위해서는 장기적으로 개인의 심리적 경험과 정서적 요인을 함께 고려하는 접근이 필요하다. 특히, 부모-자녀 관계에서 형성된 애착 유형이 성인의 출산 결정에 영향을 준다는 점에서, 안정 애착을 형성할 수 있도록 돕는 부모 교육과 양육 환경 개선이 중요하다. 영유아기 부모의 민감성과 양육 태도를 개선하고, 양육 스트레스를 줄일 수 있는 정서적 지원 프로그램을 확대할 필요가 있다.

또한, 이미 성인이 된 사람들 중 회피 애착 성향이 높은 이들을 대상으로 정서적 치유와 부모와의 관계 회복을 돕는 상담 서비스와 가족 대화 프로그램을 운영하는 것도 효과적인 방안이 될 수 있다. 이와 함께, 육아 과정에서 부모로부터 지지를 받지 못할 것이라는 불안을 줄일 수 있도록 양육에 필요한 도움과 지지를 부모뿐 아니라 사회적 제도가 지원할 수 있음을 인식하도록 해야 한다.

결국 출산율 문제를 해결하기 위해서는 경제적·제도적 지원과 더불어, 개인의 심리적 배경과 정서적 경험을 고려하는 다층적 접근이 함께 이루어져야 할 것이다.

모성 신화와 후속 출산 포기

후속 출산을 어렵게 만드는 현실적 요인들을 보라

2025년 현재, 한국의 합계출산율은 1.0에도 미치지 못하고 있다. 단순히 숫자만 보더라도 예전과 달리 두 명 이상의 자녀를 둔 가정을 찾기가 점점 어려워졌음을 알 수 있다. 이는 '아이를 낳지 않겠다'는 선택뿐 아니라, '한 명만 낳겠다'는 결정 역시 저출산 현상의 중요한 한 축임을 보여준다. 따라서 자녀를 하나만 둔 부모들이 어떤 과정을 거쳐 후속 자녀 출산을 포기하게 되는지 살펴볼 필요가 있다.

최근 한 연구[27]는 첫 자녀 출산 전에는 둘 이상의 자녀를 원했으나, 첫 자녀 출산 이후 후속 출산을 포기한 어머니들을 대상으로 의사결정 과정을 질적 연구를 통해 분석하였다. 연구 결과, 어머니들의 후속 출산 포기 결정은 하나의 사건이나 계기로 갑자기 이루어지는 것이 아니라, 다양한 조건과 맥락 속에서 상호작용하며 형성되는 것으로 나타났다. 특히, 임신·출산·양육 과정에서 지속적으로 경험하는 심리적 갈등이 중첩되고 증폭되면서 이러한 의사결정에 이르게 된 것으로 확인되었다. 어머니들은 임신, 출산, 양육 과정에서 발생하는 문제와 어려움을 조절하고 해결하기 위해 부단히 애쓰는 과정에서, 끝없는 죄책감과 그리고 불공정성에 대한 인식을 지속적으로 경험하고 있었으며, 이러한 심리적 갈등이 후속 출산을 어렵게 만드는 주요 요인으로 작용했다.

이러한 심리적 갈등의 중심에는 '엄마라면 이래야 한다'는 엄격한 양육 기준을 제시하는 모성 신화가 자리잡고 있다. 연구에 참여한 어머니들은 완벽한 모성에 대한 사회적 기대와는 달리 임신, 출산, 양육 전반에 걸쳐 몸의 고통과 마음의 어려움을 지속적으로 경험했으며, 동시에 그러한 고통을 느끼는 자기 자신을 다시 탓하며 '나는 좋은 어머니가 될 수 없다'는 죄책감을 내면화했다. 예를 들어, 어머니들은 '내 아이를 키우면서 힘들어해도 되나', '어린 아이를 두고 출근해도 괜찮은가', '완벽하게 키우지 못해 미안하다'는 마음을 반복해서 갖게 되었다.

모성과 부성이 양육에서 동등하게 중요하다는 인식 전환 필요

어머니들은 모성 신화를 내면화하고 있으면서도, 임신·출산·양육의 부담이 어머니에게만 과도하게 전가된 현실에 대해 불공정하다고 인식하고 있었다. 여성의 몸이 감내해야 하는 임신과 출산의 부담 이후에도 어머니들은 출산과 동시에 양육의 일차적 책임자로 간주되는 현실 속에 놓이게 된다. 즉, 왜 '나만' 자녀 양육의 주요한 책임을 지며 지속적인 죄책감을 느껴야 하고, 독립된 자아로서의 삶이 어머니에게만 유독 어려운지에 대한 불공정함을 느끼게 되는 것이다.

어머니들은 이러한 불공정한 현실을 타계하기 위해 배우자와의 갈등에 직면하거나, 혹은 이내 체념하거나 수용하며, 배우자에게 양육의 '공동 책임'이 아닌 '도움'을 요청하고 기대치를 낮추기도 하지만, 이마저도 기대대로 이루어지지 않는다고 인식하고 있었다. 어머니들은 공통적으로 배우자의 정서적 공감과 지지가 결여된 상황을 불공정하게 여기며, 이로 인한 부정적 감정이 해소되지 못하고 심화되면서 부부 갈등으로 이어지는 양상을 보였다.

이러한 연구 결과는 후속 출산 증진을 위해서는 모성과 부성이 양육에서 동등하게 중요하다는 인식 전환이 반드시 필요하다는 것을 보여준다.

나아가, '아름답고 완벽한 어머니'라는 모성 신화에서 벗어나 양육은 실제로 어렵고 고된 일이며, 아버지의 적극적인 양육 참여와 가족 구성원, 교사, 그리고 사회 전체의 '양육적 공조'가 반드시 필요한 일이라는 사회적 인식이 형성되어야 한다. 즉, 우리 사회에 뿌리 깊게 자리잡은 완벽한 모성에 대한 신념을 수정하고, '충분히 좋은 어머니(Good-Enough Mother)'면 된다는 인식을 공유하는 분위기를 조성해 어머니들이 임신·출산·양육 과정에서 경험하는 어려움과 고통을 죄책감 없이 드러내고 지지받을 수 있는 심리사회적 지원이 마련되어야 할 것이다.

미디어가 불러온 결혼·출산 지옥

미디어가 그려낸 결혼·출산 포비아

'육아 포비아'라는 단어가 있다. 아이를 돌보고 키운다는 '육아'란 단어에 '포비아'라는 이질적인 단어가 붙어 있다. '포비아'라는 단어는 특정한 상황이나 대상에 대해 극심한 공포심을 느껴 이를 회피하려는 행동을 말한다. '포비아'라는 단어로 기사를 검색해보면 '싱크홀 포비아', '전세 포비아', '전기차 포비아' 같은 것들이 등장한다. 주로 반복되는 사고로 인해 사람들의 공포를 키운 대상들이었다.

   아이를 낳고, 기르고, 키우는 일은 행복한 일이라고 교과서적으로 말한다. 하지만 현실에서 '육아 포비아'는 결코 어색하지 않다. 젊은 세대 상당수가 육아 포비아라고 부를 정도로 육아를 기피하려는 현상을 적나라하게 보여준다.

사랑하는 사람과 가정을 이루고, 자녀를 낳는 숭고한 일에 어울리지 않는 '포비아'라는 단어가 붙는 이유는 뭘까? 스스로가 싱크홀이나 전세사기를 겪지 않고도, 반복되는 사고를 간접적으로 접하면서 공포가 커졌듯 육아도 경험해보기 전에 피해야 하는 대상이 돼 버렸기 때문이다.

이러한 인식을 하게 된 데는 미디어의 영향이 큰 것으로 보인다. 주변인들의 육아 경험담도 한몫 했겠으나, 결혼과 출산 그리고 육아를 '지옥'으로 묘사하는 미디어가 많아지면서 '포비아'의 대상이 되는 듯하다.

관찰 예능 속 '화려한 솔로'

고급 외제차를 탄 연예인이 취미 생활을 즐기며 휴일을 보낸다. 홀로 집에서 차려 먹는 식사는 근사한 레스토랑에서나 나올 법한 음식이다. TV에서 그려지는 '나 혼자 사는 삶' 속에서 휴일은 바쁜 일상 속 쉼을 주는 재충전의 시간으로 그려진다. 여행을 훌쩍 떠나기도 하고, 평소 도전해보고 싶던 취미를 시도하며 시간을 보낸다.

2024년 9월 윤석열 전 대통령은 「일·가정 양립 우수기업 성과 공유」를 주제로 한 제4차 인구비상대책회의에서 "나 홀로 사는 게 마치 편하고 복 받은 것처럼 하는데, 사랑이 넘치는 가정이 살기 좋은 사회의 출발점이라는 것을 영화, 드라마나 모든 미디어 매체에서 다뤄줘야 한다"고 말했다. 저출산 원인으로 애먼 프로그램을 저격한 것이라는 논란이 나오긴 했지만, 미디어가 시청자의 인식에 영향을 끼칠 수 있다는 메시지는 함께 생각해봐야 할 주제가 됐다.

관찰 예능 속에 등장하는 '나 홀로 사는 삶'은 이처럼 근사하고 멋있는 시간으로 채워진다. 신문·방송 등 레거시 미디어에서 유튜브로 시선을 돌리면 그 경향은 더 뚜렷해진다. 각종 취미와 운동 등 나의 시간을 채워 나갈 콘텐츠가 무궁무진하게 많다.

특히 미혼인 청년들은 '연애·결혼하기 전에 해야 할 *가지'라는 식의 영상들에 열광한다. 영상 속에서는 "외로움과 고독도 충분히 멋있는 것"이라며 "외로움과 고독을 채우는 건 사람과의 관계가 아니라 나만의 시간에 집중하는 것"이라고 말한다. 이렇게 이야기하는 유튜버 뒤로는 반려동물이 등장한다. 가족이 아니어도 홀로 사는 삶으로 충분하다는 식이다.

결혼과 출산은 미친 짓

출근길에 여유롭게 즐기던 아메리카노가 현실에서는 미역국으로 변하고, 화려하던 옷차림이 수유를 위한 실내복으로 바뀌는 일. 이전의 내가 송두리째 사라지는 '자아의 상실'을 겪는 일. 드라마 속에서 임신과 출산은 이런 장면으로 그려진다. 아이가 주는 웃음과 행복 대신 내가 사라지는 고통만 있을 뿐이다. 육아에 지친 모습은 남녀 모두 마찬가지로 그려진다.

결혼·육아 예능 역시 마찬가지다. 아직 아이인 '금쪽이'를 통제하지 못해 심지어 맞기까지 하는 부모가 등장하고, 스튜디오에 나와 있는 출연진들은 아이의 문제 행동을 보면 깜짝 놀라며 부모를 향해 "힘들었겠다"며 위로한다. 문제 행동을 교정하지 못했다는 죄책감과 후회로 부모가 눈물을 흘리는 장면이 매주 등장한다.

이러한 프로그램 속 육아는 지독한 고통이며, 유명한 전문가의 솔루션을 받아야만 문제가 해결될 수 있는 '지옥'으로 그려진다. 출연진들은 육아의 고충을 이야기하면서 "아이를 낳은 것을 후회한다"고 말하기도 한다. 남보다 못한 가족 관계 속에서 아예 결혼이 '지옥'이라는 제목이 붙은 방송 프로그램까지 등장한다. 또 이혼을 다시 생각해보라며 부부에게 솔루션을 제공하는 프로그램은 적나라하게 두 사람의 갈등이 표출되며 결혼 생활을 '극복'해야 하는 대상으로 그려낸다.

어렵고 힘든 출산과 육아를 그저 미디어 속 이야기라며 넘길 수 없는 이유는 현실과 맞닿아 있기 때문이다. 출산은 큰 결심을 해야만 하는 일, 그리고 그 결심 뒤에는 엄청난 고통이 따라오는 일로 묘사되면서 나 혼자 사는 프로그램 출연자의 화려한 삶과 겹쳐진다.

이러한 장면은 실제 청년들에게도 영향을 주는 것으로 추정된다. 저출산·고령사회위원회가 2023년 11월 실시한 저출산 인식조사에서 '방송과 미디어가 결혼과 출산에 영향을 미친다'라는 응답 비율은 81%에 달했다. 결혼과 출산을 주저하는 데 영향을 미친다는 뜻이다.

SNS 속 결혼과 출산

 TV가 아닌 SNS 속에서 그려지는 결혼과 출산은 어떠할까? 연예인의 결혼을 소비하는 것을 예로 들어보겠다. 유명 호텔 결혼식장에서 수많은 하객의 축하를 받고, 신부가 입은 웨딩드레스가 한국에 단 몇 벌밖에 없는 웨딩드레스라는 기사가 도배된다.

 임신과 출산은 어떠한가. 임신 소식을 알리는 '임밍아웃(임신 커밍아웃)' 이후에는 유명 육아 브랜드 제품의 협찬이 들어오고, 2주에 수천만 원이라는 산후조리원에서의 나날들이 SNS에 올라오기도 한다. 호텔에서 결혼식을 하고, 아기를 낳아 고가의 산후조리원에서 유명 제품들을 사용할 수 있어야만 결혼과 출산이라는 '미션'을 해낼 수 있을 것 같다는 생각이 들게 하는 장면이다.

 실제로 저고위는 2024년 7월 말 열린 제2차 '인구비상대책회의'에서 '스드메(스튜디오 촬영, 드레스, 메이크업)'로 불리는 결혼 준비 과정의 장애물을 걷어내기 위해 불공정 약관을 손보기로 했다. 결혼 비용 때문에 결혼을 망설이는 예비부부가 없도록 한다는 취지다.

 지자체들도 앞다퉈 '공공산후조리원'을 확대하기로 했다. 결혼 비용과 육아 비용이 출산을 결심하는 데 큰 걸림돌이 된다는 건 이미 잘 알고 있지만, SNS를 통해 상대적 박탈감이 커지고 실제 결혼을 주저하게 만들기도 하는 것이다.

언론이 저출산 문제를 다루는 방법

그 심각성은 잘 알려져 있고 계속 이야기되어야 할 주제

미디어나 SNS에서 결혼과 출산이 부정적으로 그려지다 보니, 저출산 극복을 다루는 언론의 고민도 깊어질 수밖에 없다. 일단 한국 사회에서 이미 저출산 문제의 심각성은 잘 알려져 있다. 국가가 망한다거나, 사라진다는 등 위기 메시지가 자주 노출됐기 때문이다.

그럼에도 불구하고 저출산의 심각성은 계속 이야기해야 하는 주제다. 모두가 저출산 문제가 심각하다는 것은 아는데, 내 삶과 직결된 문제인 점을 풀어내기가 쉽지 않기 때문에 언론에서는 메시지 전달 방식이 고민일 수밖에 없다.

이미 저출산의 심각성은 잘 알려져 있다. 이러한 사실은 조사에서도 드러난다. 한반도미래인구연구원이 2024년 9월 1일 여론조사업체 엠브레인과 전국 20~49세 남녀 2,000명을 대상으로 결혼과 출산에 대한 심층 인식조사를 했다. 그 결과 응답자의 87%는 '저출산이 심각하다'고 했다. 2023년(82%)보다 높아진 결과다.

이렇게 저출산 문제의 심각성을 인지하게 된 건 언론과 정부 메시지 등이 영향을 미친 것으로 보인다. 실제로 신문사에 재직하고 있는 필자는 저출산 기획 보도를 위해 여러 차례 회의를 진행한 적이 있다. 신문과 방송 매체들은 매체의 성격이나 논조에 관계없이 대부분 저출산 극복을 위한 기획 보도를 내보냈을 정도로 저출산

주제에 관한 관심이 뜨겁다. 이는 다시 말해 관련 보도가 이미 많이 존재하고, 현재도 쏟아지고 있다는 뜻이다.

비슷한 보도 속에서 언론이 매번 새로운 메시지로 저출산 문제를 다루기란 쉽지 않다. 매체의 홍수 속에서 뉴스 소비자가 해당 기사를 소비해야 할 이유를 제시할 수 있어야 하기 때문이다. 같은 주제를 다루더라도 기존 보도들과 다른 메시지를 전달한다거나, 형식을 달리하는 식이다. 하지만 워낙 많은 보도가 나오다 보니 언론에도 어려운 주제다.

출산에 대한 개입은 정당한가?

저출산 관련 기사 계획을 준비하면서 기자들이 가장 많이 고민하는 부분은, 혹시라도 '여성의 선택을 압박하고 있지는 않은지', '청년 개인의 희생을 강요하는 것이 아닌지' 하는 것이다. 정부와 기업이 저출산 정책과 혜택을 만들고 홍보할 때, 메시지를 노출하는 것에서도 고민하는 지점이 비슷할 것이다. '출산에 대한 개입이 정당한지'에 대해 논란이 있을 수 있기 때문이다.

과거에는 국가가 정책을 시행하고, 기업이 제도를 만들면 이를 언론이 알리는 역할을 했다. 이를 받아들이는 수용자들의 반응은 큰 고려 요소가 되지 않았다. 하지만 이제는 다르다. 특히 2030세대의 젠더 이슈는 기사 작성 과정에서 과거보다 더 중요해지고, 민감해지고 있으므로 언론에서도 굉장히 신경 쓰는 영역 중 하나다.

이러한 이유로 저출산 보도들은 '젠더'와 연결되고 있다. 언론에서 다루는 출산과 육아의 책임도 이제 '어머니'에서 '부모'로의 키워드로 변화하고 있고, '성 평등'이나 '공동체'의 가치에 주목하는 방식으로 기사를 풀어내고 있다.

명쾌한 해결책을 제시할 수 없는 언론

언론은 현상을 진단하고, 원인 분석과 함께 이에 대한 해결책을 제시하는 역할을 한다. 하지만 저출산 이슈에 대해서는 이 패턴을 그대로 적용하기가 어렵다. 원인 분석은 주로 정책 효율성 평가, 저출산 정책 대응을 위한 거버넌스의 문제, 기업의 호응 여부 정도로 이뤄진다.

하지만 해결책 제시란 쉽지 않다. 큰 카테고리에서 '일·가정 균형'이라든지 육아 부담을 경감시키는 제도 발굴 같은 것들을 제안할 수 있지만, 이를 구체적 제도로 실현하는 것은 정부와 기업의 영역이기 때문이다.

이 때문에 언론 보도들은 주로 '캠페인성 보도'에 집중하는 경향을 보인다. 아이를 키울 때 겪는 보람과 행복을, 육아의 고통과 부담에 견줘 더 크게 부각한다거나, 다자녀를 낳은 가정의 사연을 보도하는 유형이다.

또 기업 문화가 중요한 만큼 저출산 문제 해결을 위해서 함께 고민하고, 사내 제도를 만들고 있는 기업들을 소개하는 방식이다.

결국 '아이를 낳으라'는 직접적인 메시지보다는, 스토리를 통해 전달하는 방식을 쓰고 있는데, 이걸 통해 '아이를 낳는 것이 얼마나 행복한지'를 보여주게 되는 것이다. 또 기업의 입장에서는 인구 문제를 함께 고민하고 대응하는 기업만이 우수 인력을 확보할 수 있는 만큼, 기업 경쟁력을 갖추게 되고 '인구절벽 시대'에 생존할 수 있다는 메시지도 구성원과 공유할 수 있게 된다.

청년이 원하는 것은 무엇인가?

저고위나 주무 부처인 보건복지부는 저출산 문제 대응을 위해 청년세대 간담회를 자주 개최한다. 현장 취재를 할 기회들이 있었는데, 현장에서 공통으로 청년세대가 느끼는 인식은 '나'에 대한 보상은 무엇인가라는 질문으로 요약해볼 수 있겠다.

국가는 주로 저출산 정책을 다룰 때 국가 유지를 위한 요건으로 인구 문제를 바라보는 경향이 크다. 국방이나 교육, 경제와 같은 시스템을 유지해야 하는 요건이라는 점이다.

특히 2024년 6월 처음으로 '인구 국가비상사태'를 선포하면서 기존에 나왔던 메시지보다 훨씬 위기감이 큰 표현들이 미디어를 통해 강조됐다. 저출산 문제가 국가의 위기이고 재앙이라는 인식은 이제 확산하고 있지만, 동시에 이것은 '나'에 대한 문제가 아니라 '국가'의 문제라는 인식이 강화되는 지점이 있는 것이다.

2024년 한반도미래인구연구원이 리서치업체 엠브레인과 함께 성인남녀 2,000명을 대상으로 한 인식조사를 보면, 결혼과 출산 모두 '의향이 없다'고 답한 응답자들도 '정부 정책과 기업 지원이 대폭 확대되면 의향을 바꿀 수 있다'(38.6%)고 했다. 그만큼 '나'에 대한 보상이 직접 와닿아야만 결혼과 출산 의향을 바꾸겠다는 뜻으로 해석할 수 있다.

청년세대들의 인식은 조사에서 이렇게 나타나지만, 세부적으로 들여다볼 필요가 있다. 출산을 원하지만, 사회경제적 여건 때문에 선택하지 않는 개인(부부), 또 사회경제적 여건에 따라 출산을 고민해보거나 선택하려는 개인(부부)도 있다는 뜻이다.

이렇기 때문에 언론을 포함한 미디어가 저출산 정책을 다룰 때는 출산을 피하는 다양한 원인에 대해 다각적으로 분석하고, 뉴스 소비자를 세분화해 보도하는 것이 메시지 전달에 효과적일 수 있겠다.

심각성을 강조할수록 커지는 '포비아', 계속되는 언론의 고민

2024년 9월 보건복지부와 한국보건복지인재원이 개최한 '제1차 한일중 인구포럼'에서 모리이즈미 리에 일본 국립 사회보장·인구문제연구소 선임연구원은 "'저출산 대책'이라는 이름이 붙은 정책을 추진하면 할수록 미혼층이 '결혼과 육아는 지원이 필요할 정도로 어려운 일'이라는 부정적 인식을 하게 될 위험성이 있다"고 지적했다.

언론 보도 역시 저출산 극복 메시지를 강조하면 할수록, 대중들에게는 출산과 육아라는 것이 큰 결심을 해야만 하는 대상으로 인식될 수 있다. 이 때문에 미디어가 가족의 가치에 주목하고 생명을 중시하는 인식 개선에 앞장서야만 결혼과 출산 인식에도 긍정적인 영향을 줄 것으로 보인다. 동시에 같은 주제를 다르게 풀어낼 수 있도록 저출산 주제에 연관된 인물과 스토리를 발굴해내는 노력도 필요하다.

Part **6**

가족 가치관의 진화

- 벗어나고픈 가족, 만들고픈 가족
- 증가하는 전업주부(主夫)

한국 사회에서 '가족'이라는 개념은 더 이상 고정된 형태에 머물지 않는다. 과거 부모-자녀 중심의 전통적 가족 구성은 급속히 해체되고 있으며, 1인가구와 비친족가구의 증가는 그 변화를 숫자로 보여준다. 이러한 구조적 변화는 가족에 대한 가치관에도 영향을 미쳐, '가족'이 우선인가 '개인'이 우선인가에 대한 물음이 더욱 선명해지고 있다. 자녀 양육에 대한 부담과 남성의 자발적 경제활동 중단 사례는 가족의 의미와 역할을 재정의하는 흐름을 반영한다. 가족주의와 개인주의의 균형, 변화하는 부성(父性)의 도습, 그리고 그 배경이 되는 사회적 데이터를 바탕으로 '가족'이라는 틀의 재구성을 살펴보고자 한다.

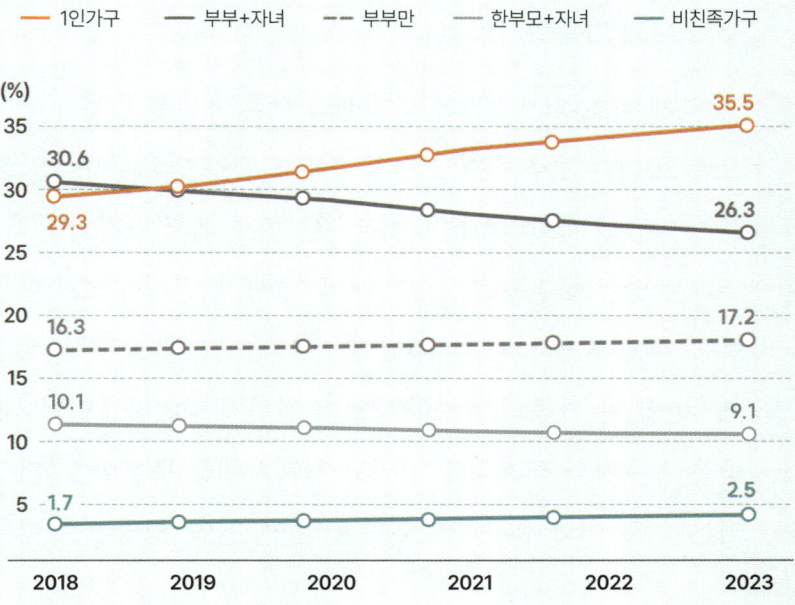

벗어나고픈 가족, 만들고픈 가족

움직이는 가족의 범위

누가 나의 가족인가?

"호주제는 호주(오스트레일리아)의 무슨 제도를 말하는 건가요?" 요즘 20대는 호주제를 모른다. 호주제가 잊혔다는 사실은 한편으론 그만큼의 사회변화를 뜻하는 것이기도 해서 반갑기도 하다. 호주제는 남성 호주를 중심으로 부계, 부성, 부권을 구조화한 성불평등을 가장 분명하게 보여주었던 가족제도였다.[1] 호주제 폐지와 함께 「민법」은 가족의 범위를 새로이 정하게 되었다. 「민법」에서 가족은 배우자와 직계혈족 그리고 형제자매를 뜻한다.[2] 「건강가정기본법」도 이와 유사하게 가족을 혼인, 혈연, 입양으로 이루어진 사회의 기본단위로 정의하고 있다.

그런데 사람들이 생각하는 가족, 내가 느끼는 가족은 법률적으로 정의된 가족과는 많이 다르고 또 좁다. 한국리서치의 2024년 조사에 의하면 대체로 자녀, 배우자, 부모, 형제자매, 배우자의 부모까지만 '내 가족'으로 인식하고 있다. 조부모는 포함되어 있지 않다. '결혼하면 부부보다 (부부 외)가족관계가 우선시되어야 한다'는 주장에 대해 반대의견은 거의 60%에 달하고 있다.[3] 이것은 현재 법률적으로 정의되고 있는 넓은 가족관계보다도 부부 중심의 가족관계로 변화되기를 원하는 것으로 해석될 수 있다. 또 한 가족이라고 하더라도 예를 들어 같은 2세대 부부-자녀가족 안에서도 개인들이 인식하는 가족의 범위는 제각기 다른 것으로 나타난다. 같은 집에 사는 배우자를 가족이라고 생각하지 않는 경우도 있다.[4] 개인이 느끼는 일상에서의 가족의 범위는 가족 구성원 간에 실제로 협력, 돌봄, 친밀성이 어떻게 공유되는지에 따라 역동적으로 달라진다는 뜻이기도 하다. 그밖에 반려동물을 나의 가족으로 인정하는 사람도 27%나 되었다. 연령대가 낮아질수록 내 가족으로 생각하는 범위는 점점 더 좁아지고 있다.[5]

이러한 가치관의 변화를 뒷받침하듯 실제 가족의 외형적 모습도 크게 변화하고 있다(그림 6-1). 통계청 조사에 의하면 2023년 현재 1인가구는 이미 35.5%나 된다. 1인가구는 계속 늘어날 전망이고 가장 다수의 형태가 될 것으로 본다. 부부나 같은 세대의 친인척과 사는 1세대 가구도 많아질 것으로 예측된다. 그에 반해 2000년대에 가장 많은 비중을 차지했던 부모와 자녀가 함께 사는 2세대 가족은 줄어들 전망이다. 그 2세대 가족마저도 흔히 상상하는 어린 자녀를 둔 젊은 가족만이 아닌 성인 자녀와 함께 사는 노인 세대 가족일 수도 있다. 법률적 가족관계로 대표되는 혼인, 혈연, 입양 관계가 아닌 남남이 함께 사는 5인 이하의 비친족가구의 경우 비중은 적지만 증가율은 높아지고 있다.[6] 비친족가구는 일반가구 중 2.4%에 불과하지만 친족가구가 전년 대비 0.4% 감소한 것에 비해 비친족가구의 증가율은 8.7%에 이르고 있다. 비친족가구는 2022년에 약 51만 가구 정도 되고 가구원의 수는 약 110만

그림 6-1 **일반가구의 평균 가구원 수 및 세대 구성(2000~2052)**

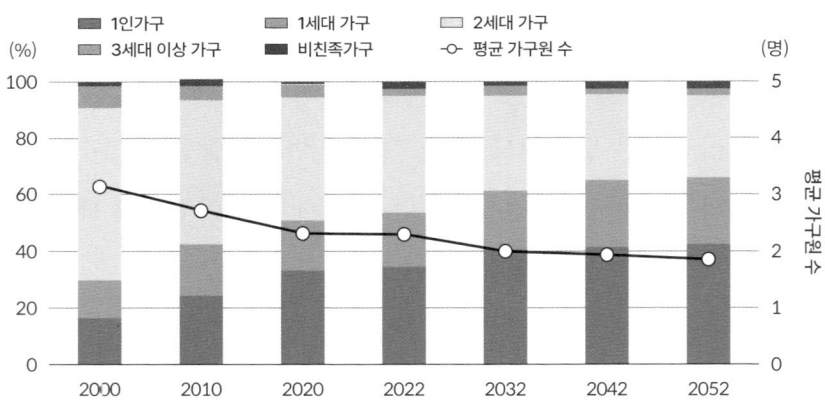

자료: 통계청, 『인구총조사(2000~2020)』;『장래 가구추계(2022~2062)』 재인용, 송유진(2024), p.67.
주: 1) 1세대 가구는 부부, 부+기타 친인척 등 동일 세대로 이루어진 가구임.
　　2) 2세대 가구는 부부+자녀, 부+자녀, 모+자녀 등 2개 세대로 이루어진 가구임.
　　3) 3세대 이상 가구는 부부+미혼자녀+양친 등 3개 이상의 세대로 구성된 가구임.

명에 달한다. 이 비친족가구 중 2인 가구가 약 80%여서 동거가구의 형태라고 추측할 수 있다.

다양한 가족에 대한 인정은 넓어지는 중

나와 일상에서 관계를 맺는 가족의 범위는 이처럼 점점 줄어드는 반면, 가족의 다양한 유형에 대한 인정 범위는 점점 넓어지고 있다. 사실혼가족, 한부모가족, 다문화가족, 입양가족에 대해서는 수용적인 태도가 나타나고,[7] 2023년 가족실태조사에서 응답자의 40~50%가 독신이나 이혼, 재혼, 비혼 동거에 긍정적으로 응답했다는 것은 가족의 형태에 대한 유연한 가치관의 변화를 보여준다.[8]

그림 6-2 **삶의 방식과 가족 가치관에 대한 생각**

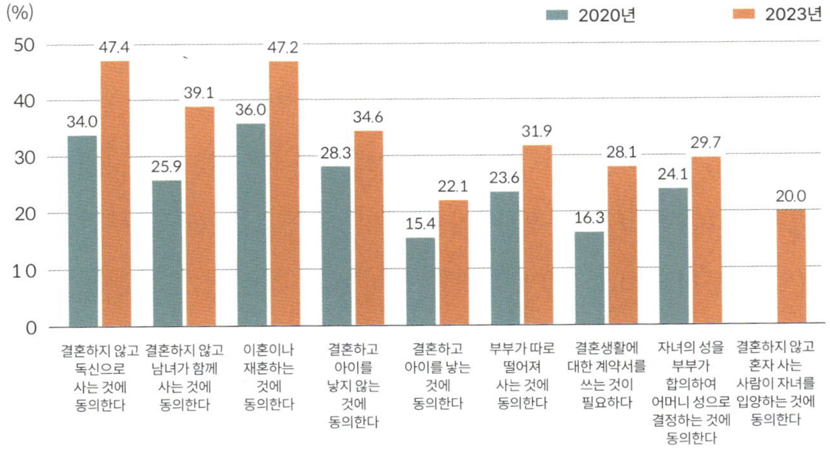

항목	2020년	2023년
결혼하지 않고 독신으로 사는 것에 동의한다	34.0	47.4
결혼하지 않고 남녀가 함께 사는 것에 동의한다	25.9	39.1
이혼이나 재혼하는 것에 동의한다	36.0	47.2
결혼하고 아이를 낳지 않는 것에 동의한다	28.3	34.6
결혼하고 아이를 낳는 것에 동의한다	15.4	22.1
부부가 따로 떨어져 사는 것에 동의한다	23.6	31.9
결혼생활에 대한 계약서를 쓰는 것이 필요하다	16.3	28.1
자녀의 성을 부부가 합의하여 어머니 성으로 결정하는 것에 동의한다	24.1	29.7
결혼하지 않고 혼자 사는 사람이 자녀를 입양하는 것에 동의한다	—	20.0

자료: 여성가족부, 『2023 가족실태조사』.

이를 연령대별로 다시 살펴보면 30대와 60대 간의 격차는 매우 크다. 비혼 독신으로 사는 것에 대해, 30대는 약 61%가 동의하지만 60대는 32.5%만 동의한다. 결혼 후 자녀를 갖지 않는 것에 대해 30대는 약 46%가 동의하지만 60대는 19.4%만 동의한다. 비혼 동거에 대해서도 30대는 약 52%가 동의하지만 60대는 25%만 동의한다. 이러한 세대 간의 생각의 차이는 가족 구성의 방식과 삶의 형태에 있어 다가올 변화를 함축하는 것이기도 하다.

가족 딜레마

'나처럼 살지 말라'

최근 인기를 끈 가족 드라마 <폭싹 속았수다(매우 수고하셨습니다)>를 보며 노부모세대와 성인자녀를 둔 기성세대는 자신의 부모와 자신의 삶을 눈물로 회상하곤 했다. 딸과 아들, 소년과 소녀, 여성과 남성에 대한 차별을 당연히 여겼던 빈곤의 시절, 애순의 엄마는 딸이 자신처럼 위험하고 고생스런 해녀로 살지 말 것을 당부했다. 조실부모로 공부의 기회를 놓친 애순 또한 한 평 부엌을 벗어나지 못하면서도 딸의 미래를 생각했다. 자신에게 의논도 없이 맏손녀를 해녀로 키우려는 시할머니와 시어머니에게 저항하며 판을 엎기도 했다. 어머니들은 가족들을 위해 희생적인 삶을 살면서도 딸에게는 '나처럼 살지 말라'고 가르쳤다. 딸이 자신이 원하는 삶을 살 수 있도록 유학을 지원하기 위해 살던 집을 팔기도 했다. 가부장적 관습에 사로잡힌 전통 가족 안에서 여성들의 분투는 두 세대를 지나며 딸의 딸에게 주체적인 삶의 기회를 부여했다.

호주제가 잊힌 만큼 '여아낙태 아들선호'도 옛말이 되었다. 딸들이 부엌이 아닌 사회에서 자신의 삶을 씩씩하게 개척하길 바란 현실이 눈앞에 나타나기 시작했다. 딸들은 이전 세대와 달리 경제적 지위 확보와 사회적 성취를 자신들의 생애 제1의 과업으로 삼게 되었다. 이와 함께 자연스런 생애주기적 과정으로 받아들여졌던 새 가족의 형성은 거꾸로 과업이 아니라 개인의 선택이 되었다. 물론 선택은 판단을 필요로 하는 과정이기도 했다. 맞벌이 가구 남성의 평균 가사노동시간은 하루 54분, 여성은 3시간 7분.[9] 일하는 여성의 가사노동시간이 남성의 약 3.5배에 이르는 현실과 '시월드'의 이야기가 사회관계망을 타고 흐르면서 선택은 더욱 신중해질 수밖에 없었다.

이러한 변화의 흐름 속에서 새로운 가족은 기성세대와는 완전히 다른 새로운 가족문화를 원하게 되었다. 2023 가족실태조사에 따르면 응답자의 55%가 제사를 지내지 않기를 원하고, 35%는 부부가 각자의 가족과 명절을 보내기를 원하며 연령이 낮을수록 동의 비율이 높게 나타났다.[10] 호주제는 폐지되었지만 혼례, 상례, 제례에 남아 있는 가부장제 양식들도 도전받기 시작했다. 가족의 문화와 의례에서도 새로운-평등한 결단을 요구받고 있다.

'공든 탑'과 '계급통'

이제 딸 아들 가리지 않고 자녀들이 사회에서 성공하기를 바라는 부모의 마음은 같아졌다. 우리나라의 경제성장과 부는 가족을 통해서 자녀세대가 '나처럼 살지 말기'를 위한 투자로 흘러들어갔다. 자녀는 공든 탑이 되었다. 탑은 무너질 수도 안 무너질 수도 있지만 부모들은 자녀라는 탑을 쌓아올렸다. 대학 진학률이 80%가 넘는 사회에서, 월급여가 좋다고 인식되는 직장이 10%도 되지 않는 사회에서 부모는 불안과 조바심에 일터에서 집으로 또다시 학원 앞으로 자신을 갈아 넣었고, 아이들은 점점 더 이른 나이에 부모가 바라는 좋은 대학과 좋은 직업을 얻기 위한 학업을 강요당하게 되었다. 이로 인해 아동청소년들의 우울증은 증가했고, 특히 강남 3구 아동청소년이 정신적 치료를 위해 의료기관을 찾은 비율이 더 높다는 사실도 밝혀졌다.[11]

자녀의 미래를 위한다는 공든 탑 쌓기가 자녀들을 내면으로부터 무너지게 하고 있다. 가족의 가치는 사라지고 관리만 남게 되었다. 그 안에는 자녀의 성공이 나의 삶의 의미이자 보람이 된 부모 세대의 텅 빈 탑만 있을 뿐이었다. 아동의 입장이 되어 본다면 또는 지옥 같은 교육경쟁을 경험해 본 부모라면 다음 세대가 무자녀를 선택하는 것도 일견 납득이 가게 되었다. 실제로 자녀의 필요성에 대한 긍정의 태도는 계속 감소해왔고 여성이 남성에 비해 크게 낮으며 그 격차는 지속적으로 커지고 있다.[12]

다른 한편, 가족은 우리 사회에서 합법적인 불평등 상속제도로 인식되기 시작했다.[13] 양극화는 커지는데 좋은 일자리는 적고 수도권 주거비가 급등하는 현실에서 청년의 입장에선 성공을 위한 뒷받침이든 새로운 가족을 구성하는 일이던 간에 자신과 가족의 경제력을 의식하지 않을 수 없는 상황이 되어 버렸다. 넘사벽이 된 경제적 격차 앞에서 '계급통'이라는 신조어가 생겼을 정도이다.[14]

새로운 가족을 선택한다는 것은 엄밀한 의미에서 완전히 자유로운 선택이 아니게 되었다. 청년세대의 새로운 가족의 형성은 생애주기적 의무에서 좀 벗어났을 뿐 실제로 개인의 순수한 선택이라고 보기 어렵다. 오히려 노동과 계층의 경험이 경합하면서 의미화되는 현실과 연동된다.[15] 청년들이 새로운 가족을 형성하겠다는 선택을 할 수 있게 되는 과정 이면에는 본인 또는 가족의 경제력 또는 경제적 역량이라는 배경이 있다.[16]

끝없는 일터

가족의 삶은 돌봄을 빼고 이야기할 수 없다. 2023 가족실태조사에 따르면 나이든 부모를 모시고 살아야 한다는 주장에 사람들이 동의한 비율은 25.4% 정도였고, 나이든 부모에 대한 경제적 부양에 대해서는 그보다는 많은 40.8%가 동의하는 것으로 나타났다.[17] 반면, 본인의 노후와 관련해서는 시설이 아닌 자신의 집에서(약 75%), 가족의 도움(56%)이 있기를 원했다.

또 노부모 부양은 가족 외에 정부와 사회도 지원해 주어야 한다는 생각이 가장 컸다(그림 6-3). 가족이 책임져야 한다는 생각은 그 다음이다. 특히 여성은 남성보다 정부와 사회가 함께 하길 원하는 정도가 높고 가족이 적게 하길 원하는 것으로 나타나는데 이는 돌봄 부담이 평균적으로나 관습적으로 여성에게 더 많이 지워지는 것을 의식하기 때문으로 보인다. 청년들의 입장에선 부모 세대가 노후에도 연금이나 자산 등 경제적으로 자립 상태이길 원한다. 부모세대와 달리 청년세대들은 원가족을 같이 살면서 지속적으로 돌보아야 할 대상으로 생각하지 않는다. 신체적으로도 부모가 노후의 플랜이 있길 원한다. 노부모를 집에서 돌본다는 것은, 지금의 청년세대는 상상하기 어렵다.

그림 6-3 **노부모 부양에 대한 인식**

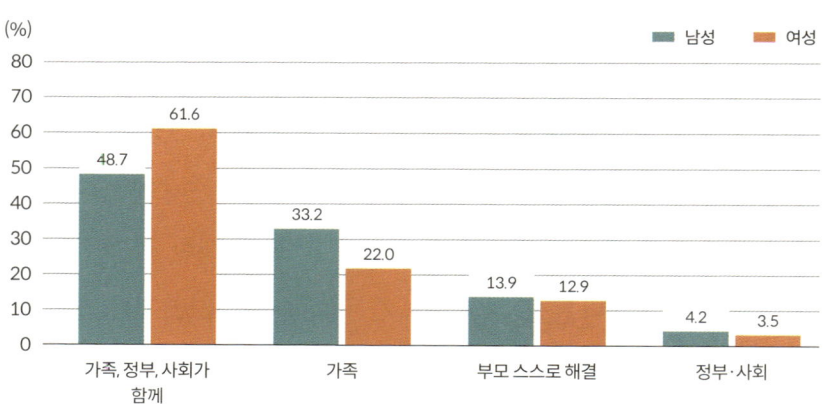

자료: 여성가족부(2021), 『제4차 건강가정기본계획(2021~2025)』.

남아선호를 뒤로 하고 딸을 원한다는 이야기들이 종종 들리기도 하지만 자신의 노후를 딸들이 더 잘 돌볼 것이라는 기대도 있다. 실제로도 그러하다. 50~60대가 된 딸들이 주로 80대, 90대 노부모를 정서적·신체적으로 살핀다. 도움이 필요하다고 응답한 노인에 대한 실제 돌봄 제공은 동거가족이 약 50%, 비동거가족이 약 47%, 그리고 장기요양보험서비스가 30.7%, 그리고 친구나 이웃, 지인도 20%, 노인맞춤돌봄서비스가 4.7%를 차지하고 있다.[18] 그런데 이 돌봄을 제공하는 사람은 대체로 배우자 다음으로 딸과 사회복지 관련 종사자, 장남의 배우자 순이다. 아내를 돌보는 소수의 남편을 제외하고는 대부분 여성들이 돌본다. 100세 시대에 부모 세대는 자신의 노부모 돌봄을 놓고 개인의 삶과 가족의 의무 사이에서 여전히 갈등한다. 자신의 몸도 돌봄이 필요한 시기로 접어드는 60대 여성들에게 가족 돌봄은 자녀들의 늦은 취업이나 캥거루 가족까지 염두에 둔다면 3중 부담이 된다. 초로에 진입한 여성들에게 돌봄 나눔이 없는 가족은 끝이 보이지 않는 일터가 되고 있다.

친밀성과 돌봄 나눔을 찾아

가족 딜레마는 해결될 수 있을까?

부모세대는 자신처럼 살지 말라고 하면서 자녀들을 경제적으로 성장시켰고, 이제 그 자녀들은 자신들의 삶의 실현 과정에서 가족의 가부장적 문화가 바뀌기를 원한다. 가족은 공든 탑을 쌓으면서 아프고, 초고령사회에서 노후에도 가족 간 돌봄의 분담을 놓고 갈등은 계속된다. 만들고 싶기도 하고 벗어나고 싶기도 한 가족. 이 딜레마는 어떻게 해결될 수 있을까? 개인이 가족에서 멀어지는 것이 답일까? 이미 사람들은 가족을 위한 존재라는 전통적인 역할보다 자신을 위한 삶을 선택하는 경향이 커진 게 사실이다.[19] 그럼에도 개인들이 가족을 부정하거나 원하지 않는 것은 아니다. 부모됨과 자녀의 필요를 인정하는 가족주의적 태도 또한 청년들에게 상당수 존재한다.[20] 자녀의 성장을 지켜보는 것이 인생의 가장 큰 즐거움이라고 생각하는 사람들이 약 70%에 달한다. 물론 동시에 경제적으로 부담되고 힘든 일로 인식하면서 자녀 때문에 하고 싶은 일을 못할 수 있다는 인식도 50~60%를 차지한다.[21]

평등한 의식을 소유하고 경제활동을 제1의 과업으로 삼는 젊은 여성들이나, 청년들이 나의 성공을 우선시하면서 현재와 같은 가족문화에 쉽게 발 담그려 하지 않으려 하는 것이나, 부모를 포함한 원가족을 책임지려 하지 않으려는 태도를 단순히 개인주의로 치부하는 것은 적절하지 않아 보인다. 일견 이기주의처럼 보이는 청년세대의 개인주의는 문화변동의 한 모습이자 생애 위험을 인식하고 있는 것과 관련이 있다.[22] 급변하는 불안정한 사회, 저성장과 양극화 사회 속에서 개인의 생존에 대한 고민의 발로라는 점이다.

이러한 상황에 놓인 개인들을 가족은 어떻게 감싸 안을 수 있을까? 새로운 세대는 가족 그 자체와 가족을 대하는 사회가 달라지길 원한다. 이제는 가족 집단의 이익과 그 안의 의무와 책임이 개인의 사생활이나 목적에 우선될 수 없고 가족 내 남성에게 집중되었던 권한과 권력이 여성에게도 동등하게 향유되어야 한다고 생각한다.[23] 청년세대의 개인주의적 태도는 가족관계의 새로운 정립 요구로 이해하는 것이 더 타당해 보인다. 형식적 가족이 아닌 가족적 삶에 더 주목할 필요가 있다.

가족 가치의 핵심은 상호호혜적 돌봄 나눔

새 가족 문화의 핵심은 상호호혜적 돌봄과 가족-사회 간의 돌봄 나눔이다. 가족은 자연스럽게 만들어지는 것이 아니라 특별한 노력으로 만들어진다. 가족 간의 관계는 친밀한 돌봄과 특별한 협력을 통해서 연결된다. 돌봄 나눔의 가치는 전사회적으로 품어야 할 가치이다. 돌봄은 가족과 개인의 생존을 위해 경제활동만큼 중요하며 국가, 기업, 지방자치단체, 지역사회가 함께 나누어야 할 가치이다. 모든 인간은 돌봄을 필요로 하는 관계적 존재이고,[24] 초저출산·초고령 사회에서 가족은 이를 홀로 감당하지 못한다. 돌봄 나눔이 우리 사회에서 두터운 바탕이 되어갈 때 가족은 비로소 그 고유의 친밀성을 고양시킬 수 있고 실질적 유대는 강화된다.

가족은 단일체도 고정적인 모델도 아니다. 그보다는 오히려 개인의 탄생 이후 사회문화적 변동에 따라 개인과 가족과의 경계가 유동하고 갈등하고 조율되는 장이자 과정으로 이해하는 것이 훨씬 더 현실에 가깝다. 가족의 경제적 부양은 주로 남성이 해야 한다는 주장에 남녀의 33~34% 정도만 동의하고 가족 돌봄과 가사는 주로 여성이 해야 한다는 생각에 24% 가량의 남녀만 동의한다는 최근의 조사결과[25]에서 호주제 폐지 20년 만의 큰 변화를 확인하고 있다. 가족 관계와 가족생활에서 개인의 존중과 평등 추구라는 변화의 흐름을 막을 수 없고, 그것이 가족이 개인과 공존하는 방식임은 두말 할 나위가 없다. 2030세대도 가족을 부정한다기보다는 오히려 개인과 양립하는 가족의 가치를 찾고 있다고 보는 것이 맞을 것이다.

가족의 가치가 친밀성과 상호호혜적 돌봄 나눔에 있고 그것이 가족의 존재 이유라면 그것은 누구에게라도 어떠한 가족의 형태에서라도 원활할 수 있도록 지원해야 한다. 혼인을 한 부부와 자녀로 이루어진 가족, 남계 중심 가족이라는 소위 '가부장적 정상가족' 관념이 가족을 대표하던 시대는 지나갔다. 친밀성과 돌봄 나눔에 기반한 유연한 가족 구성의 시대가 이미 우리 앞에 와 있다.

증가하는 전업주부(主夫)

가구 내 남성의 역할이 변화하고 있다

가구 구성의 변화, 산업구조 변화에 따른 근로형태의 변화 등으로 우리 사회 전반에 걸쳐 생활양식이 바뀌고 있다. 이에 따라 가구 내에서 구성원들의 역할, 개별 가구의 자녀돌봄 기능 등도 변화하고 있다. 하지만 우리 사회는 이러한 변화에 대해 유연하게 대처하지 못하고 있는 실정이다.

최근 10년간 남성의 가정에 대한 인식은 뚜렷하게 변화 중[26]

과거 우리나라 남성의 절대 다수는 일을 가정보다 우선시하고, 가정 내 역할에 대해서는 거의 전적으로 여성에게 의존하는 경향이 있었다. 하지만 최근에는 일과 가정의 양립을 추구하는 태도가 확산돼 실제로 '일을 우선시한다'는 남성의 비율은 2013년 63.8%에서 2023년 39.9%로 크게 감소한 반면, '가정을 우선시한다'는 응답은 같은 기간 8.3%에서 16.5%로 증가하는 모습을 보였다. 특히 '일과 가정의 양립을 추구한다'는 응답은 2013년 27.9%에서 2023년 43.6%로 크게 증가하여, 남성의 가치관 변화가 뚜렷하게 나타나는 것을 알 수 있다.

이러한 인식 변화는, 연령별로 확인해 보면 보다 정확하게 알 수 있다. 즉, 연령이 낮을수록 '가사노동'이나 '가족 돌봄'이 여성의 전유물이라는 인식이 약화되는 경향을 보인다. '가사노동을 주로 여성이 맡아야 한다'는 주장에 동의하지 않는 비율은 60대는 52.8%에 그치는 반면 20대의 경우 76.9%에 이르는 것으로 나타났다. 가족 돌봄에 대한 인식에 있어서도 '여성이 주로 담당해야 한다'는 의견에 60대는 58.7%가 동의하지 않았지만, 20대는 77.4%가 동의하지 않는 것으로 나타나 그 차이가 큰 것을 알 수 있다.

특히 30대를 중심으로 삶의 우선순위가 직장에서 가정으로 이동하고, 가사와 육아에 적극적으로 참여하는 남성이 늘어나는 추세를 보이고 있다. 더 나아가 남성 전업주부의 수가 지속적으로 증가하고 있는데, 앞서 언급한 바와 같이 가사노동은 여성이, 바깥일은 남성이 하는 것이라는 기존 가족 구성원들의 역할에 대한 가치가 변하고 있는 것이다.[27]

외환위기 이후 남성 전업주부 수의 증가와 추세 변화의 함의

우리나라의 남성 전업주부 수의 폭발적인 증가에는 외환위기라는 매우 특수한 상황이 작용했다. 즉, 외환위기로 대량 실업이 발생했고, 그로 인해 실직한 남성 상당수가 전업주부로 전환하게 되었다. 따라서 2000년에서 2002년 기간 동안 매년 30만 명대의 남성 전업주부 수를 기록해 2002년에는 그 수가 35만 명 수준에 이르기도 했다.

이후 경제 상황이 나아짐에 따라 2003년에는 그 수가 10만 명대로 급격하게 줄어들었다. 하지만 과거와는 다르게 이후 남성 전업주부 수는 지속적으로 증가하는 추세를 보였고, 통계청에 따르면 2024년 현재 가사 혹은 육아를 이유로 비경제활동 상태인 인구[28] 가운데 남성은 약 23만 명에 이르는 것으로 나타나, 2002년 35만 명 이후 가장 높은 수치를 보였다.

하지만 가사·육아로 인한 비경제활동인구 중 남성이 차지하는 비중은 3.4%에 불과하다. 즉, 다음에서 살펴볼 '하우스 허즈번드(House Husband) 현상'에서 우리나라는 다른 선진국들과 비교한다면 매우 낮은 수준을 보이는 것으로 나타났다.

해외 남성 전업주부 현황 들여다보기

남성 전업주부가 늘고 여성 전업주부가 줄어드는 '하우스 허즈번드 현상'은 전 세계적으로 확인되고 있다. 1990년대 초 미국에서 나타나기 시작한 것으로 알려졌으며 핵가족화와 더불어 성평등주의가 사회 전반에 확대되면서 여성의 취업이 증가하고, 남성보다 나은 경제력을 가진 여성들도 늘어나게 되면서 기존 여성이 담당하는 것으로 여겨졌던 가사 일을 남성이 맡게 되는 경우가 과거에 비해 늘어나게 된 것이다. 또는 맞벌이 부부들 중에 경기 침체 등 외부적 상황으로 인하여 남성이 실직해 비자발적으로 전업주부가 되는 경우도 존재한다.[29]

미국, 가족 돌봄을 위한 남성의 역할 변화 본격화돼

미국에서는 전업 아버지의 비중이 점차 확대되고 있다. 전업 부모 중 아버지가 차지하는 비율은 1989년 11.0%에서 2021년 18.0%로 증가하였으며, 전체 아버지 중 전업 아버지의 비율도 같은 기간 4.0%에서 7.0%로 상승하였다.

특히 무직 상태에 있는 아버지 중 '가정 돌봄'을 위해 일을 하지 않는 비율은 1989년 4.0%에서 2021년 23.0%로 증가하여, 가족 돌봄을 위한 남성의 역할 변화가 본격화되고 있음을 보여준다. 다만, 전업 아버지가 있는 가정의 경제적 여건은 상대적으로 취약한 것으로 나타났다. 유급 노동을 하지 않는 전업 아버지의 약 40.0%가 빈곤 상태에 있는 반면, 유급 노동을 하는 아버지의 경우 빈곤율은 5.0%에 불과했다.[30]

호주, 전업 아버지 가구 수 점진적 증가세 속 안정 양상

호주에서도 전업 아버지 가구의 수는 점진적인 증가세를 보인 이후, 최근에는 일정 수준에서 안정된 양상을 나타내고 있다. 2011년 기준 전업 아버지 가구는 약 6만 8,500가구로, 전체 양육 가정의 4.0%를 차지했으며, 2016년에는 약 7만 5,000가구로 소폭 증가했지만, 전체 비율은 여전히 약 4.0% 수준을 유지하고 있다. 1981년부터 2011년까지 남성 전업주부 가구는 꾸준히 늘었으나, 2001년 이후부터는 증가세가 둔화되어 비교적 안정적인 수준을 유지하고 있는 것으로 분석된다.

한편, 전업 어머니 가구는 상대적으로 자녀의 연령이 낮은 경우가 많았으나, 전업 아버지 가구의 경우에는 자녀 연령 분포가 맞벌이 가구와 유사한 경향을 보였다. 가사 및 육아 활동 시간 측면에서도 전업 아버지는 높은 수준의 기여를 보인다. 주당 평균 가사노동 시간은 전업 아버지가 28시간으로, 맞벌이 아버지(15시간)의 약 두 배에 달했으며, 자녀 양육 시간 역시 전업 아버지는 주당 19시간, 맞벌이 아버지는 12시간으로, 전업 아버지의 참여도가 높게 나타났다.[31]

영국, 2019~2022년 중 전업 아버지 수 34% 증가

영국에서도 전업 아버지의 수는 증가 추세를 보이고 있다. 전업 아버지는 2019년 10만 5,000명에서 2022년 14만 1,000명으로 약

34.0% 증가했으며, 전업 부모 중 아버지가 차지하는 비율은 같은 기간 14분의 1에서 9분의 1로 상승했다. 또한, 아버지가 자녀를 돌보는 시간은 1970년대부터 2000년대 중반까지 꾸준히 증가해왔으나, 이후 일정 수준에서 정체되고 있는 것으로 나타났다.[32]

캐나다, 10가구 중 1가구는 전업 아버지 가구

캐나다의 경우, 전업 아버지 가구는 1976년에는 전체의 약 1.4%(70가구 중 1가구)에 불과했으나, 2015년에는 약 10.0%(10가구 중 1가구)로 크게 증가했다. 이는 남성의 전업 육아 참여가 장기적인 추세 속에서 점진적으로 확산되고 있음을 보여준다.[33]

아빠의 역할을 가로막는 사회적 장벽

남성의 육아에 대한 인식 변화

가정의 중요한 역할 중 하나인 자녀 양육부문만을 살펴보더라도 남성, 즉 아버지의 적극적 양육참여에 대한 의향이 과거에 비해 상당히 높아진 것을 알 수 있다. 아버지의 육아참여에 대한 인식 및 실태를 살펴보면,[34] 만 5세 이하 자녀를 둔 아버지 681명을 대상으로 실시한 설문조사 결과, 99.9%(680명)가 아버지의 육아참여가 필요하다고 응답했으며, 그 중 '자녀 양육은 아버지와 어머니가 함께 해야 하기 때문'이라는 이유가 38.3%(142명)로 가장 높은 비중을 차지했다.

또한 2018년 남성(아버지) 육아 관련 인식 조사를 보면,[35] 전체 응답자의 87.7%가 남성의 육아 참여가 한국 사회에 필요하다고 공감하고 있다. 남성의 육아 활동이 필요하다는 인식은 '부부라면 당연히 나눠야 할 부담'이라는 응답이 77.4%(중복응답)로 가장 높았으며, 특히 30대의 경우 84.9%가 이와 같은 인식을 가지고 있어, 다른 연령대에 비해 부부 공동 육아에 대한 인식이 더욱 강한 것으로 나타났다(20대 79.2%, 40대 74.2%, 50대 71.2%). 또한 '맞벌이 부부의 증가'(66.6%), '여성의 육아 부담 경감'(55.8%), '여성의 사회 참여 증가'(40.4%), '가족 단위 활동의 증가'(31.0%) 등을 남성 육아의 필요성에 대한 이유로 들고 있다. 아울러 10명 중 9명은 '아버지가 육아의 일부분을 담당하는 것은 당연하다'고 응답했고, 전체 응답자의 68.5%는 '남편이 단독으로 생계를 책임지더라도 아빠 육아는 필수적'이라는 인식에 공감하는 것으로 나타났다.

그러나 동시에 우리나라의 직장 환경 속에서 남성의 육아 참여가 실제로 가능할지에 대한 의문도 높게 나타났다(64.8%). 특히 육아에 대한 고민이 가장 많은 시기인 30대의 경우 이 같은 비율이 70.4%로, 타 연령대에 비해 가장 높았다(20대 64.0%, 40대 65.6%, 50대 59.2%). 따라서 이후 살펴볼 육아 관련 휴직의 남성 사용에 대한 적극적 환경 조성이 매우 중요하다 하겠다.

남성 육아휴직의 어려움

실제 육아참여 실태에 있어서는 여전히 한계가 존재하는 것으로 나타났다. 앞서 살펴본 동일한 조사에서 응답자의 63.4%(432명)가 '육아참여 시간이 충분하지 않다'고 답하였으며, 주된 이유로는 '직장 일이 바빠서'(47.8%, 224명)가 가장 많이 언급되었다. 아버지와 어머니의 평균 육아참여 시간을 비교한 결과, 평일 기준으로 어머니가 아버지보다 약 5배, 주말에는 약 3배 이상 더 많은 시간을 자녀 양육에 할애하고 있는 것으로 나타나, 아버지의 육아참여가 보다 적극적으로 이루어질 필요가 있음을 시사한다.

또한, 아버지들이 육아에 참여하는 데 있어 겪는 어려움으로는

표 6-1 **연도별 남성 육아휴직자 수 및 비율(2014~2023)**

		2014	2015	2016	2017	2018
전체 육아휴직자 수(명)		124,317	136,560	140,403	142,038	153,741
남성 육아휴직자	수(명)	6,219	8,220	11,965	18,160	25,062
	비율(%)	5.0	6.0	8.5	12.8	16.3
		2019	2020	2021	2022	2023
전체 육아휴직자 수(명)		163,256	171,959	175,110	202,093	195,986
남성 육아휴직자	수(명)	32,051	38,813	42,197	54,565	50,455
	비율(%)	19.6	22.6	24.1	27.0	25.7

자료: 통계청, 『육아휴직통계』.
주: 2023년 자료는 잠정치임.

'아버지 대상 육아 프로그램 지원 부족', '육아 관련 정보 부족', '자녀 양육으로 인한 조퇴 등에 대한 눈치' 등이 주요하게 지적되었다. 특히 학력이 낮은 아버지일수록 육아참여에 어려움을 겪는 비율이 높게 나타났으며, 이는 일반적으로 육아지원 제도와 직장 환경이 상대적으로 양호한 대기업보다, 대체인력 확보가 어려운 소기업이나 소상공인 근로자들에게 더 큰 제약이 따름을 의미한다. 따라서 아버지의 실질적인 육아참여를 확대하기 위해서는 직장환경 전반에 대한 인식 개선과 함께 보다 실효성 있는 지원제도를 마련하는 것이 필요하다.

남성 전업주부 시대, 무엇이 필요한가?

앞서 언급한 바와 같이, 가구 내에서 남성의 역할 및 양육에 있어 남성의 역할에 대한 인식 변화는 지속적으로 일어나고 있다. 따라서 이를 뒷받침할 수 있는 적합한 정책적 지원이 필요한 시점이다.

예를 들어, 자녀돌봄에 있어 남성의 참여를 확대하기 위해서는 남성이 출산전후휴가, 육아휴직제, 육아기근로시간단축제 등의 대상 확대, 기한 연장 등의 정책적 확대에만 그치지 말고, 한시적으로라도 이들 제도 활용을 보다 강하게 의무화함으로써 남성의 육아참여 문화를 보다 빠르게 확산할 필요가 있다고 생각한다. 즉, 인식의 변화를 반영하고 정책의 사각지대 해소를 위해서는 보다 더 강력한 정책제안이 필요한 것이다.

　이러한 남성 육아참여에 대한 적극적인 정책수립은 결국 개별 가구가 유연하게 가사, 자녀돌봄 등과 같은 가구 내 역할을 분담하게 함은 물론, 나아가서는 필요하다면, 혹은 원한다면 남성도 전업주부 역할을 스스럼 없이 선택할 수 있는 사회문화를 조성하는 데 기여할 수 있을 것이다. 이는 궁극적으로 지금 우리 사회가 겪고 있는 초저출생 현상 극복은 물론 사회전반의 유연성을 향상시키는 데에 중요한 역할을 할 것이다.

Part **7**

인구소멸의 속도를 늦춰라

- 이민 확대는 인구위기 탈출구가 될 수 있을까?
- 가족과 함께하는 시간이 기업 성장의 자양분이 되는 사회
- 비혼 출산 가족: 선택권을 존중하고 차별을 해소하라

2012년 6월, 우리나라 인구가 5,000만 명을 넘어섰다. 2010년 당시 통계청은 2035년에 정점을 찍고 2040년대 초반부터 감소할 것으로 예상했으나 실제로는 2020년부터 인구가 줄어들기 시작했다. 현재 추세가 지속된다면, 2100년 인구는 낙관적으로 2,165만 명, 비관적으로는 1,466만 명 수준까지 줄어들 것으로 전망된다. 인구 감소는 피할 수 없는 현실이지만, 주목해야 할 점은 이 두 시나리오 간 약 700만 명의 차이다. '얼마나 줄어들 것인가'에만 머물 것이 아니라, '감소 속도를 어떻게 늦출 수 있을까'라는 관점에서 미래를 준비해야 한다. 이민자를 우리 사회의 일원으로 포용하는 정책, 비혼 출산을 포함한 다양한 가족 형태의 제도적 인정, 출산·양육·노동이 조화를 이루는 기업 문화 정착 방안을 통해 인구 대전환의 가능성을 살펴본다.

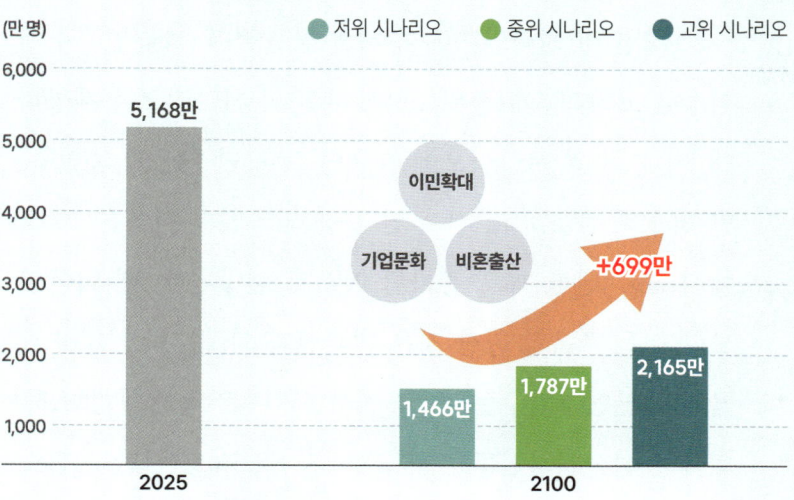

* 자료: 통계청, 『장래인구추계』.

이민 확대는 인구위기 탈출구가 될 수 있을까?

20년 이후 대한민국의 인구 구성

2024년 4월 통계청은 2022년 기준 장래인구추계를 반영한 2022~2042년 내·외국인 인구추계를 발표했다. 장래인구추계의 불확실성을 고려해 3개(중위, 고위, 저위)의 시나리오를 제공하고 있는데, 이 중 중위 시나리오에 따르면 2042년 한국의 총인구는 4,963만 명으로 감소하고, 전체 인구 중 외국인의 비율은 2022년 3.2%에서 2042년 5.7%로 증가할 것으로 전망된다. 내·외국인 구성비보다 더욱 주목할 만한 것은 내국인과 외국인의 연령구조인데, 내국인 생산연령인구는 70.5%에서 55.0%로 급격히 감소하는 반면, 외국인 생산연령인구는 89.2%에서 82.6%로 완만한 감소가 전망

된다.[1]

정리하면, 20년 이후 한국은 현재보다 전체 인구 중 외국인의 비중이 증가하고, 특히 생산연령인구 중 외국인의 구성비는 2022년 4.0%에서 8.4%로 두 배 이상 증가할 것으로 보인다. 그런데 이러한 전망치는 내·외국인의 유출입, 국적 취득 및 상실 등 과거 동향 자료를 토대로 전망한 것으로 사실상 향후 내·외국인의 구성비나 연령구조는 국내 귀화제도를 포함한 이민정책에 따라 변화할 가능성이 크다. 미래의 대한민국 인구에 대한 고민이 깊어지는 오늘날 시점에 이민정책이 빠질 수 없는 이유다.

지난 20년간 외국인의 국내 유입 추이

2000년대 이후 생산현장의 외국인 유입 본격화

외국인의 국내 유입이 본격적으로 증가한 것은 2000년대 이후로 국내 중소기업에서 일할 외국인을 정부가 고용허가제를 통해 직접 알선하면서부터이다.

2010년대에는 고용허가제를 통해 5만~6만 명이 신규 도입되었는데, 2023년과 2024년에는 그 규모가 12만~16만 5,000명으로 크게 증가했다. 하지만 이 집단의 경우 고용계약이 만료되면 본국으로 귀국해야 하기 때문에 신규 유입자가 계속 발생함에도 불구하고 국내 비전문취업자(E-9) 수는 비슷한 수준을 유지하고 있다. 코로나19 팬데믹 이전까지 20만~30만 명 정도를 유지했는데, 2024년 말에는 신규 도입 규모 확대로 30만 명을 넘어서게 되었다. 최근에는 비전문취업자(E-9) 중 일부에 대해 숙련기능인력(E-7-4) 자격으로 전환을 해주고 있는데, 이 집단까지 포함하면 현재 35만 명 이상의 취업자격 외국인이 우리의 제조공장이나 건설 현장, 농장 등에서 일하고 있다.

2007년 방문취업제가 도입되면서 중국이나 러시아·독립국가연합(CIS)의 한인들도 일손이 부족한 현장으로 유입되었고, 1999년 「재외동포의 출입국과 법적 지위에 관한 법률」 제정에 따라 신설된 재외동포(F-4) 자격으로 유입되는 해외 한인들이 계속 증가해 2010년 말 기준 8만 4,912명이었던 재외동포(F-4)는 2024년 말 55만 3,664명으로 급증했다. 이 중 일부는 영주(F-5) 자격을 취득하기도 했다(그림 7-1). 이들 동포는 주로 광제조업이나 건설업, 도소매·음식·숙박업, 사업·개인·공공서비스업 등에서 기능·기계조작·조립 종사자나 단순노무 종사자로 일하고 있다.[2]

지난 20년간 국내 유입되는 외국인은 국내에서 생산 현장이나 서비스 단순노무직에 종사하려는 사람들이 대부분을 차지했다고 볼 수 있다. 물론 한국인과의 혼인 관계로 외국인이 국내에 계속 유입되기도 했지만, 위에 언급한 두 집단(비전문취업자와 동포)의 규모에는 훨씬 못 미친다.

그림 7-1 '동포' 관련 체류자격 소지자 규모(2010~2024)

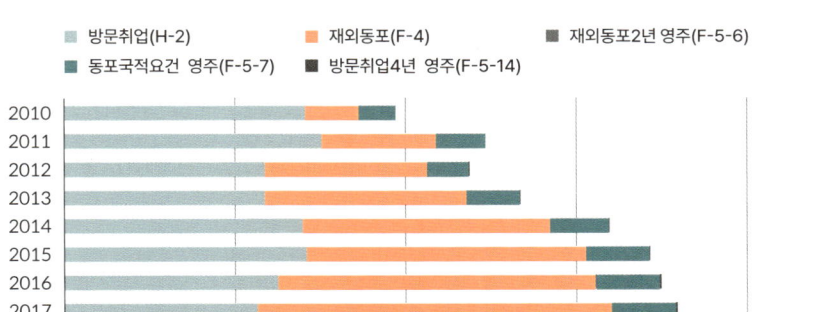

자료: 법무부, 『출입국자 및 체류 외국인 통계: 등록외국인 지역별 현황, 외국국적동포 거소신고 현황』.
주: 각 연도 12월말 기준.

아직 외국인 전문직 종사자는 많지 않아

반면, 취업자격 외국인 중 관리직이나 전문직 규모는 크지 않고, 오히려 감소 추세에 있다.

그동안 전문직 종사자의 대부분은 영어나 중국어 등 외국어 회화 강사(E-2)였는데, 2010년 이래 이 집단의 규모는 감소 추세에 있다.[3] 교수(E-1)는 2010년 이래 2천 명대 수준을 유지했는데, 최근에는 오히려 그 규모가 1천 명대로 감소했다. 연구직(E-3) 종사자는 2010년(2,295명) 이후 증가 추세였지만 2022년(3,957명)을 기점으로 감소하여 2024년 3,397명을 기록했다.

　최근 특정활동(E-7) 자격[4]의 외국인이 증가했는데, 대부분 증가분은 용접원, 도장공 등 기능원이나 기능종사자이거나, 단순노무직으로 분류되고 있는 고용허가제 비전문취업자(E-9) 중 일부 선별된 숙련직(E-7-4)이다.

　정리하면, 국내 취업자격 외국인 중 한국표준직업분류에 따른 전문직 종사자는 많지 않은 상황이다. 그러다 보니 2024년 기준 전체 취업자격 소지자 중 단순노무직이나 숙련직 종사자 비중이 90%를 넘어서는 상황이다(그림 7-2).

　전문직 종사자 중 일부는 보다 안정적인 체류자격으로 전환했을 가능성이 있는데, 전문직 종사자 등 경제이민경로로 거주(F-2)나 영주(F-5) 자격을 취득한 사람은 2024년 말 기준으로 2만 3,016명 남짓으로 통계적으로 확인 가능한 모든 집단을 합산하더라도 전문직 종사자 수는 크지 않음을 알 수 있다.

　이러한 노동시장 내 외국인의 편중된 역할은 국내 기업의 수요 등 여러 가지 원인이 있겠지만, 정부의 엄격한 관리도 한몫을 했다고 볼 수 있다. 일부 전문직(회화 강사나 교수, 연구 등)에 대해서는 외국인이 특정 자격요건을 갖추었다면 정부가 시장에서 이루어지는 사적 계약에 개입하고 있지 않지만, 그 외 직종에 대해서는 국민의 일자리 보호의 취지로 사실상 외국인의 고용(취업)을 쉽게 허용하지 않았다. 우리나라의 경우 영어권 국가도 아니고, EU와 같이

그림 7-2 취업자격 소지자 중 단순직 및 숙련직 규모(2010~2024)

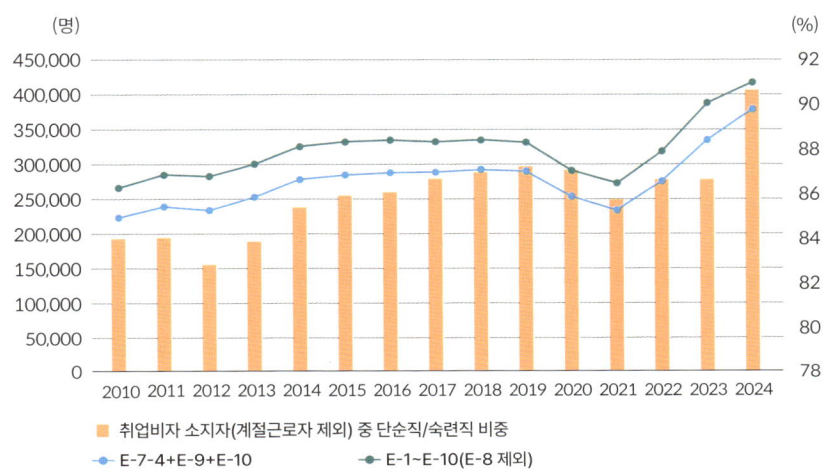

자료: 법무부, 『출입국자 및 체류 외국인 통계: 등록외국인 지역별 현황, 외국국적동포 거소신고 현황』.
주: 각 연도 12월말 기준.

자유로운 노동력 이동이 허용되는 환경이 아니기 때문에 이미 언어적·문화적 장벽이 있을 수밖에 없는데, 정부가 전문직 종사 외국인의 노동시장 진입에 추가적인 장벽을 두고 있는 상황이다.

사회구성원 확보와 이민계획의 중요성을 생각하다

산업구조의 변화와 '인재 유치' 위한 정책들

앞서 국내 노동시장 내 외국인의 역할이 편중되어 있다는 점을 지적했는데, 최근 정부는 기술환경 변화에 대응하는 차원에서 인재 유치에 관심을 쏟고 있다.

먼저, 2023년부터 과학기술분야에서 연구인력 유치 및 정착을 유도하기 위한 다양한 정책이 추진되고 있다. 구체적으로 KAIST 등 이공계 특성화기관에서 석·박사 학위를 취득한 외국인을 대상으로 졸업 후 취직 여부와 무관하게 거주권을 보장해 주면서 연구활동을 유지하게 하고, 이후 연구경력이나 성과에 따라 영주권을 부여하도록 하고 있다. 제도 시행 바로 직후인 2023년 3월 말 기준 이를 통해 거주(F-2-7S) 자격을 취득한 외국인이 68명이었는데, 2년 후인 2025년 3월 말에는 그 수가 262명으로 증가했다. 2024년 7월부터는 해외 이공계 학사과정생을 연구유학생으로 초청할 수 있도록 하거나, 우수한 석사학위 소지 연구자의 경우에는 경력이 없더라도 취업자격[5]을 부여하고 있다.[6]

더불어 첨단산업분야에서도 인재를 유치하기 위한 법적 근거를 마련했고,[7] 2022년부터는 정부가 정한 일정 요건을 갖춘 외국인을 첨단산업 분야 기업이 고용할 때에는 '직종'에 제한을 두지 않겠다고 발표한 바 있다.[8] 2025년 3월 기준 이 방식으로 취업자격을 부여받은 외국인은 총 55명이다. 가장 최근에는 첨단산업 탑티어(Top-Tier) 인재에게 입국과 동시에 거주(F-2) 자격을 부여하고, 10년 간 근소소득세를 감면해 줄 뿐만 아니라, 자녀의 외국인학교 정원외 입학을 허용하고, 전용 전세보증상품을 개설하는 등의 특별 대우를 제안하기도 했다.[9] 이러한 정책들이 시행된지 얼마 되지 않았고, 아직은 수혜 집단의 규모가 크지 않아서 정책에 대한 평가가 이루어지기는 어렵지만, 이러한 정책들이 실제 효과를 가져오기까지 오랜 시간이 걸리기 때문에 정책이용자들에게 정보가 잘 전달되고 있는지 등 추진 현황에 대한 면밀한 모니터링도 필요해 보인다.

최근에는 외국인 유학생의 졸업 후 취업을 유도하기 위한 목적에서 구직 활동의 기회를 폭넓게 주고 있다. 예전에는 유학생들이 졸업 직후 취업에 실패하면 본국으로 바로 귀국했어야 하는데, 이제는 한국에 남아 아르바이트 등을 하면서 일자리를 찾아볼 수 있게 된 것이다. 국내 (전문)대학을 졸업한 외국인들은 국적이나 전공 등에 따라서 차이가 있기는 하지만 국내에서 계속 체류와 취업의 의사가 있는 것으로 확인이 되었고, 그 경향성은 최근으로 갈수록 더 뚜렷해지고 있다.[10]

하지만 구직의 기회가 주어지더라도 국내 유학 출신자들이 자신의 관심사와 역량에 부합하는 일자리를 구하는 것은 쉽지 않은 상황이기는 하다. 외국인의 입장에서 정보나 취업 준비 부족의 문제도 있겠지만, 위에서도 언급했듯이 사실상 한국은 단순노무직을 제외하고는 외국인의 노동시장 진입에 친화적인 환경은 아니다.

현재 단순노무직의 경우, 특히 비수도권 지역에서는 내국인의 신규 유입이 불가능하다고 판단하기 때문에 외국인의 고용허가를 계속 확대해 온 반면, 외국인이 취업하여 역량을 발휘할 수 있는 분야에 대해서는 내국인의 일자리 보호라는 취지로 취업 제한을 두고 있는 것이다. 이러한 제한은 사업장별 내·외국인 고용 비율, 임금 등 다양한 형태로 이루어지고 있다.[11] 국내 청년의 일자리와 겹치지 않는 일자리가 보통 중소기업의 일자리인데, 대부분 국내 유학 출신자는 이러한 일자리에 대한 선호가 없는 것도 현실이다. 그렇기에 유학생 내 다양한 욕구와 국내 기업의 수요를 어떻게 합리적으로 매칭할 것인지에 대한 고민이 더욱 필요해 보인다.

영주이민계획을 통한 '사회구성원' 확보 긴요

위와 같은 최근의 변화는 반가운 소식이지만, 여전히 지금 당장의 국내 수요에 대응하기 위한 일련의 정책들이라는 점에서는 기존의 이민정책 틀을 벗어나지 못한 듯하다. 즉, 이러한 정책을 통해 유입되는 사람들이 경제적·산업적 수요를 충족시키는 것 외 한국 사회에 어떤 의미가 있는지에 대한 진지한 고민이 부재하다.

현재 우리나라가 직면한 초유의 인구 위기에 대응하기 위해서는 지금 설계하는 이민정책도 '인구정책의 관점'이 접목될 필요가 있다. 즉, 신규 유입되는 외국인들이 한국의 경제와 산업에 기여할 뿐만 아니라, 사회구성원으로서 우리 공동체의 유지와 재생산에 기여할 수 있는 집단임을 분명히 인식해야 한다.

이러한 관점 변화의 필요성은 우리가 필요로 하는 '외국인력'을, 우리가 원하는 때에 언제든 불러올 수 없다는 문제 인식에서 출발한다. 우리나라뿐만 아니라 대부분의 국가들이 인구 확보를 위해서, 혹은 인재를 유치하거나 노동력 부족에 대응하는 차원에서 이민정책을 운영하고 있지만, 사실상 '이민국가'라는 명확한 메시지를 보내는 국가들과의 경쟁에서 나머지 국가들이 우위를 점하기란 쉽지 않다.

미국, 호주, 캐나다와 같은 정착형 이민국가, 그리고 아시아 내에서도 해외로부터 인재를 적극적으로 유치하고 있는 싱가포르 등에서는 외국인들이 그 사회에 빠르게 정착할 수 있도록 안정적으로 법적지위가 주어지고,[12] 출신배경과 상관없이 사회의 일원으로 받아들여진다는 인식을 심어 주었다.

예를 들어, 호주는 2024~25 회계연도에 기술이민 경로를 통해 총 13만 2,000명의 외국인에게 영주권을 발급하기로 했는데,[13] 이는 호주가 필요로 하는 전문성이나 기술을 보유하고 있는 외국인과 그 가족에게 발급되는 영주권 수이다. 호주에서는 제2차 세계대전 이후 인구성장을 목표로 매년 인구의 1% 정도는 이민을 통해 확보하겠다는 목표를 설정했는데, 2024~25 회계연도에는 인구의 0.7% 정도가 신규 영주권자가 되고 있다. 미국은 국적이민법에 연간 영주권 발급건수가 명기되어 있기 때문에 매년 영주권 발급건수 변화가 거의 없다고 볼 수 있는데, 고용기반 영주이민 경로(Employment-Based)를 통해서 매년 14만 명(취업허가를 받은 외국인과 그 가족 등)에게 영주권 발급이 계획되어 있다.[14] 캐나다는 미국이나 호주보다 연간 영주권 발급 규모가 훨씬 크다. 매년 영주권 발급 규모에 차이가 있는데, 2025~2027년 사이 캐나다 정부는 연간 21만~25만 개의 영주권을 경제이민자와 그 가족에게 발급할 계획이다. 미국과 캐나다, 호주 세 개 국가에서만 전문성이나 기술을 보유한 외국인과 그 가족에게 연간 50만 명의 영주권이 발급되는 것이다.

정착형 이민국가에서도 해외에 있는 외국인들에게 바로 영주권을 발급하기보다는 국내에서 취업 등의 경제활동을 해온 외국인들 중 일부를 선별하여 영주권을 발급하고 있다. 예를 들어, 미국에서는 '이중의도(Dual Intent)'를 허용하는 취업비자를 소지한 외국인들은 국내에 머무는 동안 영주권을 신청할 수 있다. 호주나 캐나다에서도 대부분의 취업비자 소지자는 영주권 신청이 가능하다.[15] 이에 더해 유학 경로를 통해 유입된 외국인들이 졸업 후에 취업을 하고, 그 경력과 전문성을 인정받아 영주권을 취득하는 방식으로 대부분 국가들의 정책이 변화하고 있다. 다시 말해, 외국인들이 국내에서 취업 등 경제활동을 통해 자신의 역량과 사회 적응력을 증명해 보인 경우에는 가족과 함께 영주할 수 있게 하는 것이다. 오랫동안 영주이민제도를 운영해 온 영어권 국가들이 이미 매년 수십만 명의 전문직·기술직 종사자의 신규 유입과 영구 정착을 허용하고 있는 상황에서 한국은 전문직·기술직 종사자들에게 매력적인 목적지로 자리잡기 어려울 수밖에 없다.

이러한 상황에서 우리나라가 인재 유치를 위한 경쟁력을 확보하기 위해서는 그간에 외국인의 노동력이나 인적자원 활용에만 초점을 두었던 단기 정책에서 사회구성원의 확보를 위한 중장기 정책으로의 전환이 필요해 보인다.

[그림 7-3]은 2010년 이래 영주자격을 소지하고 있는 국내 외국인의 규모 추이를 보여준다. 지금껏 우리나라의 이민정책에서 정주를 허용한 집단은 사실상 국민의 배우자와 일부 동포, 이제는 소수이기는 하지만 대만 화교로 국한된다고 볼 수 있다. 그 외에는 안정적인 체류를 보장받은 집단이 없었다고 해도 과언이 아니다.

인구와 이민정책의 중요한 이해관계자 중 하나인 기업에게 취업자격 외국인의 안정적 지위 취득은 어떤 의미일까? 기업의 입장

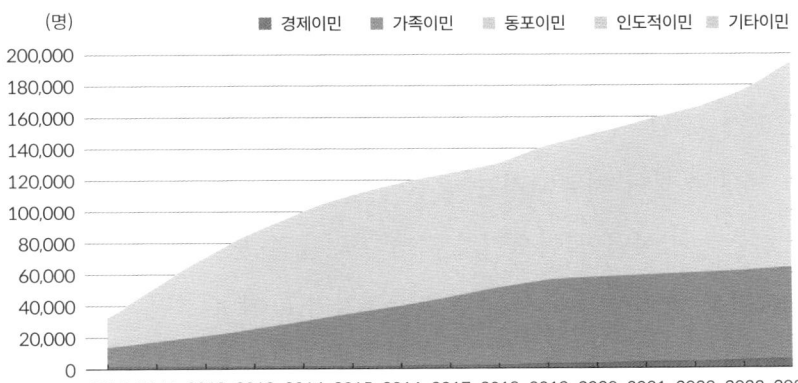

그림 7-3 이민경로별 영주자격 소지자 규모 추이(2010~2024)

자료: 법무부, 『출입국자 및 체류 외국인 통계: 등록외국인 지역별 현황, 외국국적동포 거소신고 현황』.
주: 1) 각 연도 12월말 기준.
   2) 경로는 영주자격의 세부약호에 따라 경제이민(F-5-1, 5, 9, 10, 11, 13, 15, 16, 17, 21, 23, 24, 25, 26), 가족이민(F-5-2, 3, 4, 18, 19, 20, 22), 동포이민(F-5-6, 7, 14), 인도적이민(F-5-27) 기타이민(F-5-8, 12)으로 구분.

에서 단순히 생각하면 외국인 직원을 고용계약에 귀속시켜야 이직으로 발생하는 비용을 절감할 수 있다고 보고, 해당 직원이 안정적인 법적지위를 취득하는 것을 꺼려할 수 있다. 하지만 실상 능력이 뛰어난 인재를 고용계약으로만 묶어 둘 수는 없는 것이고, 오히려 외국인의 불안정한 지위는 기업의 입장에서도 불안 요인이 될 수 있다. 외국인의 '비자 문제'까지 기업이 신경을 써야 하는 부담을 안게 되며[16] 불안정한 지위를 가진 외국인에게 교육이나 훈련 등의 투자를 하기도, 중책을 맡기기도 어렵다.

이민자와 함께 꿈꾸는 대한민국의 미래

기술의 변화 속도는 빠르고 로봇이 앞으로 인간이 수행하는 많은 업무들을 대체할 수 있겠지만, 로봇만으로 사회의 재생산은 어렵다. 10~20년 이후 국내 생산연령인구 감소 속도가 커지고, 국가 간 인재 경쟁이 치열해지는 상황에서는, 해외로부터 우리가 필요로 하는 사람들을 끌어오기가 더욱 어려울 수 있다.

이민분야에서 있어 사실상 후발주자라고 할 수 있는 한국은 인재의 마그넷이라고 할 수 있는 정착형 이민국가들과의 경쟁에서 경쟁력을 갖추기 위해서 한국만의 전략을 수립할 필요가 있다. 중요한 것은 한국 역시 외국인들이 정주하며 성장할 수 있는 곳으로 인식되어야 하는 것이다.

개방적 사회시스템으로 전환하자

외국인의 입장에서 자신이 살던 곳을 떠나서 새로운 사회로 들어올 때에는 기회비용을 따질 수밖에 없다. 한국에서 살기 위해서는 한국어도 학습해야 하고, 사회의 모든 시스템에 익숙해지기 위해 시간과 노력을 투자할 수밖에 없는데, 한국에서의 미래에 대한 확신도 없이 이러한 투자를 하는 것은 쉽지 않다.

지금까지 우리에게 외국인들은 일을 하다가 본국으로 되돌아갈 사람들이기 때문에 우리는 이들의 성장, 기여에 대한 보상, 가족생활, 한국 사회와의 관계에 대해서는 관심을 두지 않았고, 문제점이 있더라도 개선의 의지가 부재했다. 결과적으로 이민 1세와 그 가족을 위한 사회적 기반이 취약하다.

우리보다 앞서 인구구조 변화에 직면한 독일의 경우에는 이미 EU 역내 이동을 통해서 다양한 배경의 사람들이 사회구성원이 되는 경험을 축적했는데, 최근에는 역내의 인구이동만으로 노동시장의 수요에 대응하기 어렵다는 판단으로 역외까지 노동시장을 개방하고 있다. 그 과정에서 기존에 EU 회원국 국민들, 혹은 보호가 필요한 난민들에게 제공되었던 사회서비스가 제3국 국민들에게까지 확대되고 있다. 구체적으로 제3국 국민들이 해외의 자격을 독일에서 인정받고, 활동할 수 있도록 인증체계를 구축하고, 추가적인 훈련이 필요한 경우 이를 보완할 수 있는 시스템을 마련하는 등 외국인의 독일 노동시장 진입을 수월하게 하는 데 필요한 실질적인 준비를 차근히 해오고 있는 것이다. 우리도 새로운 사회구성원들을 위한 개방적 사회시스템으로의 전환이 필요한 때이다.

이민자의 자녀 세대에 대한 관심 필요

인구정책 측면에서 우리가 특히 관심을 가져야 하는 대상은 이민 1세의 자녀 세대이다. 미국의 대표적인 기업인 애플이나 알파벳, 아마존 등이 이민자나 그 자녀가 설립한 기업임은 널리 알려진 사실이고, American Immigration Council에 따르면 2024년 포춘(Fourtune) 500대 기업 중에서 46%(230개 기업)가 이민자나 그 자녀에 의해 설립되었다. 2024년에만 10개의 신규 기업들이 500대 기업에 진입했는데, 절반이 이민자나 그 자녀에 의해 설립된 기업이었다.[17] 미국의 민간연구기관인 Pew Research Center의 분석에 따르면 미국의 119대 국회의원 중에서 최소 15%가 이민자 혹은 그 자녀이고, 하원과 상원에 각각 61명, 19명이 그에 해당한다.[18] 이민자의 자녀 세대가 이후 한국에 수만 명의 일자리를 창출하거나, 사회의 리더로서 자리매김할 수도 있는 것이다.

전문직에 종사하는 국내 외국인들이 또 다른 이주를 가장 많이 고민하게 되는 시점이 자녀가 정규교육 과정에 진입하는 시기라고 한다. 물론 한국의 사교육 문제 등 한국의 경쟁적 교육환경에 대한 우려도 있겠지만, 한국어로 교육을 받게 되면 이후에 다른 언어권의 교육체계로 적응하는 것이 어렵기에 자녀가 학교에 입학

하기 전에 영어권 국가들로 이주해 가는 것이다. 취업자격을 소지한 외국인들이 한국에서 가족을 꾸리고, 그 가족이 영주권과 같은 안정적인 법적지위를 취득할 수 있도록 하고, 특히 자녀에 대해서 국적 취득의 기회를 부여해 한국의 사회시스템에 온전히 편입될 수 있도록 하는 것이 이들의 재이주를 예방하는 방안이 될 수 있다. 2023년 「초중등교육법」을 개정하여 외국인 아동·청소년의 교육지원에 대한 법적 근거를 마련하고, '이주배경학생 인재양성 지원방안(2023~2027)'을 통해 부모가 외국인이라 하더라도 우리의 '인재'가 될 수 있음을 명시한 것은 중요한 정책 변화라고 할 수 있다. 하지만 현장에서는 정책의 변화를 좇아가지 못하는 상황이라고 한다. 한국인으로의 귀화 여부와 상관없이 이민 2세가 한국 사회에서 성장해 나가는 동안 자신 혹은 부모의 출신배경 등으로 인해 차별받지 않고, 자신의 역량을 제대로 발휘할 수 있도록 뒷받침해 주는 것이 미래를 위한 우리의 준비가 될 것이다.

가족과 함께하는 시간이
기업 성장의 자양분이 되는 사회

저출생 문제의 숨겨진 진실

인구위기 해결사로서 기업의 역할을 생각한다

최근 ESG 경영이 화두가 되고 있다. E는 환경(Environment), S는 사회적 책임(Social), 그리고 G는 투명한 지배구조(Governance)를 의미하며, 기업 경영의 지속가능성을 달성하기 위한 핵심 요소를 강조하는 새로운 경영 패러다임이다. 그동안 한국 기업은 산업화의 최전선에서 고도성장을 이끌었던 주역이었다. 하지만 그 과정에서 환경 문제, 불평등 문제 등 다양한 사회적 부작용이 심화되면서 환경 보호, 사회적 약자 지원 등 기업의 사회적 책임을 높이자는 것이 ESG 경영의 목표이다.

이때 대한민국의 저출생 현상은 기업 내 근로 환경과 밀접하게 관련되며, 문제 해결을 위해서는 기업의 적극적인 참여가 요구된다. 저출생의 원인은 다양하지만, 그 핵심에는 돌봄과 시간의 문제가 자리하고 있다. 우리나라는 급격한 산업화를 겪으면서 일과 노동의 가치가 결혼, 출산, 양육 등 가족 형성의 가치보다 상대적으로 높아져 왔다. 이제는 일과 가정이 양립할 수 있도록 일하는 문화를 바꿔야 하며 기업 경영이 가족(Family)친화적으로 변해야 한다. ESG에서 사회적 책임(S)의 핵심이 가족(F)이어야 하며, EFG 경영은 저출생 해법의 새로운 패러다임으로 추진되어야 할 것이다.

돌봄과 시간 제약이 문제의 핵심이다

일과 가정은 풍요롭고 행복한 삶을 유지하기 위한 중요한 기반이다. 사람들은 노동을 통해 소득을 획득하고 삶에 필요한 소비로부터 효용을 얻게 되며, 결혼, 출산, 양육 등 가정을 형성하면서 삶의 행복을 찾게 된다.

경제학적 관점에서 보자면, 일은 시장에 노동력을 제공해서 삶에 필요한 재화와 서비스 구매할 수 있는 경제적 기회를 창출한다. 그런데 가정에서 행복을 창출하는 것도 결혼, 출산, 양육 등 유무형의 가정 내 서비스를 생산하기 위한 노동 투입이 필요하다. 행복한 결혼 생활과 양육을 위해서는 가족과의 시간이 절대적으로 중요하기 때문이다. 특히 아이를 돌보고 키우는 일은 높은 강도의 시간 투자가 필요한 일이다. 따라서 일은 물론이고 가정 내 서비스 생산에서 가장 중요한 생산요소는 시간이라 할 수 있다.

하지만 우리에게 주어진 시간은 무한하지 않으며 하루 24시간의 제약이 있다. 시간 제약이 있다는 것은 시장에 투입하는 노동시간과 가정 서비스 생산을 위한 시간 간에 대체 관계가 존재함을 의미한다. 한쪽의 시간을 늘리려면 다른 쪽의 시간을 포기해야 가능하다. 그러므로 이같은 대체적 관계에서 요즘처럼 경제적 생존의 필요가 커지면, 일의 가치가 높아지고 가정을 위한 시간 즉, 결혼·출산·양육을 포기하게 된다.

가정, 특히 아이 돌봄을 위한 시간을 늘리는 방법은 제한적이다. 일하는 시간을 줄여서 부모가 직접 돌보는 시간을 늘리거나, 누군가가 아이 돌봄을 대신 맡아주는 방법뿐이다. 후자의 경우는 부모의 일하는 시간을 줄이지 않아도 되는 장점이 있지만, 시장에서 돌봄 서비스를 구매하거나 국가가 공공 서비스를 제공하는 과정에서 비용이 수반되는 단점이 있다.

소득 수준이 낮아 돌봄 서비스 시장이 활성화되지 않았고 국가의 아이 돌봄 책임도 낮았던 과거에는 돌봄의 문제는 가정 내 분업을 통해 해결했다. 남성은 일을 하고 여성은 가사와 돌봄을 맡는 방식이 일반적이었다. 이 같은 성 역할의 구분은 20세기 초만 하더라도 선진국에서도 일반적이었다. 당시 여성들의 경제활동 참여율이 낮았던 것은 일과 가정의 분업에 따른 성 역할 구분의 결과였고, 이런 상황에서 여성들을 위한 교육 투자는 매우 미흡했다.

하지만 현대 사회로 진입하면서 큰 변화들이 일어나기 시작했다. 아이 돌봄의 국가 책임이 강화되면서 돌봄 시설, 공공 서비스, 그리고 비용에 대한 재정 지원이 적극적으로 확대되기 시작했고, 전반적인 소득 수준이 높아지면서 돌봄 서비스를 시장에서 구매하는 것도 보편화되었다. 그 결과, 여성들이 가사와 돌봄으로부터 자유로워지고 경제활동 참여가 빠르게 늘고 교육 수준도 개선되었다.

그렇다고 국가와 시장의 돌봄 서비스가 가정의 돌봄 필요를 완벽하게 충족시키지는 못한다. 돌봄 시간을 국가와 시장으로 모두 채우려면 상당한 비용이 필요하므로, 현실적으로 가능하지 않다. 또한 시간적 공백을 국가와 시장의 서비스로 채우는 것이 바람직하지 않을 수도 있다. 자녀의 성장에서 부모와 자녀의 애착, 정서적 유대 형성을 위한 시간 투자도 중요하기 때문이다.

이런 이유로 국가의 돌봄 책임이 강화되고 돌봄 서비스 시장이 활성화되어도 돌봄 공백의 문제는 완전하게 해결하기는 어렵다. 이런 돌봄 공백을 해소하기 위한 유일한 해법은 일하는 시간을 줄이는 것이다. 하지만 일을 통해 획득하는 소득을 포기하는 것은 쉽지 않고, 결국 과거의 성 역할 구분에 따라 여성들이 양육을 위해 일을 그만두는 경력 단절의 문제가 발생하게 된다. 이 같은 사회현상이 지속되면 자기 계발을 추구하는 미혼 여성들은 경력 단절 우려와 기회비용의 증가로 인해 결혼, 출산을 선택하지 않게 된다.

이것이 지금 한국 사회가 직면한 저출생 문제의 핵심 원인이다.

사회적 수요 대비 부족했던 일·가정 양립 정책 돌아보기

돌봄 공백 해소 위해 정책적 노력 기울였으나…

2015년 이후 우리나라의 출산율이 급락했는데, 이는 2015년을 전후로 돌봄을 중심으로 일과 가정의 양립에 대한 사회적 수요는 빠르게 늘었으나 적극적인 정책 대응이 부족했던 원인이 크다.

2015년은 한국 사회에서 여성의 사회경제적 지위에서 큰 변화가 있던 시기이다. [그림 7-4]에서 볼 수 있듯이, 여성의 대학 취학률과 20대 후반 여성의 경제활동 참여율이 남성을 앞지르기 시작한 것이 2015년이다. 절대적인 수치에서도 현재 우리나라 여성

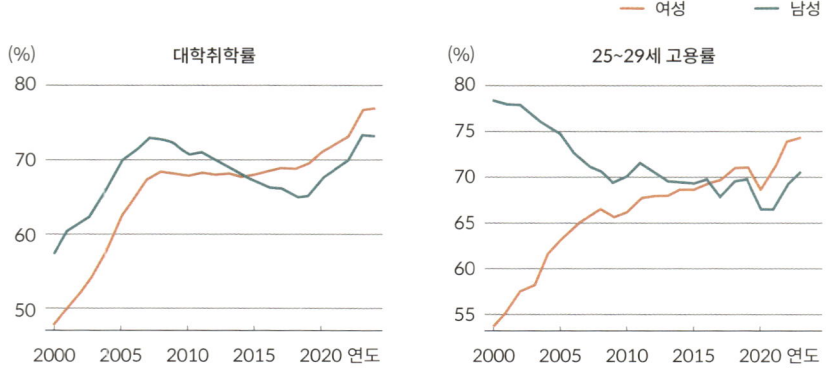

그림 7-4 성별 대학취학률과 25~29세 고용률 추이

자료: 한국교육개발원, 『교육통계』; 통계청, 『경제활동인구조사』.

의 교육 수준과 20대 후반 여성의 경제활동 참여율은 선진국 중에서도 최상위권에 속한다. 이런 변화는 여성들에게 경력과 자기 계발의 가치가 높아졌고, 결혼·출산·양육을 선택했을 때 기회비용이 빠르게 상승했음을 의미한다.

여성의 사회경제적 지위가 높아질수록 결혼과 출산을 선택하도록 유도하기 위해서는 돌봄 시간 문제를 해결해서 기회비용을 낮추는 것이 중요하다. 다행히 정부는 오래전부터 아이 돌봄을 위한 어린이집과 유치원 공급 확대에 상당한 투자를 해왔다. 시설 수와 품질을 높이는 것뿐만 아니라 보육료와 유아학비 무상 지원은 시설 돌봄의 접근성을 크게 높여왔다. 또한 최근에는 아이돌봄서비스를 확대하고 늘봄학교를 본격화하는 등 돌봄 공백 문제 해소에 적극 나서고 있다.

그러나 앞서 논의한 것처럼, 이 같은 정책 확대에도 불구하고 돌봄 공백을 완전히 메우기는 쉽지 않다. 현행 정책이 유동적으로 발생하는 돌봄 수요를 모두 충족시키기 어렵기도 하고, 시간적 돌봄 공백의 해소뿐만 아니라 부모와 자녀 간의 정서적 유대 형성의 공백 해소도 중요하다. 따라서 돌봄 공백 문제를 제대로 해결하기 위해서는 국가의 돌봄 책임을 강화하는 것과 더불어 일하는 부모가 자녀와 함께할 수 있는 시간을 확보하는 것이 필요하다. 이것이 일·가정 양립 또는 일·생활 균형 정책의 주요 목표이다.

하지만 여성의 사회경제적 지위 변화와 결혼·출산의 기회비용

급증에 비해, 2015년 이후 일·가정 양립을 위한 정책 대응은 매우 미흡했다. 그동안 우리나라의 일·가정 양립 정책은 모성보호 정책으로 구분되어 고용보험기금에서 지원해 왔다. 모성보호 지출은 대부분 출산휴가와 육아휴직에 대한 급여 지원이며, 2015년 8,778억 원에서 2024년 2조 4,000억 원 규모로 증가해 왔다. 그러나 2024년 모성보호 예산은 전체 저출생 대응 예산의 5%에 불과하다.

일·가정 양립이 저출생 문제 해결을 위한 핵심 정책임에도 불구하고 예산 비중이 작은 것은 육아휴직 등 일·가정 양립 제도의 이용률이 낮은 것과 관련된다. 우리나라의 육아휴직제도는 휴직 사용 기간은 다른 선진국과 비교해 충분하고 법적 기반도 잘 갖춰져 있다. 그러나 일·가정 양립 제도에 대한 기업 내 인식 부족, 낮은 휴직 급여, 암묵적인 불이익에 대한 우려 등의 문제가 고착화하면서 제도가 제대로 활성화되지 못했고, 상대적으로 기회비용이 높은 남성들의 육아휴직 이용률은 현저히 낮았다.

다행히 2024~2025년을 거치면서, 정부는 육아휴직 제도의 신청 절차를 간소화하고, 휴직 급여를 선진국 수준으로 높이고, 사후 지급금을 폐지하는 등 그간 지적되어 온 불합리한 문제들을 해결하는 의지를 보였다. 또한 부모가 모두 6개월 이상의 육아휴직을 사용하는 경우 휴직 급여를 크게 높여 남성의 육아휴직 참여 유인을 높이는 정책을 추진하고 있다. 그 결과 최근 남성의 육아휴직 이용률이 급상승하는 등 긍정적인 변화들이 관측되고 있다.

이제는 일하는 문화의 유연한 변화가 필요할 때

이처럼 최근 몇 년 사이 육아휴직제도가 개선되면서 육아휴직제도의 외형은 선진국 수준에 도달했다고 판단된다. 그러나 육아휴직 제도만으로 돌봄의 문제를 해결하기에는 역부족이다. 육아휴직의 기간은 보통 1년이지만, 자녀 돌봄은 상당 기간 지속되기 때문이다. 보통 생후 12개월 이전에는 시설 보육과 돌봄 서비스 이용이 어려워 아이 돌봄이 집중적으로 필요하므로 부모들은 육아에 전념할 수 있는 육아휴직을 선호하는 경향이 있다. 그러나 이후에는 아이의 성장에 따라 돌봄의 필요성이 달라지면서, 부모들은 일과 육아를 병행할 수 있는 유연한 근로 환경을 선호하게 된다. 또한 기업이 육아휴직제도를 실천하기 위해서는 휴직자의 업무 공백을 메울 대체인력 확보가 관건이지만, 전체 고용의 85%를 차지하는 중소기업은 육아휴직 대체인력을 구하기 어려운 것이 현실이기도 하다.

이 같은 당면 문제를 해결하기 위해서는 일하는 문화를 바꿀 필요가 있다. 경직적인 근로와 고용 조건에서는 유동적인 아이 돌봄 수요에 유연하게 대응하기 어렵고, 규모의 경제가 미흡한 중소기업에게도 유연 근무는 더욱 실천 가능한 일·가정 양립 제도다. 물론 지금도 육아기 근로시간 단축 지원을 위한 법적 근거가 있고, 재택근무, 시차근무 등의 유연근무를 실천하는 기업도 적지 않다. 하지만 우리나라의 유연 근무 활용 정도는 유럽 주요 국가들과 비교했을 때 매우 부족한 실정이다. 예를 들어, 한국의 재택근무 비율은

3% 수준이지만, 유럽 평균은 약 11%로 4배 가량 높다. [그림 7-5]에서 볼 수 있듯이, 재택근무 비율이 높은 국가들은 전반적으로 출산율과 자녀가 있는 여성의 고용률이 높은 것으로 관측된다.[19]

최근 연구들은 유연한 근로 환경의 효과를 잘 보여준다. 싱가포르 미혼 직장인을 대상으로 유연한 근무 제도가 출산 의향에 미치는 영향을 조사한 연구에 따르면, 근무시간 단축, 일정의 유연성, 원격 근무 등의 유연한 근무제도가 도입될 경우 여성의 출산 의향이 약 2배 가량 높아지는 것으로 분석되었다.[20]

기업들은 생산방식과 인력 규모가 다르므로 특정 유연 근무 방식

그림 7-5 **재택근무가 출산율 및 여성 고용률과 갖는 상관성**

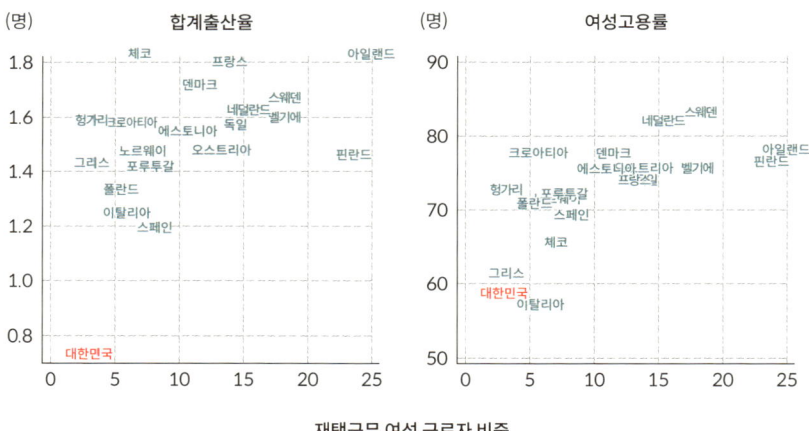

자료: OECD 자료 재인용, 정성미(2025).
주: 여성 고용률은 0~14세 자녀가 있는 15~64세 여성의 고용률을 의미함.

을 일괄 적용할 경우 유연 근무를 실천할 여건을 갖추지 못한 기업에게는 경영 부담을 초래하게 된다. 특히 우리나라는 유럽 국가들과 비교해 중소기업과 영세 사업장 비중이 높다는 단점을 가진다. 따라서 기업에게 유연 근무를 강제하기보다는, 기업들의 다양한 여건에 맞는 유연 근무 방식을 개발하고 이를 홍보하고 채택할 수 있도록 유인하는 정책이 필요하다. 또한 유연 근무 실천에서 발생하는 비용을 정부가 지원하는 것은 효과적인 유인책이 될 것이다.

일하는 문화 개선의 또 다른 축은 유연한 고용 방식의 확대이다. 우리나라는 급격한 산업화의 부작용을 해소하는 과정에서 일자리의 고용 안정성이 강조되면서 전일제 고용의 비중이 높아지는 긍정적인 결과를 가져왔지만, 전일제 근로 확대로 일과 가정의 양립이 어려워지는 단점은 오히려 증가했다. 반면, 유럽의 여러 국가들은 일과 가정의 양립을 위해 고용 및 근로 방식을 유연하게 바꾸는 정책을 추진해 왔는데, 특히 육아와 가사를 병행하면서 경제활동 참여를 유지하기 위해 여성의 시간제 근로 비중이 높은 것이 특징이다. 예를 들어, 자녀가 있는 여성의 시간제 근로 비중은 네덜란드 69.2%, 오스트리아 69.1%, 독일 64.9%, 벨기에 40.8% 등으로 매우 높다.

여성가족부의 <2022년 경력단절여성 등의 경제활동 실태조사> 결과에 따르면, 비취업여성이 필요한 희망 정책 1위로 '양질의 시간제 일자리 확대'가 꼽혔다. 고용 안정성과 경력 개발을 위해서는 전일제 일자리를 선호하겠지만, 일과 생활의 균형을 위해 시간제 일자리를 원하는 여성도 많다는 것을 시사한다. 경력단절 여성의 경제활동을 높이기 위해 시간제 일자리 확대 정책이 과거에도 추진된 바 있지만, 일자리 확대가 저임금 서비스직에 국한되면서 유의미한 성과를 내지는 못했다. 유럽 주요국의 시간제 일자리 비중이 높은 것은 고용 안정성이 유지되고, 임금 불이익이 없고, 가족 수당 등이 전일제와 동일하게 적용되며, 전일제 복귀가 비교적 자유롭기 때문이다.

유럽 11개국의 자료를 분석한 연구는 영국, 네덜란드, 프랑스 등에서 시간제 근무가 출산율에 미친 긍정적인 영향을 추정한 바 있다.[21] 이 연구에 따르면, 일반적으로 여성 고용률과 출산율 간의 음의 상관관계 즉 대체성이 있으나, 시간제 근로 비중이 높은 국가일수록 대체성이 약화되었다고 분석했다. 이러한 연구 결과는, 한국이 과거 시간제 일자리 확대 정책 실패 문제점을 극복해 고용 안정성을 유지하고, 임금과 노동시간 비례 원칙을 적용하고, 사회보장 혜택과 휴가·휴직 등의 혜택을 동일하게 적용하는 정규직 시간제 일자리 확대가 필요한 이유를 잘 뒷받침한다.

기업의 적극적 동참이 필요하다

기업의 EFG 경영을 적극 이끌어내자

일하는 문화는 정책과 제도만으로 바꿀 수는 없다. 기업의 적극적인 동참이 필요하며, 기업이 일하는 문화를 바꿔 저출생 문제 해결에 앞장서자는 사회적 책임을 갖는 것이 EFG 경영의 핵심이다. 위에서 구체적으로 살펴본 것처럼, 이제는 일과 가정의 양립이 가능하도록 유연한 근로 환경을 조성하는 방향으로 기업의 경영방식을 개선하는 것이 필요하다.

주목할 사실은 EFG 경영은 출산율을 높이고 여성의 경력 단절을 예방하는 사회적 가치만을 창출하는 것이 아니다. 유연 근무를 활성화하고 가족 돌봄 지원을 활성화한다면 가족과의 시간 증가, 이직률 감소, 직무만족도 개선, 건강 증진 등 다양한 직간접적인 효과가 예상된다. 이를 통해 근로자의 생산성과 성과 그리고 기업의 가치가 높아지는 효과도 창출하게 된다.

EFG 경영의 주목할 만한 사례와 확산 과제

실제 기업의 사례를 살펴보면, 미국의 쌔스 인스티튜트(SAS Institute)는 EFG 경영을 통해 업계 평균이 20~25%에 달했던 연간 이직률을 3~5%로 현저히 낮추었고, 연간 6,000만 달러 상당의 채용과 교육 비용을 절감했다고 한다. 그와 함께 직무만족도와 업무

효율성이 증가하면서, 연간 매출도 10~15% 높아졌다. 일본의 이토추 상사(Itochu Corporation)에서는 EFG 경영을 통해 정규직 여성 직원의 출산율이 일본 평균보다 크게 높아졌고, 10년 동안 노동생산성이 5.2배 증가한 것으로 알려져 있다.

따라서 기업들의 EFG 경영을 적극 장려하고 유도할 필요가 있다. 우선 ESG 지표에 EFG 경영 요소들을 적극적으로 반영해야 한다. 기존에 여성가족부와 고용노동부에서 실시했던 가족친화인증은 관심이 있는 기업들이 인증을 신청하여 평가가 이뤄지는 것이지만 ESG에 EFG 지표를 반영하는 것은 기업 전반의 동참을 유인하는 방안이다. 이때 육아휴직 사용률과 같은 기존의 지표에만 국한하지 말고 유연 근로와 관련한 지표를 다양하게 반영할 필요가 있다. 또한 기업의 특성과 근로자의 수요에 맞는 일·가정 양립 제도의 발굴과 정착이 중요하므로 노사간 협의가 활발히 이뤄질 수 있는 지표도 반영하는 것이 중요하다.

EFG 경영이 확산되려면 정부 지원도 필수적이다. 재정 및 세제 지원을 통해 EFG 경영으로 발생하는 비용을 보전해 주고, 기업 특성에 적합한 유연 근로 방식과 노무, 인사 관리 시스템의 보급도 EFG 경영을 촉진하는 방안이다. 또한 EFG 경영 우수 기업은 기업 가치 향상을 통해 투자 유치 등에서 이득을 보겠지만, 이에 더해 정부가 현행 가족친화인증보다 더 과감한 혜택을 부여한다면 EFG 경영 참여는 더욱 활발해질 것이다. 그런 정책 지원의 효과는 일·가정양립 여건이 부족한 중소기업에서 클 것이기 때문에, 정부의 정책 지원 역량을 중소기업에 집중해야 한다.

EFG 경영은 국가와 기업의 지속가능성 확보 위한 뉴 패러다임

끝으로 일하는 문화를 바꾸기 위한 EFG 경영이 반드시 육아기 부모에게만 해당하는 문제는 아니다. 결혼 유무와 자녀 유무에 따라 크기는 달라도 일과 가정 양립의 수요는 누구에게나 존재한다. 또한 육아기에만 국한해 유연 근로를 추진한다면 소위 낙인효과의 부작용이 발생하고 일·가정 양립에 대한 인식도 크게 개선하기 어렵다. 따라서 EFG 경영은 육아기로만 한정하지 말고 일하는 문화의 보편적인 개선으로 이어질 수 있도록 제도적 뒷받침이 있어야 한다.

초저출생 문제는 기업의 미래와 직결되는 문제이다. 인구가 줄면 기업 생산의 핵심 요소인 노동력과 인재가 부족해지고, 시장에서 소비자가 줄고 구매력도 낮아질 것이다. 따라서 EFG 경영은 국가와 기업의 지속가능성 확보를 위한 우리 기업의 새로운 경영 패러다임으로 자리매김해야 한다.

비혼 출산 가족
: 선택권을 존중하고 차별을 해소하라

가족을 만드는 방식은 하나가 아니다

우리 사회의 결혼과 출산에 대한 인식이 변화하고 있다. 통계청의 2024년 사회조사 결과[22]에 의하면 결혼하지 않고도 자녀를 가질 수 있다고 생각하는 비중은 2024년에는 37.2%로, 10년 전인 2014년(22.5%)과 비교하면 14.7%p 증가했다. 비혼 출산에 대한 사회적 인식이 변화하고, 미디어에서 방송인 사유리 씨의 출산이 관심을 받고 육아를 통해 아이가 크는 모습을 시청자들이 함께 하고 있기도 하다.

최근 사회적으로도 관심이 높아진 비혼 출산 담론은 위 사례와 같은 비혼 단독 출산, 그리고 비혼 커플 등을 포함해 혼인하지 않고도 자녀를 가질 수 있다는 인식 변화와 함께, 저출생 대응 정책으로서의 의제로 더욱 이슈화되고 있기도 하다. 통계청의 2023년 출생통계[23]에 의하면 우리나라의 혼인 외 출생아 비중은 4.7%(1만 900명, 2023년 기준)로, 전년(2022년) 대비 0.8%p 증가하였다. 그러나 OECD 26개 국가 평균 혼인 외 출생 비율은 41.9%[24]로 여전히 큰 차이가 있다.

비혼 출산에 대한 인식이 변화하고 있긴 하나, 다양한 삶을 선택한 관계 및 다양한 가족 배경의 자녀들에 있어 사회문화적·제도적으로 불편과 차별 요소가 존재한다. 이러한 상황에서 비혼 출산 이슈는 출생률 제고 차원이라기보다는 개인의 가족 구성과 재생산의 선택이 존중되고 가족 상황에 따른 차별 없이 보장되어야 한다는 것이 본질이며, 이러한 관점에서 접근되어야 한다.

이러한 맥락에서 우리 사회에서 혼인제도를 선택하지 않은 다양한 가족들이 임신·출산·양육을 함에 있어 제도적 불편함과 차별을 겪는 사례를 살펴보고, 개선방향에 대해 생각해 보고자 한다.

비혼 출산 가족이 마주하는 제도적 차별

난임 관련 지원에서부터 소외되는 비혼 출산

임신·출산·양육 관련 기존의 전반적인 정책과 제도들은 법률혼 부부를 전제로 하며 간혹 사실혼 부부 정도를 포괄하기도 하지만, 비혼 관계에서의 임신과 출산·양육은 한부모 지원 정책을 제외하고는 염두에 두지 않고 있는 것으로 보인다.

난임 관련 지원 정책과 제도들도 마찬가지다. 비혼의 경우 난임 시술을 지원받는 것이 가능할까? 사실혼 부부가 아니라면 현행 제도상으로는 어려워 보인다. 「모자보건법」상 '난임'의 개념 자체에서 비혼 관계를 배제하고 있다. 모자보건법은 "'난임(難姙)'이란 부부(사실상의 혼인관계에 있는 경우를 포함한다)가 피임을 하지 아니한 상태에서 부부간 정상적인 성생활을 하고 있음에도 불구하고 1년이 지나도 임신이 되지 아니하는 상태를 말한다"고 규정하고 있다.[25]

이에 따라, 난임부부 시술비 지원사업에 있어서도 지원받을 수 있는 자격은 법적 혼인상태에 있거나 신청일 기준 1년 이상 사실혼 관계를 유지하였다고 관할 보건소로부터 확인된 난임 부부이다.[26, 27]

「남녀고용평등과 일·가정 양립 지원에 관한 법률」은 근로자가 인공수정 또는 체외수정 등 난임치료를 받기 위하여 휴가를 청구하는 경우 6일(최초 2일은 유급) 이내의 난임치료 휴가를 주도록 하고 있다.[28] 난임치료 휴가의 경우에는 비혼은 이용가능한지 불명확하다. 이하에서 보는 바와 같이 비혼 여성의 체외수정은 허용되지 않고 있고, 그 밖의 난임치료는 '난임' 개념의 이슈를 논외로 하더라도 이를 위한 비혼 근로자의 휴가 이용의 현실적 작동 가능성도 가늠하기 어렵다.

비혼 단독 출산을 허용하지 않는 보조생식술 윤리지침

앞에서 언급한 방송인 사유리 씨의 사례와 같은 비혼 단독 출산에의 사회적 관심이 높아지고 있다. 그러나 우리나라에서는 비혼 여성이 정자 공여를 이용한 인공수정과 같은 보조생식술을 국내에서 시술받는 것은 허용되지 않는다. 비혼자 보조생식술을 명시적으로 금지하는 법령은 없으나, 대한산부인과학회의 '보조생식술 윤리지침'에 의해 보조생식술 시술 대상을 '부부'로 한정하고 있다.

국가인권위원회[29]는 전 사회적으로 확대되고 있는 개인 삶의 다양성을 인정하고 여성의 자기결정권을 더욱 적극적으로 보장해야 할 필요성에 근거해, 비혼여성에 대하여 시험관 시술 등을 제한하고 있는 대한산부인과학회의 '보조생식술 윤리지침'을 개정할 것을 권고한 바 있다. 여성차별철폐위원회(CEDAW)는 2024년 6월 3일, 대한민국의 제9차 국가보고서에 대한 최종 견해에서 미혼 여성 등 모든 여성을 위한 체외수정 등 보조 생식술에 대한 접근을 보장할 것을 대한민국 정부에 권고하였다.[30]

사회의 변화와 재생산권 보장을 위한 국내외 인권 기구의 권고를 반영해, 비혼자의 재생산권 보장을 위한 개선이 이루어져야 한다.

혼인 중의 출생자와 혼인 외의 출생자의 구별과 차별적 용어

우리 법에서 비혼 출산 자녀의 법적 지위는 '혼인 외의 출생자'이다. 「민법」은 출생한 자녀의 지위를 부모가 법률혼 관계에 있는지에 따라 그 지위와 명칭을 '혼인 중의 출생자'와 '혼인 외의 출생자'로 구별하고 있다. 이러한 민법의 구분에 따라, 「가족관계의 등록 등에 관한 법률」(이하 「가족관계등록법」)은 자녀가 출생하면 출생신고서에 '혼인 중의 출생자'와 '혼인 외의 출생자'의 구별을 기재하도록 규정하고 있다(「가족관계등록법」 제44조 제2항 제2호). 이러한 구분은 법률상 부를 정함에 있어 인지가 요구되는 경우인지를 구분하기 위한 것으로 보이지만, 이를 위해서는 모의 혼인 여부로 충분히 판단이 가능하므로 굳이 자녀의 지위를 차별적인 용어로 구분할 필요는 없을 것이다.

'혼인 외의 출생자', '혼외자'에 대한 사회의 차별적 인식이 존재하는 현실에서, 법적 용어는 차별적 인식을 강화하고 공고화해 낙인효과를 가져온다.[31] 축복받아야 할 출생신고시부터 출생신고서식에 출생아의 지위를 '혼인 외의 자'라는 사회적으로 차별적인 인식을 가져오는 낙인적인 명명과 이를 명시해 기재하도록 하는 것[32]은 부모의 혼인여부와 같은 가족상황에 따라 출생한 아동을 차별하는 것이고, 차별적 인식을 강화하는 것으로서 인권침해적이다. 우리가 법에서까지 굳이 이러한 차별적인 용어로 태어난 아이들을 구분하여 지위를 부여해야 할까? 개선이 시급하다.

비혼 출산에 있어 출생신고
-미혼부 자녀 출생신고의 불편과 어려움

비혼 출산의 경우 출생신고에 있어서 부터 어려움을 겪는 지점이 존재한다. 미혼부 자녀의 출생신고 문제이다.[33] 「가족관계등록법」 제46조 제2항은 혼인 외 자녀의 출생신고는 모(母)가 하도록 규정하고, 제57조 제1항 및 제2항에서 생부가 출생신고를 할 수 있는 매우 예외적인 사유를 규정하고 있다.

위 규정에 의하면 미혼부가 자녀를 출생 할 수 있는 경우는, 모의 성명, 등록기준지 및 주민등록번호의 전부 또는 일부를 알 수 없어 모를 특정할 수 없거나, 모가 공적 서류·증명서·장부 등에 의하여 특정될 수 없는 경우, 또는 모가 특정됨에도 불구하고 모의 소재불명 또는 모가 정당한 사유 없이 출생신고에 필요한 서류 제출에 협조하지 아니하는 등의 장애가 있는 경우이다.[34] 이 경우 미혼부는 가정법원의 확인 절차를 거쳐서 자녀의 출생신고를 할 수 있다. 위 규정은 그나마 2015년, 2021년 두 차례의 개정을 거쳐서 일부 개선된 것이다.

그러나 여전히 가정법원 확인을 위해 출생아의 모를 특정할 수 없거나 위와 같은 사유가 있음을 진술하고 증명해야 하는데, 이 과정에서 개인의 내밀한 사생활까지 기재해야 하는 상황이 초래된다. 유전자 검사비용과 서류작성, 법적 절차 등을 거쳐야 하는 비용과 시간적 지연, 법률가의 지원 없이 개인이 부담하기 어려운 절차적 부담의 문제가 발생한다.[35] 이와 같은 출생신고의 지연으로 인한 아동인권과 복리의 침해는 오롯이 출생 자녀의 몫이다.

　헌법재판소는 가족관계등록법 제46조 제2항 및 제57조 제1항과 제2항에 대해 아동이 태어난 즉시 출생등록될 권리를 침해한다는 이유로 헌법불합치결정을 하고 2025년 5월 31일을 기한으로 입법자가 개정할 때까지만 적용하도록 선고한 바 있으며,[36] 이미 개정 시한을 넘겨 현재 입법 공백 상태이다. 출생한 아동이 부모의 혼인 여부 및 가족상황에 따라 즉시 출생신고될 권리를 침해받는 것은 심각한 문제이다. 저출생 시대에 귀하게 태어난 아동의 출생신고에 이렇게까지나 어려움과 불편을 겪게 할 일인가? 시급한 개정 입법이 요구된다.

비혼 파트너의 배우자 출산 휴가, 가족돌봄휴직 등 이용에 있어 불분명한 근거, 증빙의 어려움

비혼 관계에서 자녀를 출산한 경우 배우자 출산휴가 등 돌봄과 양육을 위한 시간 지원 제도의 이용에 있어서도 법적 근거가 명확하지 않다.

　20일까지 확대된 유급 배우자 출산휴가[37]는 법률혼 배우자뿐 아니라 혼인하지 않은 사실혼 배우자까지도 해당되는 것으로 해석된다. 사업주에게 배우자 출산휴가를 고지하는 경우 사업주가 휴가를 주어야 하는 것으로 규정되어 있으므로, 허가의 개념은 아니다. 그러나 '배우자'라고 규정되어 있어, 비혼 관계에 있는 파트너가 출산한 경우에 법률에 보장된 배우자 출산휴가를 이용할 법적 근거가 명확하지 않고, 유급 급여를 받기 위해서는 실무상 배우자의 출산을 증명할 자료를 제출해야 하므로, 증빙이 어려운 비혼 파트너는 이용에 불편함이 있을 수 있다.

가족돌봄휴직 제도나 가족돌봄 등을 위한 근로시간 단축 제도[38]에 있어서도 관련 조항에서 가족은 "조부모, 부모, 배우자, 배우자의 부모, 자녀 또는 손자녀"로 법적 가족으로 한정되어 있다. 따라서 비혼 당사자들이 가족돌봄을 위한 시간지원 제도의 이용은 법적 근거 및 증빙의 문제로 역시나 어렵다. 이에 가족 변화를 반영한 유연한 제도 개선이 필요하다.

비혼 당사자들, 의료 현장에서 보호자로서의 불편과 어려움

비혼 관계에서 발생하는 다양한 상황들 중에서도 의료현장에서 보호자로서 법적 가족이 아니기 때문에 진단서나 처방전 대리 발급에 제한이 있고, 경우에 따라 수술동의가 어려운 경우도 발생한다.

진단서의 발급에 있어 법률혼 배우자(및 직계존비속, 형제자매)가 아닌 경우 발급이 어려우며, 처방전의 발급에 있어서도, 다소의 개선(대리수령자 제도)이 있었지만 현행 가족관계증명제도나 그 밖에 증명 등이 불가한 경우 여전히 불편하다.

의료법 제17조는 진단서 등은 환자가 사망하거나 의식이 없는 경우에는 직계존속·비속, 배우자 또는 배우자의 직계존속, 이들이 없는 모두 경우에는 형제자매에까지만 교부하도록 규정하고 있다. 또한 동법 제17조의2는 처방전 환자의 직계존속·비속, 배우자 및 배우자의 직계존속, 형제자매 또는 「노인복지법」 제34조에 따른 노인의료복지시설에서 근무하는 사람 등 대통령령으로 정하는 사람(대리수령자)에게 처방전을 교부할 수 있도록 규정하고 있다. 위 경우들에 있어서 가족관계증명서나 기타 증빙이 요구된다.

법적 가족이 아닌 경우 의료현장에서 수술 동의 관련 불편 사례도 거론된다. 예컨대 위급한 출산시 분만, 제왕절개 수술 등 다양한 상황에서 보호자, 수술동의서 등 필요가 발생할 수 있는데, 법적 배우자나 가족이 아닌 경우 수술 등에 있어서 보호자 동의 등에 있어서도 소외와 불편의 문제가 있을 수 있다. 문제는 법령 규정만의 문제라기보다는 의료기관과 현장에서의 관행상의 문제가 복합적으로 관련되어 있는 것으로 보이는데, 아직 명확한 개선이 이루어지지 않고 있다.

가족의 형태는 달라도 똑같이 대우받을 권리가 있다

살펴본 바와 같이 현행 제도의 한계는 법률혼 이외의 관계 구성과 삶에 대한 제도적 선택지의 부재로 요약할 수 있겠다. 그렇다 보니 비혼의 임신·출산·양육을 둘러싼 다양한 불편과 배제, 차별의 지점이 존재한다. 비혼 관계에 대한 등록·증명 제도가 없기 때문에 특히 정책 지원 등의 이용, 연계 등에 있어 더욱이 불편이 발생한다. 가족상황에 따른 차별은 결국 아동의 인권과 복리의 침해를 가져온다. 이러한 사회적·제도적 환경에서 비혼 출산을 이야기하기도 민망하다.

독일의 경우 헌법 차원에서 혼인 외의 출생 아동에 대한 차별 해소를 국가의 책무로 규정하고 있으며, 차별 해소를 위한 제도상의 개혁을 단행한 바 있다.[39] 비혼 관계의 권리보장을 제도화한 해외의 입법사례들(프랑스의 PACS, 독일의 생활동반자제도, 스웨덴 동거법(Sambolagen) 등)은 이미 많이 소개되었다.

우리나라의 경우 지난 21대 국회에서 혈연 또는 혼인 외의 이유로 형성, 유지되는 생활동반자관계의 성립과 해소, 등록과 증명, 효력 및 권리 의무 등의 사항을 규정하는「생활동반자 관계에 관한 법률안」[40]이 발의된 바 있다. 비혼 출산 보호와 관련해서는 지난 21대 국회에서「모자보건법 일부개정법률안」이 발의되었다.[41] 이 법률안은 '난임(難姙)' 정의 규정 개정 및 혼인여부에 관계 없이 임신과 출산을 원하는 사람에 대한 보조생식술 등 출산 지원과 그 밖에 필요한 조치 규정을 주요 내용으로 한다. 그러나 위 법률안들은 21대 국회 임기 만료로 모두 폐기되었고, 앞으로의 과제로 남았다.

가족구성권 보장을 위한 제도적 기반이 마련되어야 하며, 재생산에 있어 개인의 선택권이 존중되어야 한다. 그리고 우리 사회에서 가족상황에 따른 차별을 하지 말자는 법적 약속과 사회문화적인 인식개선, 차별·편견 해소를 위한 적극적인 정책적 노력이 필요하다. 한부모가족지원정책 역시 중요하다. 그리고 개별 제도와 정책에 있어 차별 요소를 발굴하여 개선하는 작업도 지속되어야 한다. 가족상황에 따른 차별이나 불편 없이 개인의 다양한 삶의 선택이 존중되고, 다양한 가족 배경의 아동이 차별 없이 자라날 수 있는 사회환경이 마련되어야 한다.

주

프롤로그 익명의 데이터가 말하는 2040세대의 인구 인식

1. 유혜정·김대환·이주영·박승제(2025), 『직장인 커뮤니티 분석을 통한 2040 인구 인식 연구』(KPPIF 24D-AD-02), 한반도미래인구연구원.
2. 토픽 분석은 각 키워드(결혼·출산·육아 등)별 게시글 안에서 빈번히 등장하는 토픽(대화 주제)을 분별하는 분석으로, 본 연구에서는 주로 활용되는 확률 기반의 토픽 모델링 기법인 LDA(Latent Dirichlet Allocation)를 적용함. 이를 통해 각 인구 키워드별 직장인들이 주로 논하는 핵심 토픽들과 각 토픽을 구성하는 주요 단어들, 게시글 수 등을 정리한 결과에 해당함.
3. 2024년 합계출산율은 0.75명으로 전년 대비 0.03명 증가, 혼인 건수는 22만 2,000건으로 전년 대비 14.8% 증가(통계청, 2025).

Part 1 거대한 전환점에 서다

1. Kohler, H.-P., Billari, F. C., and Ortega, J. A. (2002), "The emergence of lowest-low fertility in Europe during the 1990s", *Population and Development Review*, 28(4), 641-680.
2. Kye, B. (2023), "Excess mortality during the COVID-19 pandemic in South Korea", *Comparative Population Studies* 28: 665-668.
3. 이철희(2024), 『일할 사람이 사라진다: 새로 쓰는 대한민국 인구와 노동의 미래』, 위즈덤하우스.
4. 계봉오(2024), "2000년대 이후 우리나라의 인구구조는 어떻게 변화했는가", 『2024 인구보고서』, 한반도미래연구원, pp.19-46.

Part 2 초고령화 사회의 민낯

1. OECD, *Working Better with Age: Korea*, 2018.
2. 통계청, 「2022년 연금통계 결과 보도자료」, 2024.08.22.
3. 통계청·금융감독원·한국은행, 「2023년 가계금융복지조사 보고서」, 2024.03.
4. 강스랑·한창묵, 「중장년층 근로형태별 노후준비와 정책제언」, 2022.10., 서울시50플러스재단.

5   통계청, 「2024년 고령자 통계 보도자료」, 2024.09.26.
6   통계청의 나이별·성별 장래인구 추계결과(2023년 12월 공표, 중위 가정 기준)에 2024년 「경제활동인구조사」의 나이별·성별 고용률 통계를 적용하여 얻은 수치임.
7   厚生労働省, 『令和6年「高年齢者雇用状況等報告」の集計結果を公表します』, 2024.12.20.
8   김현석, 「정년연장의 비용 추정 및 시사점」, 한국경제인협회, 2024.12.
9   한요섭, 『60세 정년 의무화의 영향: 청년 고용에 미치는 영향을 중심으로』, 한국개발연구원, 2019년.
10 송헌재·전병힐·조하영, 「60세 정년 의무화가 청년 및 장년고용에 미친 영향」, 『노동정책연구』, 제24권 제1호, 2024년.
11 오삼일 외, 「초고령사회와 고령층 계속근로 방안」, 『BOK 이슈노트』, 제2025-8호, 2025.04.

Part 3 이런 세상에서 아이를 낳으라고요?

1   한요섭·김민섭·정수환(2024), "생산성 제고를 위한 노동시장 개혁", 조동철·남창우·박진 (편), 『한국경제 생산성 제고를 위한 개혁방안』, 한국개발연구원, pp.161-215.
2   성재민·김기선·정진호(2024), 『근로시간 통계 국제비교로 본 정책 방향』, 연구보고서 2024-11, 한국노동연구원.
3   CBS노컷뉴스(2022.04.20.), "노키즈존 명시 좀"…부모들의 간절한 요청 왜?, https://www.nocutnews.co.kr/news/5743806(인출일: 2025.04.30.).
4   키즈존/노키즈존 지도, https://sites.google.com/view/yesnokids(인출일: 2025.04.30.).
5   김아름·권미경·김지현·이혜민(2023), "지역사회 양육 친화 문화조성 연구", 보건복지부·육아정책연구소.
6   한국리서치(2023), "노키즈존(No Kids Zone)에 대한 인식조사[결과표]", 『여론 속의 여론』, p.16.
7   김아름(2023), "노키즈존 운영 실태와 향후 과제", 『육아정책포럼』, 제20권, 육아정책연구소.

8 – 대구MBC(2023.07.13.), "[글로벌+] '독일도 노키즈존?' 높은 출산율 자랑하는 독일의 보육정책", https://dgmbc.com/article/RMjsvzHsGlEhIVFC9N-Ja(인출일: 2025.04.30.)
   – 아시아경제(2023.05.06.), "[뉴스속 용어] 어린이날 맞아 금지 여론 '노키즈존'", https://www.asiae.co.kr/article/2023050415130474653(인출일: 2025.04.30.).

9 UN Committee on the Rights of the Child(2013), *General comment No. 17(2013) on the right of the child to rest, leisure, play, recreational activities, cultural life and the arts(art. 31)*, p.12.

10 – CNN(2023.06.24.). *South Korea's rise of no-kids zones explained*, https://edition.cnn.com/2023/06/24/asia/south-korea-no-kids-zone-intl-hnk-dst/index.html (인출일: 2025.04.30.).
   – The Washington Post(2023.05.12). *Is it discrimination if you can't bring your kids to a restaurant?*, https://www.washingtonpost.com/world/2023/05/12/no-kid-zones-south-korea-ban/(인출일: 2025.04.30.).

11 JTBC(2024.02.20), "한국의 저출생, 우연 아니다"…'노키즈존' 지적한 외신", https://news.jtbc.co.kr/article/NB12166211(인출일: 2025.04.30.).

12 이데일리(2025.04.13.), "진열된 빵에 '혀' 슬쩍…서울 유명 빵집 위생 충격", https://www.edaily.co.kr/News/Read?newsId=01908966642135792&mediaCodeNo=257&OutLnkChk=Y(인출일: 2025.04.30.).

13 뉴시스(2018.10.01.), "[혐오를 혐오한다 ①] 맘충·틀딱충·한남충… 끝없이 피어나는 '악의 꽃'", https://www.newsis.com/view/NISX20180906_0000411050(인출일: 2025.04.30.).

14 한국리서치(2025), 『여론 속의 여론 : 노키즈존 인식조사』.

15 – 뉴데일리 경제(2024.10.11.), "이화여대 정익중 교수, "노키즈존 찬성하며 저출생 고민하는 건 어불성설", https://biz.newdaily.co.kr/site/data/html/2024/10/11/2024101100006.html(인출일: 2025.04.30.).
   – 아시아경제(2024.05.30.), "[이미지 다이어리] '예스키즈존도 어린이에겐 울타리'", https://www.asiae.co.kr/article/2024053010573966182(인출일: 2025.04.30.).

Part 4   지방에는 먹이가 없고 서울에는 둥지가 없다

1　1995년에 대대적인 시·군통합이 있었기에 과거 인구와 보다 정확한 비교를 위해 비교시점을 1995년으로 잡았음.

2　차미숙 외(2022), 『국가균형발전3.0 패러다임 구축과 실천전략 연구』, 국토연구원.

3　인구감소지역은 현재 89개 시·군·구가 지정되어 있는데, 이 중 수도권에 위치한 곳은 2곳에 불과함. 인구감소지역 선정을 위해 사용되는 인구감소지수는 8개의 지표로 구성되는데, 연평균인구증감률, 인구밀도, 청년순이동률, 주간인구, 고령화비율, 유소년 비율, 조출생률, 재정자립도가 그것임.

4　나라살림연구소(2023.10.26.), 『2022~2023 전국 지방자치단체 지방소멸대응기금 사업 내역』, 나라살림브리핑 343호에서 제시된 사업 내역표를 통해 산출.

5　2024년 현재에도 지방세로 인건비도 충당하지 못하는 지방자치단체가 104곳에 이름.

6　최민정·백일순(2023), "영토적 덫에 걸린 지방소멸: 행정구역 중심의 인구정책에 대한 비판적 검토", 『국토지리학회지』, 57(2), pp.141-163.

Part 5   비혼·비출산의 진실

1　스테파니 쿤츠(2009), 『진화하는 결혼』, 작가정신.

2　김용찬(2022), "〈노처녀가〉에 나타난 여성의 목소리와 그 의미", 『한국시가문화연구』, 49, pp.81-108.

3　박경숙·김영혜·김현숙(2005), "남녀 결혼시기 연장의 주요 원인: 계층혼, 성역할 분리규범, 경제조정의 우발적 결합", 『한국인구학』, 28(2), pp.33-62.

4　Kiernan, K.(2001), "The rise of cohabitation and childbearing outside of marriage in western Europe", *International Journal of Law, Policy and the Family*, 15, pp.1-21.

5　Raymo, J., Park, H., Xie, Y., and Yeung, W.J.(2015). "Marriage and family in East Asia: Continuity and change", *Annual Reveiw of Sociology*, 41, pp.471-492.

6　U.S. Census Bureau(2019, May 30), *Historical time series tables*, https://www.census.gov/data/tables/time-series/demo/fertility/his-cps.html#par_list.

7　National Center for Health Statistics(2002/2019), *National Survey of Family Growth*.

8   Callan V. J.(1987), "The personal and marital adjustment of mothers and of voluntarily and involuntarily childless wives", *Journal of Marriage and the Family*, 49(4), p.847.

9   Peterson H.(2015), "Fifty shades of freedom. Voluntary childlessness as women's ultimate liberation", *Women's Studies International Forum*, 53, pp.182-191.

10   Rempel J.(1985), "Childless elderly: What are they missing?", *Journal of Marriage and the Family*, 47(2), 343.

11   Bell K.(2013), "Constructions of 'infertility' and some lived experiences of involuntary childlessness", *Journal of Women and Social Work*, 28(3), pp.284-295.

12   Chou, K., and Chi, I.(2004), "Childlessness and psychological well-being in Chinese older adults", *International Journal of Geriatric Psychiatry*, 19(5), pp.449-457.

13   Rampman, C., and Dowling-Guyer, S.(1995), "Attitudes toward voluntary and involuntary childlessness", *Basic and Applied Social Psychology*, 17(1-2), pp.213-222.

14   Tanaka, K., and Johnson, N. E.(2014), "Childlessness and mental well-being in a global context", *Journal of Family Issues*, 37(8), pp.1027-1045.

15   Stahnke, B., Cooley, M. E., and Blackstone, A.(2023), "A systematic review of life satisfaction experiences among childfree adults", *The Family Journal*, 31(1), pp.60-68.

16   Blackstone, A., and Stewart, M. D.(2016), "There's more thinking to decide": How the childfree decide not to parent", *The Family Journal*, 24(3), pp.296-303.

17   Durham, W., and Brathwaite, D. O.(2009), "Communication privacy management within the family planning trajectories of voluntarily child-free couples", *Journal of Family Communication*, 9(1), pp.43-65.

18   Rowland, R.(1982), "An exploratory study of the childfree lifestyle", *The Australian and New Zealand Journal of Sociology*, 18(1), pp.17-30.

19   Pew Research Center(2024), *The Experiences of U.S. Adults Who Don't Have Children*, https://www.pewresearch.org/socialtrends/2024/07/25/the-experiences-of-u-s-adults-who-donthave-children/(인출일: 2025.06.26.).

20   Gender Equity Policy Institute(2024.10.3.), *The Free-Time Gender Gap: How Unpaid Care and Household Labor Reinforces Women's Inequality*, https://thegepi.org/the-free-time-gender-gap/(인출일: 2025.06.26.).

21 안수지(2024), "지표를 통해 살펴 본 일·가정 양립 현황과 미래 과제", 『Futures Brief』, 24-09호, 국회미래연구원.

22 Cuddy, A. J., Fiske, S. T., and Glick, P.(2004), "When professionals become mothers, warmth doesn't cut the ice", *Journal of Social Issues*, 60(4), pp.701-718.

23 Bowlby, J.(1969/1982), *Attachment and loss: Attachment*(Vol. 1, 2nd ed.), Basic Books.

24 Glass, S., and Fraley, R. C.(2025), "Attachment orientations predict the likelihood of choosing to be childfree and the reasons for not wanting children", *Personality and Social Psychology Bulletin*, 01461672251322842.

25 Gallup(2013), *Desire for children still norm in U.S.*, http://news.gallup.com/poll/164618/desirechildren-norm.aspx(인출일: 2025.06.26.).

26 Piotrowski, K.(2021), "How many parents regret having children and how it is linked to their personality and health: Two studies with national samples in Poland", *PLoS ONE*, 16(7), e0254163.

27 진경선·김고은(2020), 「후속 출산을 포기한 한 자녀 어머니들의 임신, 출산 및 양육 경험에 대한 질적 분석」, 『한국보육지원학회지』, 16(4), pp.1-29.

Part 6 가족 가치관의 진화

1 2005년 3월 2일 국회 본회의에서 폐지 결정되었으며 부성에 대하여는 혼인신고 시 자녀의 성씨를 부부가 의논해서 결정할 수 있는 제도로 완화되었음.

2 직계혈족의 배우자, 배우자의 직계혈족, 배우자의 형제자매도 생계를 같이하는 경우에는 가족의 범위에 포함함(민법 제779조).

3 송유진(2024), "가구·가족 영역의 주요 동향", 『한국의 사회동향 2024』, 통계청 통계개발원, pp.62-73.

4 김주옥·김수영·김연수(2025), "나의 가족은 어디까지인가 - 가족의 범위를 결정하는 인식론적 조건 -", 『한국사회복지학』, 제77권 제1호, pp.7-39.

5 한국리서치(2024), 『여론속의 여론 : 2024 가족인식조사 - 가족의 범위, 정상가족에 대한 인식』.

6 김영란·주재선·김소영·양준영·김주현(2024), 『비친족가구 현황과 정책 과제』, 2024 연구보고서 3, 한국여성정책연구원.

7 한부모 가구도 1,100 가구 정도 규모를 계속 유지하고 있고 이주배경을 가진 다문화 가족 구성원 수도 약 120만 명에 달함.
여성가족부(2024), 『2024 통계로 보는 남녀의 삶』.

8 여성가족부(2023), 『2023년 가족실태조사 분석 연구』, 한국여성정책연구원.

9 통계청, 『2019년 생활시간 조사결과』, 2024년 조사 결과는 아직 미발표.

10 여성가족부(2023), 앞의 책.

11 정신과를 찾은 우울하고 불안한 아동이 4년 사이에 2배가 증가했으며, 특히 서울 25개 구 중 강남3구의 경우는 평균의 3.8배에 달함.
연합뉴스(2025.05.04.), "우울하고 불안한 어린이들… 정신과 찾은 아동 4년 새 2배로 늘어", https://www.yna.co.kr/view/AKR20250502163800530(인출일: 2025.06.26.).

12 오신휘(2022), "미혼남녀의 결혼과 출산에 관한 가치관 분석과 이해: 가족가치관 유형과 사회·인구학적 특성을 중심으로", 『한국인구학』, 제45권 제3호.

13 서울대학교(2023), "결혼, 가족은 사치재? 완전히 달라질 가족의 미래 I 진미정 교수", YouTube, https://youtu.be/YMHoxeotZNU(인출일: 2025.06.26.).

14 "단순한 감정을 넘어서 계층간 상대적 박탈감이 주는 고통을 가리킨다.", 『한겨레21』, 2025.04.15.

15 이재경·김보화(2015), "2,30대 비혼 여성의 결혼 전망과 의미", 『한국여성학』, 31권 4호, pp.41-85.

16 오신휘(2022), 앞의 책.

17 현실은 보건복지부 2023년 노인실태조사에서 나타난 바와 같이 노인단독가구(1인가구+노인부부) 비율이 거의 90%에 도달함.

18 보건복지부(2023), 『노인실태조사』.

19 홍찬숙(2022), 『한국사회의 압축적 개인화와 문화변동: 세대 및 젠더 갈등의 사회적 맥락』, 세창출판사.

20 여성은 개인주의형, 남성은 가족주의형이 상대적으로 우세한 경향으로 나타나는데, 이것은 전통적인 성역할에 대한 저항 정도와 관련이 있다고 볼 수 있음.
오신휘(2022), 앞의 책., p71.

21 여성가족부(2023), 앞의 책.

22 일부 청년여성들의 4B 운동도 등장함. 4B란 4非-비연애, 비결혼, 비성관계, 비출산-주장을 가리킴. 이는 성평등한 가족/문화의 요구를 제기하는 것으로 보임.
홍찬숙(2022), 앞의 책, p.104-105.

23 오신휘(2022), 앞의 책., p54.
24 트론토는 돌봄을 생명에 대한 관계적, 신체적, 정신적, 감성적 활동으로 정의함. 조안 트론토(2013), 『돌봄민주주의』, 김희강·나상원 역, 박영사, 2021, pp.79-80.
25 여성가족부(2023), 앞의 책., p.125.
26 KB의 생각(2024.02.07.), "남성의 가정에 대한 인식 변화", https://kbthink.com/main/economy/economic-in-depth-analysis/economic-knowledge-vitamin/2024/economic-knowledge-vitamin-2-240207.html(인출일: 2025.04.15.)
27 중앙일보(2025.01.21.), "남성 전업주부 23만 명 22년 만에 최다…여성은 오히려 준 까닭", https://www.joongang.co.kr/article/25308950(인출일: 2025.04.15.).
28 15세 이상 인구 중 일할 능력은 있지만 일할 의사가 없는 사람.
29 중앙일보(2025.01.21.), 같은 기사.
30 Fry, R.(2023), *Almost 1 in 5 Stay-at-Home Parents in the U.S. Are Dads*, Pew Research Center, https://www.pewresearch.org/short-reads/2023/08/03/almost-1-in-5-stay-at-home-parents-in-the-us-are-dads/(인출일: 2025.04.10.).
31 Baxter, J.(2017),"Stay-at-home dads", *Australian Institute of Family Studies*, Retrieved April 10, 2025, from https://aifs.gov.au/research/research-snapshots/stay-home-dads.
32 Topping, A. and García, C. A.(2022), *Number of stay-at-home dads in UK up by a third since before pandemic*, The Guardian, https://www.theguardian.com/lifeandstyle/2022/dec/25/number-of-stay-at-home-dads-in-uk-up-by-a-third-since-before-pandemic(인출일: 2025.04.10.).
33 Statistics Canada(2016), "Changing profile of stay-at-home", *Canadian Megatrends*(archived issue 11-630-X2016007), Retrieved April 10, 2025, from https://www150.statcan.gc.ca/n1/pub/11-630-x/11-630-x2016007-eng.htm.
34 이연승·최진령·김현정(2017), "아버지의 육아참여에 대한 인식, 실태 그리고 어려움", 『유아교육연구』, 37(4), p.818.
35 엠브레인 트렌드모니터(2019), "더욱 중요해진 '아빠'의 역할, 보다 강조되는 남성의 '육아' 활동 참여", https://trendmonitor.co.kr/tmweb/trend/allTrend/detail.do?bldx=1736&code=0404&trendType=CKOREA(인출일: 2025.04.15.).

Part 7 인구소멸의 속도를 늦춰라

1. 중위 시나리오에 따르면 외국인 규모가 2025년 이후 10년간 연평균 2.15% 수준으로 증가하고, 이후 2042년까지 연평균 1.46%로 증가세가 둔화될 전망임.
2. 통계청·법무부, 『2023년 이민자 체류 실태 및 고용조사』.
3. 현재 가용한 외국인 행정 데이터를 통해 외국인의 직종을 구분해 내는 것은 어려운데, 특정 직종에게만 부여되는 일부 취업자격 소지자 규모를 통해서 해당 직종에 종사하는 외국인의 규모를 확인할 수 있음.
4. 이 자격에는 한국표준직업분류 대분류상 1~8에 해당하는 90개 직종이 포함됨.
5. 이전까지는 해외 석사학위 소지자에 대해서는 3년 이상의 경력을 요구하였음.
6. 법무부 「등록외국인 지역별 현황」에 따르면, 이 정책을 시행하기 전인 2024년 6월달 기준 연구(E-3) 취업자격 외국인은 3,508명이었는데, 시행 이후인 2025년 3월말 E-3 자격을 소지하고 있는 외국인은 3,293명으로 오히려 감소하였음. 하지만 이는 기존 E-3 자격 외국인이 다른 자격으로 전환했을 가능성도 있기 때문에 이 자료만으로 정책의 성과가 없었다고 단정하기는 어려움.
7. 「국가첨단전략산업법」 제39조(해외 우수인력의 발굴·유치 및 특례), 「첨단산업 인재 혁신 특별법」 제26~30조.
8. 기존에는 정부가 정한 93개 직종에 해당하는 경우에만 외국인에게 취업자격을 부여하였음.
9. 관계부처합동, 『첨단산업 우수 해외인재 유치를 위한 K-Tech Pass 시행 방안』(2025. 03.05.).
10. 박민경·최서리(2024), 『국내 유학생의 졸업 후 체류 및 취업 의사』, 통계브리프(No. 2024-12), 이민정책연구원.
11. 대부분의 산업이나 사업장에 대해서 내·외국인 고용 비율의 규정을 일률적으로 적용하는 것이 과연 내국인 일자리 보호의 취지를 실현하기 위한 합리적 방안인지 재고할 필요가 있음. 반면 2025년 3월 발표된 전문인력(E-7-1) 자격에 대한 임금 요건 완화 는 오히려 내국인 일자리 보호에 부정적인 영향을 미칠 소지가 있음.
12. 대부분의 국가에서 영주권은 전문직이나 기술직 종사자들에게 부여하고 있음. 이미 수용국에 거주하고 있는 외국인의 가족을 대상으로는 영주권을 부여하고 있는데, 이때 가족을 대상으로는 별도의 학력이나 경력 등의 자격요건을 요구하지 않고, 이들 중 일부는 거주국에서 단순노무직에 종사하기도 함. 그렇지만 단순노무직 취업이 거주권을 보장하는 경우는 드묾.

13 Department of Home Affairs(2005), "Migration program planning levels", Retrieved May 10, 2025, from https://immi.homeaffairs.gov.au/what-we-do/migration-program-planning-levels.

14 미국은 정착형 이민국가 중에서도 미국 시민권자나 영주권자의 가족들에게 영주권을 많이 발급하는 국가로 알려져 있는데, 매년 그 규모가 48만 명이나 됨.

15 호주나 캐나다 워킹홀리데이 프로그램을 통해 외국인들이 농업분야 단순노무 작업을 수행하고 있지만, 이 프로그램은 정식 취업 경로로 간주되고 있지 않음.

16 현재는 취업자격별로 고용주에 요구하는 요건이 다르고 외국인의 경우 주기적으로 체류기간을 연장해야 하는데, 이때 임금 등이 검토대상이 되기도 함.

17 American Immigration Council(2024), "New American Fortune 500", Retrieved May 10, 2025, from https://www.americanimmigrationcouncil.org/tools-resources/new-american-fortune-500/.

18 Chavda, J.(2025), *Immigrants and children of immigrants make up at least 15% of 119th Congress*, Pew Research Center, https://www.pewresearch.org/short-reads/2025/02/27/immigrants-and-children-of-immigrants-make-up-at-least-15-of-119th-congress/(인출일: 2025.05.10.).

19 정성미(2025), 「일생활 균형제도 활용 현황 및 국제비교를 통한 시사점」, 『저출생 대응을 위한 노사협력 방안 모색 공동토론회(2025.04.23.) 발표 자료』.

20 Wang S. and Dong H.(2024), "Flexible Working Arrangements and Fertility Intentions: A Survey Experiment in Singapore", *European Journal of Population*, 40(1), 33.

21 Ariza, A., de la Rica, S., and Ugidos, A.(2024), "The Effect of Flexibility in Working Hours on Fertility: A Comparative Analysis of Selected European Countries", *Public Finance and Management*, 5(1), 110-151.

22 통계청(2024), 『사회조사』.

23 통계청(2023), 『인구동향조사』.

24 김은지·이상정·유해미·강민정·최진희·김수정·박미진·김나영·유민상·박미선·김수진·고제이·이주연·최선영·최효미·조숙인·김영민·오수미(2024), 『가족·아동 국제지표 산출방안 연구(Ⅱ): OECD 가족 데이터베이스(Family Database) 지표 보완 및 한국 상황 점검』, 경제·인문사회연구회, p.74.

25 「모자보건법」 제2조 제11호.

26 「난임부부 시술비지원 사업」
(추진근거) 저출산고령사회기본법제10조(경제적 부담의 경감), 모자보건법 제11조(난임극복지원사업).
(지원자격) 정부 지정 난임 시술 의료기관 시술 의사로부터 '난임진단서'를 발급받아 제출한 자.
– 법적 혼인상태에 있거나, 신청일 기준 1년 이상 사실혼 관계를 유지하였다고 관할 보건소로부터 확인된 난임 부부.
– 난임부부 건강보험료 본인부담금 고지금액 기준으로 가족 수별 건강보험료 기준 중위 소득 180% 이하인 가구 및 기초생활수급자(생계, 의료, 주거, 교육) 및 차상위 계층 가구.

27 최근 서울특별시 등 일부 지방자치단체에서 저출생 정책의 일환으로 난자동결지원 사업에 있어 지원 대상에 혼인 여부는 불문함. 다만 여성의 건강권이 충분히 고려되고 있는지의 비판이 존재함.

28 「남녀고용평등과 일·가정 양립 지원에 관한 법률」 제18조의3.

29 국가인권위원회(2022.04.12.), 「비혼여성에 대한 시험관 시술 제한 차별 사건」 결정문, 사건번호 20진정0915500·21진정0190000(병합).

30 여성차별철폐위원회(2024), 『대한민국의 제9차 국가보고서에 대한 최종견해(CEDAW/C/KOR/CO/9)』, p.41.

31 송효진·박복순·최진희·신옥주(2018), 『비혼 가족 자녀에 대한 차별 법제 개선을 위한 연구』, 저출산고령사회위원회, p.63.

32 송효진·박복순·최진희·신옥주(2018), 위의 책, p.64.

33 송효진(2023), "주제발표 – 미혼부자녀 출생신고 법개정 관련 쟁점", 『미 혼부자녀 출생신고 개선을 위한 토론회(2023.08.25.) 자료집』, 더불어민주당 국회의원 서영교 의원실·전국여성법무사회.

34 가족관계등록법 제57조(친생자출생의신고에 의한 인지) ① 부가 혼인 외의 자녀에 대하여 친생자출생의신고를 한 때에는 그 신고는 인지의 효력이 있다. 다만, 모가 특정됨에도 불구하고 부가 본문에 따른 신고를 함에 있어 모의 소재불명 또는 모가 정당한 사유 없이 출생신고에 필요한 서류 제출에 협조하지 아니하는 등의 장애가 있는 경우에는 부의 등록기준지 또는 주소지를 관할하는 가정법원의 확인을 받아 신고를 할 수 있다. <개정 2015. 05.18., 2021.03.16.>

② 모의 성명·등록기준지및 주민등록번호의 전부 또는 일부를 알 수 없어 모를 특정할 수 없는 경우 또는 모가 공적 서류·증명서·장부등에 의하여 특정될 수 없는 경우에는 부의 등록기준지 또는 주소지를 관할하는 가정법원의 확인을 받아 제1항에 따른 신고를 할 수 있다. 〈신설 2015.05.18., 2021.03.16.〉
(이하 생략)

35 2024.11. 한부모가족지원법의 개정으로 위기임산부등 미혼모가 병원 외 장소에서 출산하거나 미혼부가 한부모가족 지원을 받기 위해 출생확인을 신청할 때 필요한 법률 지원과 유전자 검사비용 지원받을 수 있는 근거가 마련됨. 또한 의료기관에 의한 출생통보제도의 도입으로 아동 인권 사각지대가 다소 해소되지 않을까 하는 기대가 있음. 그럼에도 출생신고 자체는 여전히 근본적인 문제가 해소되지 않음.
송효진·김영란(2018), 『혼인외 출산·양육에 대한 차별적 제도 발굴 연구』, 여성가족부, pp.85-87.

36 헌법재판소 2023.03.23. 2021헌마975 결정.

37 「남녀고용평등과 일·가정 양립 지원에 관한 법률」 제18조의2.

38 「남녀고용평등과 일·가정 양립 지원에 관한 법률」 제22조의2 및 제22조의3.

39 송효진·박복순·최진희·신옥주(2018), 『비혼 가족 자녀에 대한 차별 법제 개선을 위한 연구』, 저출산고령사회위원회, p.14.

40 국회의안정보시스템, "의안번호 21647 및 의안번호 22404", https://likms.assembly. go. kr/bill/main.do(검색일: 2025.04.29.).

41 국회의안정보시스템, "의안번호 22394", https://likms.assembly.go.kr/bill/main.do(검색일: 2025.04.29.).

참고자료

프롤로그　대한민국 인구의 100년 후를 묻다

통계청, 『장래인구추계』, 각 연도.

Part 1　거대한 전환점에 서다

통계청, 『인구동향조사』, 각 연도.
통계청, 『장래인구추계』, 각 연도.
UN, 『World Population Prospects 2024』.

Part 2　초고령화 사회의 민낯

보건복지부(2023), 『노인실태조사』.
통계청, 『장래인구추계』, 각 연도.

Part 3　이런 세상에서 아이를 낳으라고요?

고용노동부·여성가족부, 『2024년 여성경제활동백서』.
통계청, 『사회조사』, 각 연도.
통계청, 『생활시간조사』, 각 연도.
통계청, 『육아휴직통계』, 각 연도.
OECD, *OECD Family Database*, 각 연도.

Part 4 지방에는 먹이가 없고 서울에는 둥지가 없다

고용노동부·여성가족부, 『2024년 여성경제활동백서』.
고용노동부 노동시장조사과, 『월평균 임금 및 임금상승률(시도)』, 각 연도.
국토교통부, 『주거실태조사』, 각 연도.
통계청, 『국내인구이동통계』, 각 연도.
통계청, 『인구동향조사』, 각 연도.
통계청, 『인구총조사』, 각 연도.
통계청, 『장래인구추계』, 각 연도.
통계청(2024), "2024년 통근 근로자 이동 특성 분석결과", 보도자료.

Part 5 비혼·비출산의 진실

통계청, 『사회조사』, 각 연도.
통계청, 『인구동향조사』, 각 연도.
한반도미래인구연구원(2024), 『국내 결혼율 감소 및 저출산 문제 해결 방안 도출을 위한 심층 조사』.

Part 6 가족 가치관의 진화

여성가족부(2021), 『제4차 건강가정기본계획(2021~2025)』.
여성가족부, 『2023 가족실태조사』.
통계청, 『육아휴직통계』, 각 연도.
통계청, 『인구총조사』, 각 연도.
통계청, 『장래가구추계』, 각 연도.

Part 7 인구소멸의 속도를 늦춰라

법무부, 『출입국자및체류외국인통계』, 각 연도.
통계청, 『경제활동인구조사』, 각 연도.
통계청, 『장래인구추계』, 각 연도.
한국교육개발원, 『교육통계』, 각 연도.

부록

미래인구연표
주요 인구지표

미래인구연표: 2025년에 보는 대한민국 미래인구 100년

2025년 오늘이 인구 수의 정점, 향후 100년 간 인구증가는 없다

이미 줄어들기 시작한 인구는 합계출산율이 반등하더라도 감소세를 멈추지 않는다. 대한민국 총인구 5,200만 명은 이미 과거형이며 본격적인 인구 감소 시대가 시작된다.

2034년 인구의 30%인 베이비붐 세대 모두 노동시장에서 퇴장

1차 베이비붐 세대(1955~63년생, 705만 명)가 80세에 진입하고, 한국 역사상 가장 큰 규모인 2차 베이비붐 세대(1964~74년생, 954만 명)까지 모두 법정 은퇴 연령인 60세에 도달한다. 이로써 한국 경제를 이끌어온 핵심 세대 1,700만 명이 노동 시장에서 완전히 퇴장하게 된다.

구분			2025	2034	2039	2040
총 인구	저위(만 명)			4,956	4,809	4,774
	중위(만 명)		5,168	5,094	5,025	5,006
	고위(만 명)			5,237	5,247	5,244
법정 은퇴 연령자	수(만 명)		100	92	86	86
65세 이상 인구	수(만 명)		1,051	1,476	1,686	1,715
	비율[2](%)		20.3	29.0	33.6	34.3
외국인	전체	수(만 명)	207			277
	생산가능 연령	수(만 명)	181			230
		비율[3](%)	5.0			7.9
가구[4]	총가구 수(만 가구)		2,239	2,391	2,433	2,436
	1인가구	수(만 가구)	816	948	983	988
		비율[5](%)	36.4	39.7	40.4	40.6

2025 인구보고서

2039년 **3명 중 1명이 노인, 전국이 거대한 실버타운**

65세 이상 고령인구 비중이 33.6%에 달한다. 전국이 거대한 실버타운으로 변모하며, 아이들을 찾아보기 어려운 고령자 중심 사회가 된다.

2040년 **직장 동료 12명 중 1명이 외국인**

생산가능인구의 약 8%를 외국인이 차지하게 되면서 이민자 노동력 없이는 생산 기반 자체를 유지할 수 없는 구조로 경제가 재편된다.

2042년 **가구 수 감소 시작, 집만 남고 집주인이 사라진다**

인구감소에도 불구하고 1인가구 증가로 인해 꾸준히 늘어나던 가구 수가 2,437만 가구를 기록한 후 감소세로 돌아서면서 빈집 문제가 가속화된다.

2042	2056	2060	2066	2071	2075[1)]	2100[1)]
4,700	3,990	3,742	3,369	3,074	2,850	1,466
4,962	4,437	4,230	3,917	3,669	3,076	1,787
5,231	4,899	4,740	4,503	4,318	3,326	2,165
85	69	64	45	47	44	26
1,759	1,866	1,868	1,840	1,746	1,675	1,084
35.5	42.1	44.2	47.0	47.6	48.1	44.4
285						
236						
8.4						
2,437	2,328					
994	962					
40.8	41.3					

(계속)

미래인구연표: 2025년에 보는 대한민국 미래인구 100년

2056년 **환갑이 한국 사회의 보통 나이**
전체 국민을 나이순으로 정렬했을 때 한가운데 있는 사람이 환갑을 넘는다. 장수를 축하하며 잔치를 열던 환갑이 이제 한국 사회의 보통 나이가 된다.

2060년 **하루에 300명도 태어나지 않는다**
연간 출생아가 10만 명 선 아래로 추락하면서 하루 평균 280명의 아기만 태어난다. 산부인과와 유치원이 문을 닫으며 미래 세대가 멸종 위기에 처한 '고요한 나라'가 된다.

2066년 **노인 1명을 부양하려면 성인 1명으로도 부족하다**
생산가능인구는 계속 감소하고 노인인구는 증가하면서, 100명의 성인이 부양해야 하는 노인 수가 29명에서 100명 이상으로 치솟는다.

구분		2025	2034	2039	2040
중위연령	(세)	46.7	52.0	54.3	54.6
출생아 수	저위(천 명)	200	213	193	189
	중위(천 명)	218	278	264	259
	고위(천 명)	255	345	335	330
노년부양비[6]	저위(명)	29.3	45.4	56.9	58.9
	중위(명)		45.5	57.1	59.1
	고위(명)		45.6	57.2	59.1
연금[7]	가입자 수(만 명)	2,192			1,882
	수급자 수(만 명)	752			1,404
수험생 수[8]	수(천 명)	456	427	272	257

자료: 1) 국회예산정책처(2025), 『2025년 「국민연금법」 개정의 재정 및 정책효과 분석』.
　　　2) 통계청(2022), 『장래가구추계: 2020~2050』.
　　　3) 통계청(2023), 『장래인구추계: 2022~2072』.
　　　4) 통계청(2024), 『2022년 기준 장래인구추계를 반영한 내외국인 인구추계: 2022~2042년』.

2071년 **국민연금 적립금 고갈, 노후는 각자도생**
지속적인 연금 개혁에도 불구하고 국민연금 적립금이 완전히 고갈된다. 세대 간 갈등이 격화되는 가운데 노후 보장은 개인의 몫이 되어버린다.

2075년 **전국 고3 수험생, 수도권 대학 입학 정원보다 적어**
수학능력시험 응시생 수가 수도권 4년제 대학 정원(12만 명)을 밑돌면서, 대학이 학생을 선발하는 전통적 입시 경쟁 구조가 해체되고 지방대학은 소멸 위기에 처한다.

2100년 **인구 1500만 시대, 대한민국이 3분의 1로 축소된다**
현재 인구의 3분의 1 수준인 1,500만 명만이 남는 대축소 사회가 온다. 국가의 존립 자체를 위한 사회 시스템 재설계가 불가피해진다.

2042	2056	2060	2066	2071	2075[1]	2100[1]
55.4	60.2	61.5	62.9	63.3		
183	115	98	91	88	83	47
252	167	156	160	161	155	108
322	234	235	254	258	251	207
62.5	86.0	95.0	109.3	114.5	142.7	139.5
62.6	83.2	90.3	100.8	103.6	125.4	104.6
62.5	80.4	85.9	93.5	94.7	111.4	83.8
		1,254		1,065		783
		1,663		1,598		1,015
223	203	185	171	143	114	73

주: 1) 2075년, 2100년 총인구수, 노년부양비는 저자가 직접 추산함.
    2) 65세 이상 인구수 / 총인구수 × 100   3) 15~64세 외국인수 / 15~64세 인구수 × 100
    4) 2056년 자료는 2052년 추계치임.   5) 1인 가구수 / 총가구수 × 100
    6) 65세 이상 인구수 / 15~64세 인구 100명당 명
    7) 2071년과 2100년 자료는 각각 2070년, 2095년 추계치임.
    8) 각 연도 18세 인구 수, 2075년과 2100년 수험생 수는 각각 2057년, 2082년 출생아 수로 추산함.

인구동태

연도	합계출산율 (명)	조출생률 (천명당 명)	출생아 수 (명, A)	출생시 기대수명 (세)	조사망률 (천명당 건)
1970	4.53	31.2	1,006,645	62.3	8.0
1975	3.43	24.8	874,030	64.2	7.7
1980	2.82	22.6	862,835	66.1	7.3
1985	1.66	16.1	655,489	68.9	5.9
1990	1.57	15.2	649,738	71.7	5.6
1995	1.63	15.7	715,020	73.8	5.3
2000	1.48	13.5	640,089	76.0	5.2
2005	1.09	9.0	438,707	78.2	5.1
2010	1.23	9.4	470,171	80.2	5.1
2015	1.24	8.6	438,420	82.1	5.4
2016	1.17	7.9	406,243	82.4	5.5
2017	1.05	7.0	357,771	82.7	5.6
2018	0.98	6.4	326,822	82.7	5.8
2019	0.92	5.9	302,676	83.3	5.7
2020	0.84	5.3	272,337	83.5	5.9
2021	0.81	5.1	260,562	83.6	6.2
2022	0.78	4.9	249,186	82.7	7.3
2023	0.72	4.5	230,028	83.5	6.9
2024p)	0.75	4.7	238,300	-	-

자료: 통계청, 『인구동향조사』.
주: P는 잠정치.

사망자수 (명, B)	인구 자연증감 (명, A-B)	혼인건수 (건)	조혼인율 (천명당 건)	이혼건수 (건)	조이혼율 (천명당 건)
258,589	748,056	295,137	9.2	11,615	0.4
270,657	603,373	283,226	8.0	16,453	0.5
277,284	585,551	403,031	10.6	23,662	0.6
240,418	415,071	384,686	9.4	38,187	0.9
241,616	408,122	399,312	9.3	45,694	1.1
242,838	472,182	398,484	8.7	68,279	1.5
248,740	391,349	332,090	7.0	119,455	2.5
245,874	192,833	314,304	6.5	128,035	2.6
255,405	214,766	326,104	6.5	116,858	2.3
275,895	162,525	302,828	5.9	109,153	2.1
280,827	125,416	281,635	5.5	107,328	2.1
285,534	72,237	264,455	5.2	106,032	2.1
298,820	28,002	257,622	5.0	108,684	2.1
295,110	7,566	239,159	4.7	110,831	2.2
304,948	-32,611	213,502	4.2	106,500	2.1
317,680	-57,118	192,507	3.8	101,673	2.0
372,939	-123,753	191,690	3.7	93,232	1.8
325,511	-122,483	193,657	3.8	92,394	1.8
358,400	-120,000	222,412	4.4	91,151	1.8

가구구성

연도	전체가구 수(호)	가구원수별 가구비율(%)					혼외 출산율 (%)
		1인	2인	3인	4인	5인 이상	
1975	6,647,778	4.2	8.3	12.3	16.1	59.1	
1980	7,969,201	4.8	10.5	14.5	20.3	49.9	
1985	9,571,361	6.9	12.3	16.5	25.3	39.0	1.0
1990	11,354,540	9.0	13.8	19.1	29.5	28.7	1.0
1995	12,958,181	12.7	16.9	20.3	31.7	18.4	1.2
2000	14,311,807	15.5	19.1	20.9	31.1	13.4	1.2
2005	15,887,128	20.0	22.2	20.9	27.0	10.0	1.8
2010	17,339,422	23.9	24.3	21.3	22.5	8.1	2.0
2015	19,111,030	27.2	26.1	21.5	18.8	6.4	1.9
2016	19,367,696	27.9	26.2	21.4	18.3	6.2	1.9
2017	19,673,875	28.6	26.7	21.2	17.7	5.8	1.9
2018	19,979,188	29.3	27.3	21.0	17.0	5.4	2.2
2019	20,343,188	30.2	27.8	20.7	16.2	5.0	2.3
2020	20,926,710	31.7	28.0	20.1	15.6	4.5	2.5
2021	21,448,463	33.4	28.3	19.4	14.7	4.1	2.9
2022	21,773,507	34.5	28.8	19.2	13.8	3.7	3.9
2023	22,073,158	35.5	28.8	19.0	13.3	3.5	4.7

자료: 1) 통계청, 『인구총조사(가구원수별 가구비율)』, 각 연도.
   2) 통계청, 『인구동향조사(혼외출산율)』.
주: 혼외출산율은 출생아 중 혼인외의 자 비율임. 미상은 혼인외의 자에 포함되지 않음.

외국인 수

연도	체류외국인 수 (명)	등록외국인 수 (명)	고용허가제 도입 총규모(명)	고용허가제 등록 외국인 수(명)	고용허가제 등록 외국인 취업자(명)
1992		65,673			
1995		123,881			
2000		244,172			
2005		485,477	17,000		
2010	1,261,415	918,917	34,000	499,909	
2015	1,899,519	1,143,087	55,000	554,305	457,000
2016	2,049,441	1,161,677	58,000	524,173	450,000
2017	2,180,498	1,171,762	56,000	498,861	423,000
2018	2,367,607	1,246,626	56,000	520,916	433,000
2019	2,524,656	1,271,807	56,000	494,264	419,000
2020	2,036,075	1,145,540	56,000	386,852	368,000
2021	1,956,781	1,093,891	52,000	336,761	310,000
2022	2,245,912	1,189,585	69,000	354,561	281,000
2023	2,245,912	1,348,626	120,000	399,938	332,000
2024	2,507,584		165,000		364,000

자료: 1) 통계청, 『출입국자및체류외국인통계(체류외국인 수, 등록외국인 수, 고용허가제 등록외국인 수)』.
　　　2) 통계청, 『이민자체류실태 및 고용조사(고용허가제 도입 총규모, 고용허가제 등록외국인 취업자)』.
주: 1) 고용허가제 등록외국인은 비전문취업(E-9)과 방문취업(H-2) 비자 자격을 소지한 등록외국인임.
　　2) 고용허가제 도입 총규모는 비전문취업(E-9) 기준 특례고용허가제(외국국적동포)를 제외한 일반고용허가제(일반외국인) 기준임.
　　3) 산업연수생 제도가 2007년부터 고용허가제로 통합 운영됨에 따라 2007년 이전과 이후의 시계열 연결에는 주의 필요.
　　4) 외국인고용법이 2009년 개정됨에 따라 2009년 이전 고용허가제 등록외국인 수 통계는 확인불가함.

보육기관

연도	유치원			
	유치원 수 (개소)	유치원 교사 수 (명)	유치원 원아 수 (명)	유치원 교원 1인당 원아 수(명)
1980	901	3,339	66,433	19.9
1985	6,242	9,281	314,692	33.9
1990	8,354	18,511	414,532	22.4
1995	8,960	25,576	529,265	20.7
2000	8,494	28,012	545,263	19.5
2005	8,275	31,033	541,603	17.5
2010	8,388	36,461	538,587	14.8
2015	8,930	50,998	682,553	13.4
2016	8,987	52,923	704,138	13.3
2017	9,029	53,808	694,631	12.9
2018	9,021	54,892	675,998	12.3
2019	8,837	53,362	633,913	11.9
2020	8,705	53,651	612,538	11.4
2021	8,660	53,457	582,572	10.9
2022	8,562	53,696	552,812	10.3
2023	8,441	55,637	521,794	9.4
2024	8,294	55,404	498,604	9.0

자료: 1) 한국교육개발원, 『교육통계연보(유치원)』.
     2) 보건복지부, 『보육통계(어린이집)』.
주: 1) 유치원 교사는 원장, 원감, 보직교사, 수석교사, 교사, 기간제교사의 합(특수교사 제외).
    2) 어린이집 교사는 원장, 보육교사의 합.

어린이집						
어린이집 수 (개소)	어린이집 교사 수(명)	어린이집 보육아동 수(명)	어린이집 교원 1인당 원아 수(명)		직장어린이집 수 (개소)	직장어린이집 보육아동 수(명)
9,085		293,747			87	2,388
19,276		686,000			204	7,807
28,367	113,447	989,390	8.7		263	12,985
38,021	204,538	1,279,910	6.3		401	21,901
42,517	271,454	1,452,813	5.4		785	44,765
41,084	270,449	1,451,215	5.4		948	52,302
40,238	275,789	1,450,243	5.3		1,053	58,454
39,171	278,971	1,415,742	5.1		1,111	62,631
37,371	277,141	1,365,085	4.9		1,153	66,023
35,352	273,165	1,244,396	4.6		1,216	66,401
33,246	269,172	1,184,716	4.4		1,248	64,931
30,923	262,077	1,095,450	4.2		1,291	61,650
28,954	254,953	1,011,813	4.0		1,308	61,570
27,387	250,878	941,303	3.8		1,305	61,741

학령인구

연도	학령기 인구 수(명)				
	전체 학령기 인구 수 (6~21세)	초등학교 (6~11세)	중학교 (12~14세)	고등학교 (15~17세)	대학교 (18~21세)
1970	12,604,088	5,710,825	2,574,146	2,101,164	2,217,953
1975	13,882,607	5,330,929	2,819,329	2,737,755	2,994,594
1980	14,400,990	5,499,265	2,599,386	2,670,705	3,631,634
1985	13,746,736	4,862,906	2,780,223	2,708,942	3,394,665
1990	13,361,082	4,785,789	2,317,320	2,594,656	3,663,317
1995	11,917,985	3,901,388	2,442,529	2,349,375	3,224,693
2000	11,382,771	4,072,583	1,869,467	2,166,163	3,274,558
2005	10,518,875	4,017,732	2,063,904	1,840,839	2,596,400
2010	9,950,302	3,279,829	1,985,350	2,084,263	2,600,860
2015	8,920,259	2,720,077	1,577,708	1,867,526	2,754,948
2016	8,671,661	2,687,759	1,457,748	1,816,018	2,710,136
2017	8,461,311	2,719,212	1,384,686	1,715,076	2,642,337
2018	8,263,307	2,756,134	1,340,116	1,573,716	2,593,341
2019	8,074,022	2,765,671	1,318,655	1,452,579	2,537,117
2020	7,888,304	2,723,951	1,363,827	1,390,142	2,410,384
2021	7,701,265	2,719,689	1,380,170	1,344,022	2,257,384
2022	7,496,664	2,701,365	1,368,083	1,322,590	2,104,626
2023	7,302,004	2,606,931	1,363,863	1,364,061	1,967,149
2024	7,147	2,485	1,384	1,379	1,899
2025	6,978	2,344	1,403	1,367	1,865

자료: 1) 통계청, 『장래인구추계 재구성(학령기 인구)』.
   2) 통계청, 『초중고 사교육비 조사(사교육비)』.
주: 학생 1인당 사교육비 계산은 학생을 분모로 하기 때문에 사교육비 총액을 학령기 인구로 나눈 값과 약간의 차이가 존재함.

국민계정

연도	경제 성장률 (%)	1인당 실질GDP (달러)	일자리 비중(%)			
			제조업	광업·건설업·에너지산업	서비스업	농림어업
1970	10.1	6,527				
1975	7.8	6,791				
1980	-1.5	8,142	21.6	7.4	37.0	34.0
1985	7.9	8,385	23.4	7.4	44.3	24.9
1990	10.0	16,334	27.2	8.3	46.7	17.9
1995	9.7	21,591	23.6	9.8	54.8	11.8
2000	9.2	18,783	20.3	7.9	61.1	10.7
2005	4.4	25,822	18.1	8.6	65.4	8.0
2010	7.0	27,527	17.0	8.0	68.4	6.6
2015	2.9	31,880	17.6	7.8	69.5	5.1
2016	3.2	31,942	17.4	7.9	70.0	4.8
2017	3.4	33,810	17.1	8.2	69.9	4.8
2018	3.2	35,697	16.8	8.4	69.8	5.0
2019	2.3	34,355	16.3	8.3	70.3	5.1
2020	-0.7	33,652	16.3	8.4	70.0	5.4
2021	4.6	36,347	16.0	8.6	70.1	5.3
2022	2.7	33,137	16.0	8.4	70.1	5.4
2023	1.6	33,289	15.7	8.3	70.7	5.3
2024	2.0	32,473	15.6	8.1	71.1	5.2

자료: 1) 한국은행, 『경제통계시스템(실질GDP 증가율, 1인당 실질GDP)』.
　　　2) 통계청, 『경제활동인구조사(일자리 비중)』.
주: 1) 1인당 실질GDP는 1인당 명목GDP를 GDP디플레이터(2020년=100)로 실질가치화하여 계산함.
　　2) 일자리 비중은 산업별 취업자 기준임.

경제활동

연도	경제활동참가율(%)							
	전체	성별		연령별				
		남성	여성	20대	30대	40대	50대	60대
1970	**57.6**	77.9	39.3					
1975	**58.3**	77.4	40.4					
1980	**59.0**	76.4	42.8	63.2	72.7	76.2	67.0	28.3
1985	**56.6**	72.3	41.9	61.0	72.6	76.6	65.7	29.3
1990	**60.0**	74.0	47.0	65.3	75.6	78.8	72.4	35.6
1995	**61.9**	76.4	48.4	66.3	75.6	80.0	71.8	38.8
2000	**61.2**	74.4	48.8	65.0	75.2	79.2	68.8	38.2
2005	**62.2**	74.8	50.3	66.3	74.9	79.2	69.9	37.6
2010	**61.1**	73.2	49.6	63.3	74.7	79.8	72.7	37.2
2015	**62.8**	74.1	51.9	63.6	76.7	81.0	76.2	40.1
2016	**62.9**	74.0	52.2	64.5	77.1	81.0	76.1	40.5
2017	**63.2**	74.1	52.7	63.9	77.8	81.1	77.0	41.1
2018	**63.1**	73.7	52.9	64.0	78.3	81.0	77.1	41.4
2019	**63.3**	73.5	53.5	63.9	78.6	80.2	77.4	43.0
2020	**62.5**	72.6	52.8	61.2	78.0	79.1	76.6	44.0
2021	**62.8**	72.6	53.3	62.2	77.8	79.2	77.1	44.5
2022	**63.9**	73.5	54.6	64.5	79.5	79.7	78.4	45.8
2023	**64.3**	73.3	55.6	64.7	81.0	80.1	79.1	46.7
2024	**64.5**	72.9	56.3	64.8	82.3	80.6	78.9	60.3

자료: 1) 통계청, 『경제활동인구조사』(정규직 및 비정규직 비중은 「경제활동인구조사 중 근로형태별 부가조사」에서 추출).
     2) 한국은행, 『경제통계시스템(GDP증가율, 1인당 실질GDP)』.

전체	고용률(%)						
	성별		연령별				
	남성	여성	20대	30대	40대	50대	60대
55.1	73.8	38.2					
55.9	73.5	39.4					
55.9	71.7	41.3	58.0	70.0	74.0	65.4	28.1
54.3	68.7	40.9	56.7	70.6	74.8	64.7	29.2
58.6	71.8	46.2	62.1	74.4	77.8	71.6	35.5
60.6	74.6	47.6	63.5	74.6	79.1	71.2	38.7
58.5	70.8	47.0	60.2	72.5	76.5	66.5	37.6
59.9	71.9	48.6	61.2	72.4	77.2	68.2	37.1
58.9	70.3	47.9	58.4	72.0	77.9	70.9	36.2
60.5	71.4	50.1	57.9	74.4	79.1	74.4	39.0
60.6	71.2	50.3	58.2	74.7	79.3	74.3	39.5
60.8	71.2	50.8	57.6	75.3	79.4	75.3	39.9
60.7	70.8	50.9	57.9	75.7	79.0	75.2	40.1
60.9	70.7	51.6	58.2	76.0	78.4	75.4	41.5
60.1	69.8	50.7	55.7	75.3	77.1	74.3	42.4
60.5	70.0	51.2	57.4	75.3	77.3	75.1	42.9
62.1	71.5	52.9	60.4	77.3	78.1	77.1	44.5
62.6	71.3	54.1	60.9	78.9	78.6	77.7	45.5
62.7	70.9	54.7	61.0	80.1	79.1	77.5	58.6

주: 1인당 실질GDP는 1인당 명목GDP를 GDP디플레이터(2015=100)로 실질가치화하여 계산.

**2025
인구보고서**

대한민국 인구 대전환이 온다